令和から共和へ

――天皇制不要論

堀内 哲 編著

同時代社

令和から共和へ——天皇制不要論◉目次

刊行によせて

1　天皇ではなくバッハに忖度した菅・小池

二〇二一年七月二三日、東京オリンピックの開会式で、天皇徳仁は「名誉総裁」としてIOCのバッハ会長と共に臨席した。天皇の開会宣言の時に、菅（元）首相と小池都知事は、側近から促されるまで起立しなかった。これについて右派は、菅・小池両名を「不敬」と批難した。開催国の首相と開催都市の知事が、天皇ではなく、IOC会長に「忖度」した深層心理が一瞬垣間見られた。

IOCは、いまや単なる国際的スポーツ親善団体の範疇を超えたグローバル企業だ。バッハ会長は世界中にオリンピックの興行権を高値で売るビジネスマンだ。東京オリンピックの招致に当たり、世界中のIOC委員への巨額の買収費用が取り沙汰された。コロナ感染など不測の事態に当たって中止や延期の違約金も法外な金額であったことも想像できる。世界一優秀なビジネスマンのバッハにしてみれば、招致段階の交渉相手の安倍は「世間知らずのお坊ちゃん」でしかなく、赤子の手をひねるようなものだ。今回の来日も、菅が自分の選挙区と永田町しかしらない「田舎代議士」であること、「電波芸者」小池のメンタリティの弱さ等々を十分に下調べして交渉に臨んだ。コロナ感染のリスクを負ったオリンピックの開会にあたり、菅・小池には、ＩＯＣサイドから相当な重圧がかけられていたことが推測される。

そしてバッハはドイツの「共和主義者」だ。日本の天皇家は世界中に数多ある王侯貴族の顧客の一人に過ぎない。滞在中のバッハの傍若無人な振る舞いには、世界一のスポーツビジネスマンである自分は、天皇と「対等」以上の存在であらんとする自負が滲み出ていた。

2 自壊し始めた天皇制の支持基盤

一〇月二六日、秋篠宮家の眞子氏と小室圭氏が結婚した。婚姻は当事者の合意があれば自由だ。しかし、一部の天皇主義者は小室家の借金や人格が「皇室に相応しくない」とし、二人の結婚にこぞって反対した。

皇室の威厳は、天皇家の言動について、民衆に勝手な意見を言わせないことに由来する。昭和天皇（裕仁）は戦争責任に有無を言わさず厳然とした。平成天皇（昭仁）は戦後の民主化と核家族化に歩調を合わせて愛される夫婦像とファミリー像を演出した。両天皇の時代に、民衆が天皇家の家庭の事情に容喙することはなかった。しかし、新天皇に替って、天皇主義者の理想と天皇家の置かれた現実に齟齬が生じ始めた。

当事者の二人は「家」よりも「個人」を優先し、結婚後、口うるさい日本を後にしてニューヨークに移り住んだ。ここに、天皇制の基盤である「イエ制度」の崩壊を見る。天皇主義者の結婚反対デモは、かれらの「総意」が歪な形で発露したことを意味する。

3　三二年テーゼ再評価

ここで筆者が想起するのは、一九三二年に戦前の共産党が発表した三二年テーゼだ。三二年テーゼでは、戦前の天皇制の基盤が、独占資本と寄生地主にあると喝破した。独占資本について戦前の三井・三菱などの財閥は分割されたが、戦後七五年を経て、新自由主義の跋扈で金融資本やＩＴ資本、トヨタなどのグローバル企業が取って替った。筆頭として竹中平蔵が挙げられる。戦後の農地解放で寄生地主は追放されたが、地縁血縁をネットワークにする共同体がいまだに地域を支配している。典型が世襲政治家の安倍・麻生・岸田だ。これに加えて戦後はアメリカ帝国主義が天皇制を下支えした。①新自由主義②土地本位制の残滓③アメリカが三位一体となり、その中枢に位置するのが現代の天皇制といえよう。しかし、アメリカ合州国は、そもそも共和制で君主制には否定的で、天皇制の存続にさほどの興味はない。問題は、①と②に齟齬が生じ始めていることだ。

4　令和から共和へ

こうした事態を受け、保阪正康や御厨 貴など保守派の論客の多くが「はたして天皇制が今後も継続できるのか？」本気で不安と危機感を抱き始めた。それならば、いっそのこと発想を逆転し、天皇制不要論を議論し初めても面白いのではないだろうか。本書は、このような考えにより企画された。

本書の意義は歪曲された日本の共和主義を糾すことにもある。英語では共和主義・共和制を republic ＝王制廃止を意味する。しかし、戦後日本では、天皇制を存続させるために、七五年以上に亘って、故意に「象徴天皇制は共和制と同じ」とする大ウソが喧伝されてきた（後述）。仮に日本が「共和制」であれば、バッハと共に「共和主義者」として並び立った天皇の開会宣言の不起立を「不敬」と批難するにはあたらない。「不起立不敬」を批難したのは、日本が紛れもなく君主制の国家であると認識していることの証だ。

　そもそも天皇は事前に「東京オリンピックの開催でコロナ感染の蔓延を懸念している」という「メッセージ」を宮内庁を通じて「発表」している。しかし、この「メッセージ」は天皇の政治関与を禁止した憲法違反とする批判が上がった。そして「皇室外交」を担うはずだった皇后雅子はひきこもったままだ。狡猾なバッハは、こうした日本側のあやふやさと弱腰につけ込んで、多数のコロナ関連死がでていたにもかかわらず強引にオリンピックを開催させ、開会式では自分を世界に大きくアピールすることに成功した。

　筆者が共和制移行を本格的に提起するのは、たんに天皇制廃止に留まらず、「自己決定権」という意味での共和主義を導入しないと、バッハやトランプそしてデビッド・アトキンソンのような強欲資本家に日本社会が「ぼったくられて」すっからかんになり、やがて生命すら維持できなくなる危機感にもある。原発事故はいまだに収束せず、放射能は垂れ流され続けている。コロナ感染も終息していない。そして日本の上空を相も変わらず米軍機が轟音を立てて飛び続ける。日本政府と資本家は、只管アメリカに追従し、郵政民営化・種子法の改悪・水道の民営化・ＴＰＰと、日本の民衆にとって重要な権益を次々とアメリカに売り渡している。ポピュリズムが階級意識を自覚し、天皇制を乗り越えることによってしか、民衆の自己決定権は獲得できないというのが筆者の考えだ。

奇しくも二〇二二年は三二年テーゼから九〇年が経つ。これを機に「令和」を最後の元号にして「共和」の時代に移行することを、ここに提起する。

堀内　哲

1 令和から共和へ

堀内　哲

ほりうち・さとし

一九七〇年生まれ。『日本共和主義研究』（同時代社）、編著に『天皇条項の削除を！』（纐纈厚、山口正紀ほか、ＪＣＡ出版）、『いま共和制日本を考える』（池田浩士、平井玄ほか）、『生前退位―天皇制廃止―共和制日本へ』（杉村昌昭、絓秀実、斎藤貴男）、『天皇制と共和制の狭間で』（重信房子、日野百草ほか）（以上第三書館）など。

一　西暦二〇二二年　日本共和制樹立の可能性

1　三〇年前の代替わりとの今の違い

天皇の代替わりから三年が経った。連日のように煽られていた「令和ブーム」も消え失せた。この間、天皇制批判として、菅孝行『天皇制と闘うとはどういうことか』(航思社)、宇都宮健児『天皇制って何だろう?』(平凡社)が刊行された。このほか、橋爪大三郎は「尊皇共和主義者」を自称した上で天皇制廃止を主張した。大塚英志は「天皇制断念論」という独自の天皇制廃止論を表明した。

各地では元号と代替わりを問う集いが幾つか開催された。一九八九年の「自粛」と「奉祝」に反対する運動は、昭和天皇個人の戦争責任の追及に比重がかかり、第一章の削除を主張する声は少なかった。その後三〇年間、市民運動では「天皇制の話をすると運動が分断されてしまう」「時期尚早」と「忖度」し、天皇制とりわけ憲法第一章問題は「自粛」されてきた。筆者が九条の会や憲法集会で天皇制や共和制について提起すると、必ず「今はやめてください!」と言われたものだ。しかし、元号問題をきっかけに、九条の会や護憲運動でも第一章の立憲主義的問い直しや、天皇と人権の矛盾を考える集いが開催されるようになった。

世論調査では九〇パーセント以上が天皇制に賛成し、いわゆる「リベラル」や「護憲派文化人」のなかには天皇制を肯定してる人も多い。だが、ヒラ場で話し合ってみれば一様ではなく、一人一人が自分の声で意見を述べ始める。明仁個人の評価とは別に、人の上に人をつくる「上皇」に多くの人は制度的疑問を感じている。「素人の憲法論」を介して自分と天皇の関係性を考える人が増え始めた。田舎の小さな「憲法カフェ」で、今まで天皇制について堅く口を閉ざしていた九条の会の人たちがポツリポツリと語り始めた。

2　天皇制を巡る民衆の意識変化

国民の意識が変化したのは、テレビや新聞で連日連夜洪水のように流される皇室報道に対する「うんざり感」もある。小室圭氏と秋篠宮家の長女・眞子のスキャンダルがバラエティ番組によって連日報道されたことによって、皇室報道のニュース価値はジャニーズやＡＫＢのそれと同等になってしまった。テレビや新聞は皇室を応援しているようだが、その実「ほめ殺し」している。「忖度」とは、権力者や権威に対する「自己規制」にほかならない。日本の民衆は、権力に対し「忖度」し耐え続けてきたが、さすがに腰の低い日本の民衆も、森友・加計学園・厚労省統計問題等の次元の低さに呆れかえり総理大臣の威厳にまったく忖度しなくなった。そして、ついに「国民の代表」は皇室の威厳にも「忖度」しなくなったようだ。二月二四日の天皇在位三〇周年記念式典では、衆・参合わせて約七〇〇人の国会議員のうち半数の三五〇人しか集まらなかった。言葉を詰まらせる天皇には国会議員席から嘲笑の声が洩れたという（『女性セブン』二〇一九年三月二一号より）。

3　天皇の戦争責任問題に決着を

天皇制を巡る国際情勢も変化している。韓国での徴用工裁判や「慰安婦」像建立など、日本が太平洋戦争で犯した「戦争犯罪」の追及は、代替わりの後もやむことがない。日本のアジアでの孤立と影響力の低下に拍車がかかり、ついに韓国国会の文喜相議長は天皇の謝罪を要求した。

これに対し、日本政府は一九六五年の日韓基本条約の締結で政府間の保障は「解決済み」の立場を崩していない。日韓基本条約の締結時の韓国の大統領は「親日派」の朴正熙だった。日本は朝鮮半島の南北分断につけ込み、経済援助と引き替えに自国に有利な日韓基本条約を押しつけて締結した。朴正熙暗殺後、韓国は全斗煥ら開発独裁的傾向をもった「親日派」の大統領が続き、戦後補償問題は政治問題化することはなかった。

しかし一九九〇年代以降「民主化」が進展し、韓国国内で日本の戦争犯罪を問う声は再び高まり始めた。とりわけ朴正熙の娘・朴前大統領の逮捕は、かつての「親日派」の没落を決定づけた（岸―安倍ラインの「親韓派」が一掃された）。韓国の経済発展と南北の融和も相まって朝鮮半島の民衆の意識は確実に変化した。日本製品不買やＧＳＯＭＩＡ破棄の背景には、戦後一貫して天皇の戦争責任を曖昧にしてきた日本への不信感が根底にある。

4　日本国憲法における天皇の位置付け

憲法の製本の表紙は菊の御紋。

朕は、日本国民の総意に基いて、新日本建設の礎が、定まるに至つたことを、深くよろこび、枢密顧問の諮詢及び帝国憲法第七十三条による帝国議会の議決を経た帝国憲法の改正を裁可し、ここにこれを公布せしめる。

御名　御璽（裕仁の署名と押印）

昭和二十一年十一月三日

（以下、内閣総理大臣兼外務大臣吉田茂以下閣僚署名が続く。前文はその次にある。）

前文

第一章　天皇

第一条（天皇の地位、国民主権）

天皇は、日本国の象徴であり日本国民統合の象徴であつて、この地位は、主権の存する日本国民の総意に基く。

第二条（皇位の継承）

皇位は、世襲のものであつて、国会の議決した皇室典範の定めるところにより、これを継承する。

第三条（天皇の国事行為に対する内閣の助言と承認及び責任）

天皇の国事に関するすべての行為には、内閣の助言と承認を必要とし、内閣が、その責任を負ふ。

第四条（天皇の権能の限界、天皇の国事行為の委任）
天皇は、この憲法の定める国事に関する行為のみを行ひ、国政に関する権能を有しない。
2　天皇は、法律の定めるところにより、その国事に関する行為を委任することができる。
第五条（摂政）
皇室典範の定めるところにより摂政を置くときは、摂政は、天皇の名でその国事に関する行為を行ふ。この場合には、前条第一項の規定を準用する。
第六条（天皇の任命権）
天皇は、国会の指名に基いて、内閣総理大臣を任命する。
2　天皇は、内閣の指名に基いて、最高裁判所の長たる裁判官を任命する。
第七条（天皇の国事行為）
天皇は、内閣の助言と承認により、国民のために、左の国事に関する行為を行ふ。
一　憲法改正、法律、政令及び条約を公布すること。
二　国会を召集すること。
三　衆議院を解散すること。
四　国会議員の総選挙の施行を公示すること。
五　国務大臣及び法律の定めるその他の官吏の任免並びに全権委任状及び大使及び公使の信任状を認証すること。
六　大赦、特赦、減刑、刑の執行の免除及び復権を認証すること。

七　栄典を授与すること。
八　批准書及び法律の定めるその他の外交文書を認証すること。
九　外国の大使及び公使を接受すること。
十　儀式を行ふこと。
第八条（皇室の財産授受）
皇室に財産を譲り渡し、又は皇室が、財産を譲り受け、若しくは賜与することは、国会の議決に基かなければならない。
第八八条（皇室財産、皇室の費用）
すべて皇室財産は、国に属する。すべて皇室の費用は、予算に計上して国会の議決を経なければならない。
第九六条（憲法改正の手続き、その公布）
この憲法の改正は、各議院の総議員の三分の二以上の賛成で、国会が、これを発議し、国民に提案してその承認を経なければならない。この承認には、特別の国民投票又は国会の定める選挙の際行はれる投票において、その過半数の賛成を必要とする。
2　憲法改正について前項の承認を経たときは、天皇は、国民の名で、この憲法と一体を成すものとして、直ちにこれを公布する。
第九九条（憲法尊重擁護の義務）
天皇又は摂政及び国務大臣、国会議員、裁判官その他の公務員は、この憲法を尊重し擁護する義務を負ふ。

憲法は一〇三条まであるが、第一一章（一〇〇から一〇三条）は補足であり、実際の条文は一条から九九条まで。天皇に始まって天皇に終わる構造となっている。一度、憲法の条文を後ろから（逆さまに）読むことをおススメする。条文の序列を意識して読んでいただきたい。「形式」を通じて「天皇制原理」という憲法のもう一つの本質が見えてくる。また、憲法を前文から始まると勘違いしている人が多いが、前文の前に「上諭・御名御璽」があることは、日本国憲法が大日本帝国憲法の改定の手続きを経て制定されたことを示している。

大日本帝国憲法第七三条　将来此ノ憲法ノ条項ヲ改正スルノ必要アルトキハ勅命ヲ以テ議案ヲ帝国議会ノ議ニ付スヘシ

当初のGHQの草案では天皇条項はなく共和制憲法試案だった。しかし冷戦の開始でマッカーサーは日本を反共の砦とすべく最後に天皇条項の明記を命じた。戦後、日本で天皇制廃止の共和制憲法の試案を発表したのは共産党と高野岩三郎がいる。いっぽう、宮澤俊義ら法制局の官僚や学者は、当初から天皇主権を残すことを目論んでいた。宮澤は、戦後の日本が大日本帝国憲法の天皇主権を否定し、主権在民の日本国憲法に替わったことで一九四五年以前と以後で「断絶」があるとした（八月革命説）。だが、実際は「革命」は起こらず、象徴天皇制を核に日本資本主義と保守勢力が再結集し、アメリカがバックアップして天皇制が残された。憲法筆頭の上諭・御名御璽は両者の連続性を示す確かな証拠だ。大日本帝国憲法第七三条には「将来此ノ憲法ノ条項ヲ改正スルノ必要アルトキハ勅命ヲ以テ議案ヲ帝国議会ノ議ニ付スヘシ」とある。

しかし日本の法学者は「上諭・御名御璽は憲法と無関係」としている。これについて、国際政治学者の篠田憲市は八月革命説が国際的に通用しないとし「ガラパゴス化する憲法学者の病理」と批難している。

なお、日本国憲法について護憲派から「鈴木安蔵など日本人も草案作成に参加したから押しつけ憲法ではない」と主張する声があるが、問題の本質は起草者の国籍ではない。憲法の草案作成に際し、自由民権運動のような民衆の意見を排除し、一握りのアメリカと日本の官僚や法曹家のみで作成されたことと、人民投票ではなくたった一度の衆議院選挙と旧勢力の貴族院によって採決された成立過程にこそ、日本国憲法の立憲君主的ブルジョワ体質を孕んだ原因があることを、共和主義的視点からは指摘したい。

5　歴代天皇と憲法の緊張関係

二〇一九年八月、初代宮内庁長官だった田島道治と昭和天皇の詳細なやりとりを記録した文書が公開された。一九五二年五月、サンフランシスコ講和による「独立記念式典」で、昭和天皇は太平洋戦争の「後悔と反省」を述べようとしたが、吉田茂首相から「戦争を御始めになつた責任があるといはれる危険がある」との反対で削除された。そのいっぽうで、昭和天皇は、天皇の政治的権能を禁止した日本国憲法を破り、吉田首相の頭越しにアメリカと日米安保条約の締結と沖縄の基地利用、米軍の長期駐留を裏取引していた。再軍備についても「公明正大に堂々やつた方がいい」と当初から改憲を目論んでいた。このように昭和天皇は戦後になっても主権者意識が脱けず、自身が制定した憲法にもかかわらず、天皇が政治的権能を有せず、憲法改定には国民投票が必要なことすら十分に分かっていなかった。

これに対し、平成天皇はアメリカ人ヴァイミングを家庭教師に育ち、一九八九年の即位当初から「憲法を守る」ことを明言していた。戦争責任を引きずった先代を反面教師として育ち、政治とは一線を引き、皇后美智子と一緒になって戦後に相応しい理想的な夫婦像とファミリーを演出した。平成天皇は被災者の「慰問」と戦没者の「慰霊」を自身の役割と認識し、積極的に国民とふれ合い、好印象を植え付けた。昭和天皇が出来なかった訪中・訪沖を実現し、戦争責任の追及をかわそうとした。しかし平成天皇が訪れた沖縄はじめパラオ・サイパンなど太平洋戦争の激戦地の「慰霊の旅」は、アメリカとの交戦地に限定され、南京や盧溝橋などアジアは訪問していない。アジアを除外してアメリカへの「謝罪」と日本兵への「慰霊」であり、ここに歴史家・原武史は皇室に深く食い込んだアメリカの影響力を見ている。そして二〇一六年七月、天皇は生前退位の意向を発表した。これにより生前退位特別法が施行され、二〇一九年五月に天皇は退位した。天皇が生前退位で日本社会に実質的な政治的影響力を及ぼしたことで、生前退位からの一連の天皇の言動を「違憲」とする意見は多い。

新天皇徳仁は、即位時に「憲法にのっとって象徴の義務を果たす」と明言した。ただし、本人の意思とは別に徳仁には「天皇元首化」が期待されている。即位に先立つ二月二一日、安倍首相は皇太子の徳仁に「内奏」を行ったことを公表した。内奏は首相から天皇に内外の政治状況を説明することで、天皇の政治関与を疑われかねず、憲法違反の可能性が強いため、従来は内奏を公表しなかった。しかし「天皇元首化」改憲を掲げる安倍内閣（当時）は、あえて内奏の公表に踏み切った。

6　リベラル文化人による過度の忖度がもたらす天皇元首化

なぜ、天皇を巡って、憲法との軋轢がおこるのか？「国民統合の象徴」という終身・世襲の特別な地位を設けること自体が主権在民と矛盾するから、に尽きる。憲法の筆頭に世襲・終身の特別職を置けば、時間が経つにつれて「天皇の政治的権能禁止」という当初の憲法の理念と現実が、否が応でも乖離していく。戦後七五年で、天皇は再び日本社会で求心力を持ち、やがて政治的影響力を持つ存在に変質していった。

天皇元首化の動きに対し、「護憲派」の重鎮と目されている憲法学者の樋口陽一は、憲法上、天皇には基本的人権がなく、政治的な権能がないことを前置きしつつ「その発言が政権に批判的なニュアンスを含むことまでを止めるわけにはいかない」とし、天皇の政治的発言を事実上容認した。引き続き樋口は（前天皇は）「この三〇年、慎重に言葉を選んで発言されてきた。それを国民はどれほど注意深く受け止めてきたか」と持ち上げている。天皇は意識的に政治的発言をしているからこそ「慎重に」言葉を選んでいるのだが、樋口は自身が「忖度」していることに気付いていない。加えて樋口は天皇を「安倍改憲の防波堤」と評価している。ここまでくれば樋口の過剰な思い入れは実質的な「天皇の元首化」の容認に行き着いたと言うべきだ。同様な天皇への思い入れは「反米左翼」と目される白井聡にも見受けられる。白井は「今上天皇（前天皇）はリベラル」と勝手にその政治的思想を評価し、天皇（上皇）が安倍改憲のみならず、改憲勢力の「背後」にある宗主国アメリカへの対抗軸となっているかのような倒錯を振りまいている。白井や樋口が天皇に直接会って（あるいは書簡やメールで）改憲問題や対米関係について話した経験があるはずがない。明仁の片言隻句をありがたがって「陛下はリベラル」と勝手に思い込んでいるだけだ。前出の原武史は「民主主義を機能させる役割を天皇や上皇に期待するのは危険で昭和初期の青年将校が抱いた超国家主義に近い」と警鐘を鳴らし「リベラルが天皇に期待するのは筋違いも甚だしい」と批判している（『論座』二〇一九年五月一一日インタビューより）。

7　天皇制批判と共和主義は医薬分業

天皇制批判と共和制運動の関係は「医薬分業」に喩えるとわかりやすい。戦争責任問題をはじめ天皇制批判が医者の役目＝診察・診断とするなら、共和制は有効な処方箋・医薬品だ。しかし、日本の反天皇制運動や新・旧・無党派左翼は倫理的に天皇の戦争責任を追及するに留まり天皇制廃止の有効な新薬の研究＝共和制運動を全く放棄してきた。とりわけ無党派市民運動の立場で三〇年前から天皇制反対運動に熱心に取り組んできた人たちが、今もって共和制運動に批判的なのは、旧ソ連のように「民主共和制」の理想が「一党独裁」と「スターリン主義」に変質した「トラウマ」をいまだに引きずっているからだろう。しかし時には発想を転換し、自身が取り組んでいる反天皇運動と共和制との関わりを虚心坦懐に討議することを提案したい。

一口に共和制・共和主義といっても時代や国家によって位相は違う。国民国家解体論の提唱者である小倉利丸氏は、東アジアの祖先崇拝が天皇制と直結していると指摘するが、中国も台湾も韓国も祖先崇拝がいまだに根強く残っているにもかかわらず君主制ではない。共和主義で祖先崇拝の桎梏を克服しているから両者が違和感なく同居する。これら東アジアの人々と違って、日本では共和思想が致命的に欠如しているため、祖先崇拝と天皇制（君主制）が直結してしまった。

※朝鮮民主主義人民共和国については別の分析が必要。

このように複数の思想を並列に置くことで、民衆に抑圧的に機能しない柔軟な「共和主義」の可能性もあろう。共和制運動も反天皇制運動の一つの形態と見做した上で、試験的に「憲法カフェ」的な集いを開催して、共和制と国民国家の解体について、ヒラ場でゆるやかな意見交換会を開いても面白い。

8　共和制を知らなかった全共闘

賢《さか》しらぶった連中は「天皇制は難しい」と言う。大澤真幸・木村草太の「むずかしい天皇制」（晶文社）のように本質的に政治制度・憲法問題である天皇制を文化的存在として考えるから話が宗教や文学まで広がってややこしくなる。閉ざされた天皇制論議が最終的に日本浪漫派と同じ観念地獄に堕していったのは、外部から「共和主義」のフィルターを導入し天皇制を相対化出来なかったから。戦後の左翼は観念的なマルクス主義（一段階革命論）に固執し「ブルジョワ共和制」の意義を理解できなかった。また、共和制の学者は、欧米の共和主義の研究をするだけで天皇制との衝突を恐れ、日本の共和制の研究を確信犯的にしなかった。

今日の護憲／改憲問題においても、天皇制も世界の君主制の一形態と見做し「共和制」か「天皇制」かの「二者択一式」にすれば、すっきりして天皇制の問題が大衆化する。しかし、日本の新左翼（無党派左翼も含む）は意識的に共和制論議を回避してきた。その深層心理には、ブルジョワ共和主義の無理解とともに、いやしがたい天皇制への自家撞着がある。新左翼は、天皇制を難しく考えることがインテリとしての「ビヘイビア」と誤って考えてきた。三島由紀夫や竹内好や藤田省三や丸山真男や吉本隆明を引き合いに出して、殊更に天皇制を小難しく考え、天皇制の問題を大衆的に提起することをサボタージュしてきた。『情況』のような新左翼御用達雑誌が天皇制特集を組んだのは、共和主義を無視した『情況』の一挙的な革命観が「右翼も左翼も同じ」という観念的ラジカリズムに堕していったことを意味する。

9　民族主義を乗り越える「国際的共和主義」を提唱する

仮に日本が共和制に移行した場合、欧米のような極右勢力や民族主義の台頭を不安視する人もいる。例えば鈴木邦男は「憲法から天皇はなくなってもかまわない」と言いつつ、天皇に市民権を与えて自由にすると「公明党よりもっと大きな天皇中心の政党がつくれちゃうから怖い」ので「天皇条項を取り払うのはよくない」と、得意の「予防線」を張っている（『言論統制列島』より）。しかし、終戦直後、南朝の末裔を名乗り「熊沢天皇」とよばれた熊沢寛道は、一九四七年に自ら「正皇党」を結成し、選挙活動を行ったが、当選者をだすことなく解散した。「皇族」を名乗れば支持が集まり選挙に勝てるわけではないことを、はからずも「熊沢天皇」は七五年前に証明してしまった。

世界の例を見ても、ブルガリアのシメオン元国王のように一度退位して後に一市民として国政に復帰したケースや、ルーマニアのミハイ元国王のように退位後に帰国して国民統合の象徴として特別待遇を受けたケースもある。しかし、シメオンもミハイも政権を握らずに政界を去った。

近代の国民国家を一挙的に解体することは無理だが、国際的な価値観である共和主義で、民族主義という「だだっ子」を、なだめ、すかし、時には厳しく躾ながら、巧みに包摂していく。ナチス台頭をもたらしたワイマール共和制や、旧社会主義国の失敗を総括することで、かろうじて差別や民族主義の弊害を乗り越え、人々をつなぐことができるのが筆者の提唱する「共和主義」といえばお分かりだろうか。

10　天皇家こそアメリカ・ファースト

日本（本土）の平和運動は、沖縄を「特殊化」し、本土そのものがアメリカの植民地主義を受容している「被・植民地主義」については口をつぐんできた。しかし、この数年間、オスプレイの配備・種子法の改悪・水道の民営化・カジノ法など、アメリカ追従を只管突き進む安倍政権によって、日本の支配層がアメリカに「国民国家の主権」を完全に売り渡している「買弁性」が誰の目にも明らかになった。

ようやく、対米追従から対米自立が声高に叫ばれる時代が到来した。折しもトランプは日米安保条約破棄を匂わせた。願ったり、と言うべきか。

筆者は脱原発と基地撤去を実現するためには、民衆の直接意思が集約可能な共和制に移行する必要があり、冒頭で新自由主義と保守勢力が桎梏となっていることを指摘した。

改憲を巡り、安倍と天皇は一見、対立しているように見えたが、天皇制の延命のために沖縄をアメリカに売り渡し、長期間の米軍の日本駐留を容認したのは昭和天皇だ。前天皇の皇太子時代の最初の訪問地はアメリカで、新天皇の最初の国賓がトランプだったように、天皇家こそ「アメリカ・ファースト」といえる。新自由主義・保守派・アメリカ三位一体の買弁勢力を分断することが出来るのが共和主義だ。清王朝やオスマン王朝などアジアの封建王朝のほとんどは国内の権益を列強に売り渡した挙句、民心が離反して共和主義勢力によって打倒された。日本の民衆が、対米・対外・対内的な「自己決定権」を手に入れ、実質的な植民地状態から抜け出すためには、七五年前に遡って昭和天皇の戦争責任を明らかにし、疑似家族国家の天皇という「家父長」を否定し、自立した個人の集合体である共和制に移行する必要がある。

前述したように、日本とアジア、特に韓国・朝鮮民主主義共和国との関係において、裕仁の戦争責任問題は避けて通れなくなっている。日本の大衆運動がアジア各国の民衆と連帯する形で国内から天皇の戦争責任を追及していくことが重要だ。そのことによって天皇制は相対化され確実に後退していくだろう。

11　共和主義と軍隊について

日本における共和主義・共和制のあり方を考える上で、近代の共和制国家が軍隊とともにあったことを、どう考えるのかが課題だ。多くの人が指摘するように、一条と九条はセットで憲法に組み込まれた。憲法一章を否定するなら、九条はどうするのか？　国家の「主体」として、軍隊（自衛隊）なしで共和制の日本が成立するのか？　個人的には、武力行使を目的とした自衛隊とは性質と役割を異にする「共和国防衛隊」を組織する必要があると考えている（イメージとしては古代中国の墨子集団か？）。戦後七五年間で養われた九条の平和主義は日本の民衆に定着している。まずはアジアと世界の諸国民との連帯で国家の暴走に歯止めをかけていくことが重要だ。

そもそも、天皇制は「人は生まれながらにして平等」という人権思想と基本的人権の尊重に矛盾する。民主主義の定着した現代で君主制は廃止されるべきスジのモノだ。新型肺炎コロナが蔓延する東京で、自然に囲まれた広大な良質な都市空間を一人占めする天皇は、一刻も皇居を明け渡し患者用の病院に改修すべきだ。

天皇が誕生日・一般参賀の中止を余儀なくされ、人々の意識から薄れている今こそ共和制移行の意志を示す絶好のチャンスだ。

補論「新共和主義」というフェイク

二〇一九年二月七日、元首相の鳩山由紀夫と元民主党国会議員の首藤信彦が発起人となって「新共和主義研究会」が設立された。呼びかけ文には「安倍政権という超保守政権の政治の退廃」を嘆き「期待できない既成政党」を乗り越える「新しい政治理念」として「共和主義の復活」を謳っている。その内容は、幕末の横井小楠や橋本左内、吉田松陰、坂本龍馬が求めた「身分制を廃して全国民の代表が国の運営を決めるのが共和制」「西洋の共和主義とは一線を画した孔子や墨子などのアジア思想に立脚したもの」と定義づけている。第一回の研究会では鳩山・首藤のほか千葉大学教授の小林正弥が挨拶し、小林は「共和主義は英国王室や日本の象徴天皇制などの『形式的王権』と抵触する概念ではない」と持論を展開した。小林の主張する「象徴天皇制に抵触しない共和制」は、すでに宮澤俊義ら法学者が七六年前の憲法施行時に述べていたことで、けっして「新しい」と呼べる代物ではない。宮澤は天皇制を守るために確信犯的にクロ（象徴天皇制）をシロ（共和制）と言い換え憲法第一章を挿入した。小林のそれは宮澤の七六年後の焼き直しにすぎない。しかも現状を見れば、天皇は生前退位による「改元」で日本の社会を混乱させる政治的影響力を及ぼし、その大きさは「形式的王権」の範疇を遙かに逸脱している。小林は、その点について何ら異議を唱えていない。それどころか「天皇メッセージ」を高く評価している（ここらへんの心理は樋口陽一にソックリだ）。小林のホンネは天皇制の維持にある。小林は、天皇制が過渡期にある今、本来は象徴天皇制と対立する政治概念の共和主義を「新共和主義」と言い換えることによって、天皇制への風当たりを和らげ、世論を天皇制の護持へ誘導することを目論んでいる。

曲がりなりにも宮澤俊義ら法学者は戦前の天皇主権を反省し、象徴天皇に憲法上の縛りをかけた。だが、小林には、天皇の言動に今以上の法的な拘束をかけるといった指向は微塵もない。引き続き天皇を国民統合の機関と位置付け、内外で利用していくという点で小林や鳩山の考える「新共和主義」は「天皇元首化」と軌を一にしている。亜流のアジア主義「新共和主義」の本当の役割は「天皇元首化」のための「陽動部隊」にある。

一〇月二五日、鳩山・首藤は「第一回共和党結党準備会」を立ち上げた。しかし、鳩山は三日前の一〇月二二日の即位礼正殿の儀に出席した。準備会の冒頭挨拶でも新天皇の即位を祝福した。共和制と天皇制が矛盾するにもかかわらず共和党を立ち上げたことは、天皇制護持のために、共和主義運動と反天皇運動に分断を持ち込む大衆運動潰しだ。差別主義民族政党を「国家社会主義」と標榜し、共産党と民主主義勢力に分断を持ち込んだナチスと同様の手口だ。

結党の理念に鳩山得意の「友愛」精神と「東アジア共同体」のスローガンを掲げ、自身が首相時代に実現できなかった「辺野古移設阻止」「死刑廃止」を目玉の公約に掲げた。鳩山は共和党の「棟梁」を名乗った。棟梁には大統領の含意がある。要は自分が「大統領」になって最高権力者に返り咲きたいのだろう。首相になったのに辺野古移設阻止の公約を実行せず、政権すら放り出したにもかかわらず「棟梁」を自称するこの男の身の程知らずの愚かさには強い怒りを覚える。鳩山は二〇三〇年までに三〇人の国会議員を送るとぶち上げたが、当日、鳩山子飼の現職国会議員は一人も参加せず、地方議員や民間人が六〇名参加するに留まった。「民主党に飽きたから次は共和党」という鳩山の「政党道楽」で、いずれ子供がおもちゃに飽きるように放り投げてしまうだろうが、金をうなるほど持っているだけに「日本の天皇制は共和制」というウソを大喧伝しかねないから要注意だ。

二　天皇は「文化的象徴」か？

1　元号が使われなくなった！

光格天皇の譲位以来二〇二年ぶりに天皇が「生前退位」した。新天皇の即位にあわせて新たな元号「令和」が発表された。

三〇年前の昭和天皇の死去に伴う元号の改定は、発表が年明け早々だったこともあり、すんなり行われた。日本社会でパソコンやインターネットがそれほど普及していなかったため、西暦と元号の乖離が顕在化しなかった。しかし、二〇一九年は元号と実体経済の矛盾が顕在化した。新しい元号が発表されない期間中、商店や民間企業では日付を西暦で標記する事例が多くなった。元号表記を義務づけている行政文書でも「平成三一年度」ではなく「二〇一九年度」を使用する文書が増えはじめた。

一部の地方公共団体では、以前から西暦と元号が併記されている。理由は簡単。西暦表記の方がわかりやすいから。明治・大正・昭和・平成・令和と、分断された元号では時間と年齢の換算に時間と手間がかかる（「大正九年生まれ」の年齢を即座に答えられる人いますか？）。あらかじめ自治体の窓口では元号と西暦を比較した早見表を用意して対応している。公務員も西暦表記で統一してくれた方が大助かりだ。民間企業や学校・病院などでは尚更だ。日常生活でも西暦表記が圧倒的に目立ち始めた。誰はばかることなく「元号不要論」が起こり始めた。

五月以降、政府は西暦使用を新元号定着までの一時的措置に限定し、再び公文書で「令和」の元号使用を義務付けた。しかし人は便利さに慣れれば不便なモノを使わなくなるのが当たり前だ。改元を機に民間では換算に時間のかかる元号使用をやめ、西暦で統一する企業が圧倒的に増加した。行政機関でも元号と西暦の併用は当たり前となった。そもそも公文書での元号標記の法的根拠はない。元号の強制は思想信条の自由に反する。

そして元号が使われなくなることは、天皇の時空支配力の低下すなわち天皇制の桎梏からの解放を意味する。上から平和を命令する「令和」という「天皇メッセージ」が民衆に無視されはじめたということだ。生前退位をした光格天皇の孫の孝明天皇の時代に封建時代の天皇制が終焉しているのも何かの巡り合わせを感じる。

2 時間支配の「ツール」としての元号

元号存置派は「元号が日本独自の文化だから大切」と主張したが、元号は七世紀に中国から導入された中国発祥の「輸入文化」だ。

当初、中国の元号は皇帝の方針によって、その時々替えられていた。新皇帝の即位や皇室の慶事あるいは自然災害が起こった時などに改元して人心を一新することが目的だった。しかし頻繁で不定期な改元で、次第に元号の求心力は低下していった。そこで一三六八年に即位した明の太祖（朱元璋）は一世一元の法を制定し、中国では皇帝の即位の年を元年として代替わりに合わせて年号を替えることにした。朱元璋は、元号を皇帝本人と一体のものとして位置付け直すことで皇帝権限の強化を図った。中国の元号は一九一一年の辛亥革命で中国が共和制に移行して廃止された。ベトナムでも元号が使われていたが、一九四五年、阮朝の最後の皇帝・保大の退位で廃止され、いまや元号を使う国は世界で日本だけになった。

日本の元号は西暦六四五年の「大化」に始まる（同時期に中国の三皇五帝伝説の「地皇・泰皇・天皇」から「天皇」の称号を導入している）。日本の元号も、当初は一世一元ではなく、新天皇の即位や皇室の慶事など朝廷の都合で、その都度コロコロ変えられていた。

改元に数値的な周期性は採用されなかった。年数を計るよりも、天皇の時空支配の役割を果たしていた。とりわけ源平合戦の一一八二年には「寿永」、群雄割拠した戦国時代の一五七二年には「天正」と、戦乱の時代には誰にでもわかりやすい、目出度い言葉を使って改元している。元号は「まつろわぬ民」に、反乱や一揆をやめて朝廷に服属するよう呼びかける「天皇メッセージ」の役割を果たしていた。

元号は必ずしも一貫して支配的な時間軸として機能していたわけではない。南北朝時代には元号が二つあったし、戦国時代の関東公方・足利成氏は朝廷の意向を無視して勝手に元号を作った（私年号）。庶民は、不定期に替えられる元号ではなく、当時東アジアで使われていた十干と十二支を掛け合わせた干支（一二進法）で時間を計っていた（例：戊辰・辛亥・癸丑・丁辰など）。元号を制定する朝廷や幕府も干支と元号を併用していた。

江戸時代の元号は、庶民や知識人に対する幕府の「統制ツール」としての役割が大きかった。その典型が明和九年（一七七二年）の元号変更だ。明和九年は火事や百姓一揆が多発したため、朝幕は「迷惑《めいわく》」な年と語呂を合わせ、気分を一新しようと、ただそれだけの理由で「安永」に元号を替えた。政情不安な幕末は、明治維新前の一〇年間（西暦一八五八〜一八六八年）で、安政・万延・文久・元治・慶応・明治と六回も改元されている。

日本で一世一元が開始されたのは一八六八年の明治維新から。戦前〜戦中の一時、伝説上の天皇「神武」から始まる「紀元節」が使用されたが、敗戦で廃止された。

一九四五年、ＧＨＱの日本統治で西暦使用が定着する。いまなお、多くの日本人が、原爆投下と敗戦の一九四五年を時間軸の基準にしている。天皇制も存置されたため、西暦と元号の併用が始まり、元号を通じて天皇制は受肉化（身体化）されていった。

3　天皇は「文化的象徴」か？

自民党の改憲案の前文では「日本は固有の歴史と文化を持ち天皇を戴く国家」とある。天皇家では定期的に歌詠みの会を催していることもあり、一般的には天皇と「文化」が一体のものと考えられているようだ。

天皇が「文化的存在」として考えられている原因の一つに、聖武天皇に代表されるように奈良時代（七世紀〜八世紀）に天皇を中心とした宮廷に中国から仏教文化が導入されて仏教美術が花開き、平安時代（九世紀〜一二世紀）に日本独自の「ひらがな」が作られ、天皇を中心に和歌が詠まれ、紫式部ら宮中の女官達によって日本文学が盛んになった印象が強いからだろう。

しかし一二世紀後半には天皇家の力は衰え、武士の時代が到来する。鎌倉時代の仏教文化は武士や庶民から広まった。

室町時代には京都や鎌倉以外の地方で連歌が盛んになった。戦国時代に流行した茶道の中心となったのは信長・秀吉など大名だ。

江戸時代になって俳句や歌舞伎、浮世絵など文化の担い手は、庶民だった。

明治時代になって、政府は近代化のために泰西美術や西洋音楽を教育に取りいれた。近代西洋文化は日本の社会で独自に咀嚼され発展していった。大衆芸能も盛んになり、スポーツ文化も広まって、今日の大衆文化の原型が作られた。

戦後は占領軍であるアメリカ文化が日本を席巻し、テレビが日本の大衆文化の中心となっていった。

簡単に日本の文化史を振り返ってみても、初期は天皇が日本文化をリードした時代があったが、その後の展開は武士や庶民など様々な階層が日本の文化の発展に寄与してきたことは一目瞭然だ。

4　文化的力量がなければ文化的象徴は辞退を

明治天皇は自身も歌を詠み、高崎正風などの歌人を育成したが、御歌所派の後世に与える影響は同時代の石川啄木ひとりに遠く及ばない。

大正天皇は在位期間が短く、文化的影響力は貧しかった。白樺派芸術を担ったのは労働者階級だ。

昭和天皇は戦前・戦中と「軍国主義の象徴」で「文化的象徴」とはほど遠い存在だった。敗戦でイメージチェンジをはかり、文化勲章と叙勲制度を積極的に活用した。各種スポーツ大会に「天皇杯」「皇后杯」の冠を授け、園遊会に文化人のほかスポーツ選手や芸能人を招待しソフトムードを演出した。

平成天皇も文化路線を堅持した。天皇が「文化的象徴」と思われている、もう一つの要因は、親子二代七〇年にわたる周到なイメージ戦略の賜である。

しかし、現代はサブカルチャー全盛期だ。ヒップホップも村上隆も文楽もボルダリングも「文化」だ。どのジャンルも多様で国際性を持ちひとくくりにできない。伝統文化から消費文化まで、すべて「天皇」につなげるのは無理がある。

そして今日の「文化」をになう若手アーチストのほとんどは海外を意識している。横山大観や吉川英治の時代はいざ知らず、いまどきの文化人は天皇からもらう文化勲章を最終目標としていない。映画人はアカデミー賞、音楽家はグラミー賞、作家はノーベル文学賞といったように、世界的権威を受賞する方が商業的価値は高く、ステータスが上がる。スポーツ選手が日本を飛び出して世界一を目指すのと同じだ。

個人的にはアカデミー賞もノーベル賞も直木賞も文化勲章も関係なく「文化」を享受している。受賞作品が必ずしも面白いとは限らない。文化の関わり方はきわめて個人的なものだ。権威や政治権力と距離を置いたところに文化の楽しさと豊かさは宿る。

古今東西、ジャンルを超越した天才はレオナルド・ダ・ビンチしかいない。ひとつの分野に秀でた人が各分野の「象徴」だ。プロ野球の象徴は沢村栄治、ロックの象徴はプレスリー、映画の象徴は黒澤明、落語の象徴は三遊亭円朝といったように、文化的内実さえあれば、時代や国境を超えて故人や外国人が「文化的象徴」たり得る。たんに「天皇だから」という理由で「文化的象徴」の役割を果たす理由はどこにもない。まして数多の人によって作られてきた日本文化の栄誉を天皇一人の功に帰するのは先人に失礼だ。

どうしても天皇を「文化的象徴」にしたいのであれば、退位後の天皇が「退職金」を元手に出資者を募り、徳川財団や孔子財団あるいはノーベル財団のような「文化財団」をつくり、天皇は「総裁」もしくは「理事長」として「文化賞」を授与することで「文化的象徴」と認知される。しかし、その場合は天皇個人の事業意欲と実務能力、そして文化的理解力が問われる。まずは「天皇」の下駄を脱がし、その他大勢とのフラットな比較で、天皇個人の文化的実績を問うべきだろう。前天皇の作った歌は本当に万人の感動と共感を呼ぶか？　新天皇の水運研究は学術的価値があるか？　公平で客観的な評価が「文化的象徴」には必要だ。

いうまでもなく文化的技能の習得には厳しい修練が伴う。何よりも本人の素質がモノを言う。そして激しい競争に晒される。実績と能力が最優先される「文化的象徴」に、努力や競争と無関係の世襲と終身の「象徴」をいただくことは、かえって文化の発展の妨げになりはしまいか。

文化的力量がなければ「文化的象徴」を辞退すべきだ。まして「裏方さん」として汗を流すこともなく、他人のお膳立てに乗って雛壇で愛想を振りまくだけの「文化的象徴」は、いらない。

5　共和制樹立はビートルズの「愛こそすべて」で祝福

日本が共和制になる日は、かつてない解放感にあふれた朝を迎えることだろう。気が滅入るほど暗くて重苦しい「君が代」は二度と歌われることはない。労働組合は「インターナショナル」を歌い、沖縄の人々は「沖縄を返せ」と合唱するだろう。文化の多様性から見れば一つの歌をみんなに強制的に歌わせることはしたくない。いろんな歌があっていい。

個人的には「ラ・マルセイエーズ」のイントロからはじまるビートルズ「愛こそすべて～all you need is love」と、ジョンレノン「平和を我らに～give peace a chance」「イマジン imagine」のメドレーで日本の共和制を祝福したい。

補論

現時点で日本が共和制に移行した場合、誰が「大統領」に相応しいか、武田康弘さんとネット上で討議しました。私見では、ノーベル賞受賞作家の大江健三郎が適任と思われます。高齢を危惧する向きがありますが、健康状態さえ保てれば、人生一〇〇年時代に八七歳の「初代大統領」がいても違和感ありません（イタリアのナポリターノ元大統領は八九歳まで大統領を務めています）。沖縄も独立させて「沖縄―日本共和国連邦」として同等に扱いたいのでデニー玉城知事も「大統領」にしたい。

このほか、角界の土俵女人禁制を丸くたしなめた元宝塚市長の中川智子さんも候補にあげたい。大統領二人制もしくはローマ共和制に倣って三頭政治（トロイカ体制）でもいいのではないでしょうか。

三　アメリカと君主制の緊張関係から共和制移行を考察する

現在の日本の大衆運動は憲法九条を平和運動の基本に置いている。はたして、立憲君主制の日本が共和制国家であるアメリカの軍事的・政治的・経済的圧力をはねのけて基地撤去し脱原発を実現することが可能なのか？　大衆運動の力量や方針を問う以前に、共和制と立憲君主制の政治体制の違いから両者の質的な差を考察してみたい。アメリカは、世界の君主制といかにして対峙し、屈服させ、亡ぼしてきたのか？　そして、日本の天皇制をどう利用しようとしているのか。アメリカの歴史をふりかえることから、なんらかの原則を見出すことはできるのではないか？

1　独立〜一九世紀後半まで

アメリカの起源は、一六〇七年、チャールズ一世の迫害から逃れてきたイギリスの清教徒の「入植」に始まる―といわれる（ピルグリム・ファーザーズ）。しかし、実際にはヨーロッパ人の来航のはるか以前から先住民（ネイティブ・アメリカン）が生活していた。コロンブスのアメリカ到達以来、「新大陸」の植民地獲得競争に明け暮れていたヨーロッパ諸国は、国をあげての「侵略」を開始する。北米大陸には地理的に近い場所にあったイギリスが進出する。「入植者」は、本国の領土拡張の「尖兵」の役割を果たした。

一七世紀以降、次第にイギリスの「植民地」は増え、一八世紀後半にはヴァージニア・ニューヨークなどから成る「東部十三州」を形成。入植者は先住民から広大な土地を獲得し、生産力を背景に本国イギリスからの独立を企てた。

一七七六年、東部一三州は独立を阻むイギリスから派遣された軍隊との戦争を勝利し、イギリスからの独立を宣言。ここに、現在まで続く「アメリカ合州国」の歴史が始まった。

アメリカは、王国だったイギリスとは違って「共和制」の政治体制を採用した。非世襲・非終身の「大統領」を中心にした「共和制」だ。これは、アメリカの入植者がイギリス王室の圧政を嫌ったことと、同時期の一八世紀後半にヨーロッパでルソーの共和思想が広まった影響がある。アメリカ先住民が中央集権的な王制を成立させる生産条件がなかったことから部族の酋長の合議制を取っていたことも影響したとする説もある。一九世紀後半まではアメリカの政治も安定しておらず、大統領も議長程度の権限しかなかった。大統領の権威が高まるのは南北戦争以降だ。

当時、アメリカ大陸には、イギリスのほかフランス・スペインが進出していた。一八世紀末からヨーロッパはフランス革命の激動期を迎える。アメリカは、ナポレオン戦争で植民地経営が弱体化した間隙をついて領土を広げた。

一七八三年、イギリス王国からミシシッピ以東の中部ルイジアナを獲得。

一八〇三年、フランス帝国（ナポレオン帝政）からネブラスカ州ほかを買収。

一八一九年、スペイン領だったメキシコからフロリダを獲得（メキシコはスペインからの独立戦争をしていた）。

ヨーロッパ諸国から植民地を獲得すると同時に、アメリカは「マニフェスト・デスティニー」に則って、引き続き先住民の領土を奪い「版図」として拡張していった。一八四六年にはその領土は太平洋岸に到達する。両大洋を領土に接することで、世界の制海権を握る地政学的な基礎条件が整った。

やがてアメリカは、海洋進出を開始する。一八五三年には日本に来航。アジアにまで勢力を広げはじめた。しかしアジア・アフリカ諸国ではイギリス・フランスなどの列強が先行し、アメリカは植民地獲得では遅れをとった。

注目すべきは一八六七年、クリミア戦争で財政の悪化したロシア帝国からアラスカを買収して領土化したことが挙げられる。戦略上の要衝地を衰退期の「帝国」から獲得することは、アメリカの得意の戦略だ。これに加えてロケット時代に一〇〇年先駆けて、当時は非生産的な土地と考えられていたアラスカを獲得した点に、アメリカの地政学的な戦略性と先見性が覗える（アラスカがアメリカ領でなく、ロシア（ソ連）領だったら、今日に至るアメリカの覇権は、その条件を著しく欠いただろう）。

東南アジアでは一八九八年、米西戦争で勝利し、フィリピンとキューバを獲得した。フィリピン獲得でアメリカは悲願だったアジアでの橋頭堡を確保することになった。フィリピンを足がかりに一九〇〇年には義和団事件で中国（清）、一九一八年にはシベリア出兵を果たした。一八九八年にはハワイ王国を併合している。

てきた。

2 第一次世界大戦～第二次世界大戦

二〇世紀にはいると、欧米列強に植民地化されていたアジア・アフリカでは独立の動きが高まってきた。

ヨーロッパでは帝国間の矛盾が高まり一九一四年に第一次世界大戦が勃発。一九一七年にロシア革命が起る。

当初アメリカは「モンロー主義」を掲げ、ヨーロッパ戦線には介入しない方針をとっていた。しかし戦局の長期化で生産力の落ちたイギリスに「世界の工場」の地位を取って替わったことから、連合国に参戦。ドイツ帝国と戦い、西部戦線で連合国の勝利に決定的な役割を果たした。戦後はイギリス・フランスの相対的地位の低下により、アメリカは名実ともに「世界の一等国」となった。

大西洋での制海権を確立したアメリカは、大戦後、アジア・太平洋地域に本格的に進出を開始。日本との帝国主義的な軋轢が強まっていく。

日本は一八九五年日清戦争、一九〇五年日露戦争に勝利し、一九一〇年に朝鮮半島を植民地化する。朝鮮半島から中国大陸に進出し、一九三一年には中国東北部を植民地化して偽国家「満州国」を「建国」した。一九三七年には日独伊防共協定（枢軸国）を締結。中国での権益で相反するアメリカは国際連盟を通じて日本に圧力をかけるものの、日本は国際連盟を脱退し、日米交渉は最終的に決裂する。

一九三九年に独ソ戦が勃発。一九四一年には日米が開戦。第二次世界大戦が開始された。興味深いのは、アメリカが倒した三枢軸国のうち、日本とイタリアは「王制国家」だった点にある。当時のイタリアについてムッソリーニのファシスタ党独裁体制と日本の軍部との共通点が論議されてきた。また、ナチスとファシスタ党の共通点も指摘される。ただし、ナチスのファシズムがワイマール共和制のもとで展開されたのに対し、ムッソリーニのファシスタ党政権はサヴォイア王制と一体化することによって成立した。イタリア王制は、大戦後の一九四六年、国民投票で廃止される。

3　戦後〜現代まで

一九四五年のドイツ・日本の降伏で第二次世界大戦は終了する。同時に戦勝国であるアメリカとソ連の東西冷戦が始まった。戦勝国のアメリカでは天皇制廃止の世論が強かったが、アメリカはソ連の影響力と日本の共産主義化を防ぐ利用上の観点から、天皇を実権をもたない「象徴」に替え、憲法に残置した。

東西冷戦が進行すると同時に「民族自決」のスローガンのもと、それまで欧米（そして日本）の植民地だったアジア・アフリカ諸国が次々と独立していった。アメリカとアジア・アフリカなどの開発途上国の関係も、あからさまな植民地化の時代ではなく、表向きは独立を承認しつつも、基地や派兵による軍事支配や経済援助、ＣＩＡなどの諜報機関を通じた工作によって影響力を行使する時代となっていた。世界最強国となったアメリカも、一九五一年朝鮮戦争で中華人民共和国と朝鮮民主主義人民共和国に軍事的に敗北している（朝鮮戦争）。一九七三年にはベトナム戦争でベトナム共和国に敗北し、アジア大陸からの撤退を余儀なくされている。

アメリカの植民地だったフィリピンも一九四六年に「共和国」として独立。同じく実質的な植民地だったキューバも社会主義革命によってその政治経済的支配から脱している（キューバは一九〇二年に共和国として独立している）。また、近年はベネズエラなどの中南米諸国（いずれも共和国）で影響力が低下している。

戦後、アメリカは直轄領としての植民地はなくなった。しかし、プエルトリコや太平洋の島々を「国連委任統治」の名目で今なお実質的な植民地として支配している。

とりわけ、戦後は産油国として重要な中東に狙いを定め、サウジアラビアなどの王室を利用することで権益の確保を試みた。現在、係争地となっているアフガニスタンやイラクも一九六〇年代までは王国で、ＣＩＡを通じて工作がなされていた。しかし、これらの王国も次第に革命によって倒され、共和国へ姿をかえていく。今日も続くアメリカとイスラム諸国との紛争の遠因は、中東諸国の共和制移行による資源ナショナリズムの勃興とアメリカの確執に始まる。

特筆すべきは一九七九年のイラン革命だ。アメリカは原油確保のためパーレビ王朝を支援していた。だが国王の腐敗に失望した民衆は革命をおこし、パーレビはイスラム原理主義者たちに追放された。亡命先のフランスからイスラム教の指導者・ホメイニが帰国し「イラン・イスラム共和国」が成立する。革命を防ごうとした当時のＣＩＡの工作が失敗した経緯は映画などでお馴染だ。イランでの失敗を踏まえ、一九九一年の第一次湾岸戦争では、中東の盟主・サウジアラビア王国に基地を置き、イラク空爆の拠点とした。米軍のサウジ駐留は現在も続いている。

4　立憲君主制ではアメリカ共和制の影響力を排除できない

以上、大雑把にアメリカ合州国の領土拡張と、アメリカ帝国主義の世界進出の動きを王制との絡みで整理した。結論からいえば、アメリカ「共和国」は、王制国家を駆逐することによって独立し、王制国家から領土を奪い拡張してきた。二〇世紀以降は、ドイツ・日本・イタリアなどの王制国家を打倒し、利用することで勢力を拡大してきた。いわば「共和制帝国」である。いまだかって王制国家（立憲君主国家）でアメリカの影響力を排除できた国はひとつもない。中国・朝鮮・ベトナム・フィリピン・キューバ・イランなどの共和制国家のみがアメリカ帝国主義を排除できたことが歴史的事実として浮かび上がってきた。共和制国家であるアメリカに対して共和主義の政治体制でしか対抗出来ないという歴史法則だ。アメリカの憲法はヨーロッパの憲法と違い、人民投票などの直接民主的要素が少ない。だが、アメリカ国民は四年に一度の大統領選挙（州の代表人を選ぶ間接民主制）を通じて、大統領に主権を委ねている。ヨーロッパやアジアのそれと違い、王制を否定して人工的に作られた近代的な国民国家であるだけに、世界の王国を分断統治する利用法を熟知している。

現在、地球上に一九六の国家がある。うち王制国家はイギリス・カナダ・オーストラリア・ジャマイカなど一〇数ヵ国を含むイギリス連邦や、タイ、モロッコ、ヨルダンなど四三ヵ国。人口は共和制人口が六四億に対し、王制人口は約七億人。王制国家のほとんどが「親米」で、日本はじめ、サウジアラビア、タイやオーストラリアなどに基地を置いている。このうち、アメリカが現在のところ戦略上、最重要視するのはヨーロッパのイギリス、中東のサウジアラビア、極東アジアの日本。三王国に基地を置いて睨みを利かせている。

独立戦争を戦ったとはいえ、言語が同じで民族的・歴史的つながりも深い、母国的存在のイギリス王室と、人種も言語も大きく異なるサウジアラビア王室や敗戦国である日本の天皇制とでは、おのずから関係は異なる。

アメリカ人にとって王族は決して特別な存在ではない。イランやアフガニスタンなど革命で追放された世界中の元・王族が市民権を求めて入管で列を並ぶ。大多数のアメリカ人にとって、日本の天皇はアメリカが打倒してきた世界中の多くの君主制のひとつにすぎない。

これに対し、明治維新後の日本は李氏朝鮮を侵略し、清・ロシア（ロマノフ王朝）という王制国家と戦争して勝利したものの、社会主義共和国化した中国とソ連（ロシア）からは逆に軍事的に敗北して大陸から叩き出された。太平洋戦線ではアメリカ共和制に敗北した。日本は共和制国家と戦って軍事的に勝利した経験がない。現代世界で王制国家が共和制国家に軍事的に勝利したのは、イギリスがアルゼンチンに勝った約四〇年前のフォークランド諸島をめぐる局地戦で勝利したのが唯一の例外だ。

しかも、現在の日本はヨーロッパの王室と違い、四囲を共和制国家に囲まれている。タイやブルネイの王室を「藩塀」として繋がることもなかった。孤立した王制国家だ。

同じ立憲君主国でも、オランダやデンマークなどヨーロッパの王制国家は、EUに加盟し、アメリカに対抗している。イギリスは英連邦一六ヵ国の力を背景にアメリカと渡り合っている。そしてイギリスは現代に至る世界秩序を決定した第二次世界大戦の「戦勝国」だ。アメリカと同格の国連常任理事国の地位も占め、二重の同盟を組んでアメリカに対抗している。共和制国家に倣って人民投票の制度を柔軟に取り入れ、国民国家としての意思統一している。

日本と同じ敗戦国だったドイツやイタリアにも米軍基地がある。米軍と輸送や物品・物流の地位協定が結ばれている。両国ともEUに加盟して近隣諸国と同盟することで、米軍に地位協定を一方的に運営させず、米兵の犯罪を許さないように行動を監視し、事故を防止するために可能な限り共同管理に努めている。

アジア諸国を見ても、現在、ASEAN一〇ヵ国に米軍基地はない。フィリピンのようにアジア最貧国でも、共和国の大統領は民衆の直接投票によって選出され、一国の「民意」を体現する存在としてアメリカに認知されている。共和主義的に体現された民意を背景に、世界一の最貧国が世界一の最強国に対しても独自性を発揮できる。フセイン政権時代のイラクのような独裁国家は別にして、共和制国家であるアメリカは、まがりなりにも民主制が機能しているフィリッピン共和国の民衆の意思決定を無碍にはできない。

5　基地撤去に不可欠な共和制移行

共和制と立憲君主制の違いに加え、アメリカは七〇年たった今も日本を「敗戦国」と見なしている。だからこそ日本政府の足元を見て、日米地位協定を押し付け、宗主国然として振舞っている。辺野古の米軍基地建設について「固執しているのはアメリカではなく日本側」とか「いやそうではない」という憶測が飛び交っているが、そうした詮索にあまり意味はない。あえていえば米・日の両者が基地建設で一致しているのだろう。たとえば屋良朝博は「沖縄基地がアメリカの負担になっている」とし、米軍撤去させるためには「日本側の駐留経費負担の移転先使用と高速輸送船の提供が必要」と述べている。屋良の言うように、仮に金銭解決の可能性があり交渉をよびかけても、人民投票などの手段で国民国家としての意思をはっきりと表示しない限り、アメリカはテーブルにのってこない。アメリカ政府を動かすには、基地撤去に向けた、共和制的な直接民主主義の意思一致すなわち「人民投票」が不可欠だ。

アメリカは自国の権益を守るためには世界各国で暗殺や武力行使をいとわない。日本の民衆が本当に日本から米軍基地を撤去しようと望むならば、ありとあらゆる手を使って妨害してくる。都心を囲む横田・厚木・横須賀には米軍基地があり、睨みを利かせている。戦後の日本の保守勢力がアメリカの要求を唯々諾々と呑み続けてきたのは、アメリカ帝国主義に正面切って喧嘩を売ることの恐怖を、敗戦と二度の原爆投下で骨身に滲みて分かっていたからだろう。

しかし、近年はアメリカも世界で孤立しつつあり、その国際的影響力は弱まっている。とはいえ、日本国内では国政を左右する影響力を行使している。仮に国内で反安保派が政権を握っても政府・議員と民衆が分断される恐れがある。政権と民衆の分断はＣＩＡの常套手段だ。

ベストの選択は、日本の民衆が人民投票を行い基地撤去の意思表示を示すこと。天皇の戦争責任を明らかにし、アジア諸国への謝罪を同時並行的に行うことで、反基地運動はアメリカからの「解放闘争」的性格を帯びていく。アジア各国をはじめ国際社会の理解と支援も、そのプロセスを経て、ようやく得られる。

しかし、現行憲法は間接民主制が原則だ。四一条「国会は最高機関」の規定がある。そして九六条「憲法改正」以外に人民（国民）投票の規定はない。基地撤去に限定した国会の「諮問型」国民投票は可能性がある。ただし、仮に諮問型国民投票で基地撤去が多数を占めても、国会で基地賛成派が多数を占めれば拒否されてしまう。最高裁が人民投票を「違憲」と判決すればそれまでだ。従って、国際社会にアピールし得る「正当性」を持った民衆の「意思決定型」国民投票は、現行憲法では不可能。米軍基地撤去に向けた人民投票には「改憲」が必要となる。日本国憲法第四一条「国会は国権の最高機関」を確信的に乗り越える段階にきている。ここに日本の「共和制移行」の必要性がある。

2 憲法から考える天皇制

清水雅彦

しみず・まさひこ

一九六六年兵庫県生まれ。札幌学院大学法学部教授などを経て、現在、日本体育大学スポーツマネジメント学部教授。専門は憲法学。九条の会世話人、戦争をさせない1000人委員会事務局長代行。主な著書に、『憲法を変えて「戦争のボタン」を押しますか?』(高文研、二〇一三年)、『9条改憲 48の論点』(高文研、二〇一九年) など。

はじめに

二〇一六年八月八日、突然、当時の明仁天皇が「象徴としてのお務めについての天皇陛下のおことば」と称するビデオメッセージを発表し、自身の高齢を理由に暗に退位を希望する発言を行った。これを受けて二〇一七年六月九日には「天皇の退位等に関する皇室典範特例法」が制定され、二〇一九年に「代替わり」が行われる。元号が「平成」から「令和」に変わり三年が経ち、この一連の出来事も徐々に忘れられようとしている中、本稿はあらためて憲法の観点から天皇制について考察するものである。

ただ、その前に、私の天皇制についてのスタンスを簡単に述べておく。天皇制は、人を生まれによって差別した封建制社会の遺物である。天皇制は、国民が次に誰が皇位継承するのかを決めるわけではなく、国民誰もが天皇になれない点で、本来は民主主義と法の下の平等に反し、国民主権とも相容れない。しかし、憲法に天皇制を残したので、憲法学的には天皇制を民主主義と法の下の平等・国民主権の例外と解釈している。とはいえ、私自身は、この民主主義と法の下の平等・国民主権を徹底する立場から、天皇制は廃止して共和制に移行すべきと考える。そういう意味で、私は「護憲派」ではなく「改憲派」であり、日本国憲法は「封建制の遺物を残した資本主義(ブルジョア)憲法」と捉えている。

このようなスタンスから、一では諸外国と戦前との比較から天皇制を考え、二では日本国憲法第一章の天皇の規定を確認し、三では憲法の観点から現代の日本に見られる天皇制の問題点を考え、四ではあらためて当時の明仁天皇の評価を行い、五では徳仁天皇即位をめぐる諸問題を考え、六では自民党の改憲案の危険性について検討したい。

一　諸外国と戦前との比較から考える天皇制

1　諸外国との比較から考える天皇制

身分制を基本としていた封建制時代においては、君主が支配する君主制国家が世界の多数派を占めていたが、国王がギロチンにかけられたフランス革命などの市民革命後、君主の存在しない共和制国家に移行する国が増えていく。

さらに第二次世界大戦後、戦争終了を機に、またはアジア・アフリカなどでイギリス国王を国家元首とするイギリス連邦加盟国がイギリスから独立していくことで、君主制国家が減っていく。その結果、今や世界約二〇〇の国の中で、イギリス連邦加盟国を含む君主制国家は五〇か国を下回るまでにいたる。イギリスやスウェーデンでも共和制論があるように、今後も君主制国家は減っていくであろう。

このような世界の状況の中で、日本は憲法で国民主権を規定するものの、外務省が元首として扱う天皇が存在し、形式的には君主制国家（立憲君主国）として分類される。そういった意味で、日本は世界の中では少数派の君主制国家に位置づけられる。そして、日本では共和制論が活発ではないことから、かなり長く天皇制が残る可能性がある。少なくとも、もっと天皇制の是非について日本国内で議論があってもいいのではないであろうか。

2　歴史から見る天皇制

日本の初代天皇は紀元前六六〇年に即位した神武天皇（在位期間七六年。享年は『日本書紀』では一二七歳、『古事記』では一三七歳）だとされているが、歴史科学的に神武天皇など初期の天皇は架空の存在と考えられている（神武天皇の在位期間自体かなり長いが、第六代孝安天皇は一〇二年間、第一一代垂仁天皇は九九年間在位したとされ、平均寿命の短い弥生時代にこれは全くありえない）。実際に天皇家の登場は中国・朝鮮をルーツとする渡来系弥生人が多数派になっていく弥生時代以降のことであり（なお、明仁上皇は天皇であった二〇〇一年に、垣武天皇と朝鮮民族との血のつながり、具体的には桓武天皇の生母が百済の武寧王の子孫であることを認めている）、神武天皇以降の天皇支配が「説明」されるのは、八世紀に作成された『古事記』『日本書紀』によってである。当時の民衆が天皇制支配を正当化する神話を信じるのはやむをえないとしても、現代人でこのような神話を信じる者については、その非科学的認識が問われる。

封建時代の中で、日本では天皇中心の支配から実権が貴族、さらには武士に移行していく。しかし、徳川幕府打倒後、「王政復古」の名の下に明治維新政府は天皇を頂点とする体制を作った。そして、一八八九年制定の大日本帝国憲法（明治憲法）で、「万世一系ノ天皇」（一条）が統治する天皇主権の国家となる。この天皇制国家の下で臣民は天皇の赤子《せきし》とされ、学校教育では徹底した天皇崇拝の教育が行われた。大日本帝国憲法下の天皇像を民衆が信じたこともやむをえないとしても、現代人で「万世一系」の天皇像を信じる者についても、やはりその非科学的な歴史認識が問われる。

そして、一九三一年以降アジアへの侵略戦争を続けてきた日本は、一九四五年に敗北する。戦後、連合国の中には昭和天皇裕仁の戦争責任を追及し、天皇制廃止を求める声もあったが、天皇制を残した方が日本を統治しやすいという連合国軍最高司令官総司令部（ＧＨＱ）のマッカーサーらの考えもあり、戦後も天皇制が残った。やはり、戦後の出発点に当たって、天皇の戦争責任や天皇制廃止論が日本国内において多数派ではなかった点が大変残念である。また、憲法九条は、天皇制を残してもアジア諸国が不安を抱かないための規定という側面があることからすれば、憲法九条改正による日本の再軍備を主張する改憲派は、同時に天皇制廃止を主張しないと歴史的には整合性がとれない。

3　戦前と戦後の比較から考える天皇制

先の戦争を反省し、日本は日本国憲法の下で再出発することになった。確かに、戦前の天皇主権を否定し、戦後は国民主権を採用したが、日本国憲法は大日本帝国憲法七三条の憲法改正規定に従って誕生したので、冒頭に御名御璽（天皇の名と印）を伴う上諭（大日本帝国憲法下、憲法や法律などの公布の際に天皇の裁可を示す文章）がある。また、大日本帝国憲法の構成に従って第一章が「天皇」となっており、戦前との連続性がある。

天皇の地位については、戦前は太陽を神格化した神である天照大神の意思により天皇の地位は決まり、「万世一系ノ天皇」（大日本帝国憲法一条）が統治するとされた。これに対して、日本国憲法では天皇の地位は「主権の存する日本国民の総意に基く」（一条）とする。したがって、国民の「総意」によっては、天皇制廃止・共和制への移行は憲法上いくらでも可能になった点は評価できる。

天皇の性格についてであるが、戦前は「神聖ニシテ侵スヘカラス」（大日本帝国憲法三条）とし、神聖不可侵の存在とされた。そして、刑法に不敬罪があったように、天皇に対する自由な批判は許されなかった。これに対して、昭和天皇裕仁は一九四六年一月一日の「人間宣言」で、自らの神格性を否定する。したがって、憲法上天皇に対する批判が自由になったことも評価できる。

天皇の権能についてであるが、戦前の天皇は「国家ノ元首ニシテ統治権ヲ総攬シ」（大日本帝国憲法四条）、天皇が立法権及び行政権を有し（大日本帝国憲法五条及び六条）、司法権は天皇の名において行われた（大日本帝国憲法五七条）。これに対して、日本国憲法で天皇は「国政に関する機能を有しない」（四条一項）とする。したがって、戦前の発想の延長線上であたかも天皇になんらかの権限があるかのように考えるのは誤りである。

二　日本国憲法の規定から考える天皇制

1　象徴天皇制

次に、日本国憲法における天皇の規定をあらためて見ていきたい。戦後、天皇制を日本に残すに当たっては従来の天皇とは明確な差を設けることにし、「日本国」と「日本国民統合」の「象徴」として残すことにした（憲法一条）。「象徴」という言葉は抽象的・無形的なものを具体的・有形的なものによって具象化する作用又はその媒介物という意味で使われる。例えば、「鳩は平和の象徴だ」といった使い方である。

もちろん、生身の人間を「日本国」や「日本国民統合」の「象徴」とすることは意味不明な部分もあり、このような規定自体不要と考える。ただ、少なくともこの規定は天皇が象徴であるから偉いというような天皇の地位を強調するものでは全くなく、天皇には象徴たる役割以外の役割がないことを強調している点を忘れてはならない。

この点で、天皇の家族など皇族に対して、マスコミなどが皇族の名前に「さま」（「様」ではない）を付けて特別扱いするのはどうなのか。国民主権の下、皇族は特別な存在ではない。以前、朝鮮（朝鮮民主主義人民共和国）の金正日総書記に対する「将軍様」という表現を揶揄する日本のマスコミもあったが、日本のマスコミ自身が「皇太子さま」なる称号に「さま」を付けたおかしな表現をしていた。また、秋篠宮文仁親王の娘である眞子内親王のことをこれまで「眞子さま」と表現してきたマスコミが、二〇二一年一〇月二六日に眞子内親王と小室圭氏とが婚姻届を提出した後、今後の表現を「眞子さん」にするとの告知記事を出していたが、これを機にこのような特別な表現自体を検討すべきであった。

2　象徴と代表、元首

この「象徴」とは、象徴されるものと象徴するものとは異質のものであることを前提に、抽象的に表現される概念である。そして、象徴という地位は、積極的・能動的な地位ではなく、消極的・受動的な地位とされている。

したがって、代表されるものと代表するものとが同質であることを前提とし、代表者の行為が法的に被代表者の行為とみなされる「代表」とは区別される。

また、「元首」とは、対内的には行政の首長として国政を統括し、対外的には国家を代表するもの、又は対外面のみを指す概念である。外務省は憲法上天皇が全権委任状と大使・公使の信任状を認証し（憲法七条五号）、外国の大使・公使を接受すること（憲法七条九号）などを理由に、天皇を元首として扱っている。しかし、外交権・条約締結権は内閣にあり（憲法七三条二号及び三号。したがって、マスコミでは「皇室外交」といった表現を使うことがあるが、憲法上「皇室外交」は存在しえない）、行政権は内閣にあり（憲法六五条）、天皇が国政に関与することを否定し（憲法四条一項）、そもそも元首の規定が憲法にはないことから、憲法論として天皇を元首として扱うことはおかしい。

3 世襲の皇位継承

皇位については、憲法二条で「皇位は、世襲のものであつて、国会の議決した皇室典範の定めるところにより、これを継承する」とし、皇位を世襲制としている。そして、皇室典範では、「皇位は、皇統に属する男系の男子が、これを継承する」（一条）とし、二条で具体的な皇位継承順序を規定している。「はじめに」で書いた通り、皇位の世襲制など天皇制自体を私は民主主義と法の下の平等に反すると考える。

4　天皇の国事行為と公的行為（象徴としての行為）

憲法は四条で天皇の国政に関する機能を否定しつつ、「この憲法の定める国事に関する行為のみを行［ふ］」とした。そして、「国事に関する行為」（国事行為）については、具体的に六条と七条で列挙している。この国事行為とは、他の国家機関によって実質的に決定された国家意思を形式的儀礼的に表示し又は公証する行為とされている。この国事行為の実質的決定権が天皇以外にあるという点で、天皇の行為に対して質的限定（国政からの隔離）を行い、六条と七条で具体的行為を列挙することにより量的限定（限定的列挙）を行っている。そして、全ての国事行為は内閣の助言と承認を必要とし（憲法三条）、天皇はいわば内閣の決定にしたがって「ロボット」のように形式的儀礼的行為を行うにすぎない。この規定は、天皇による実質的国家意思の決定を禁止し、内閣が天皇の行為に責任を負う体制に変わったことを意味している。

天皇の国事行為は、憲法六条及び七条で列挙された形式的行為や儀礼的行為である。具体的には、内閣総理大臣及び最高裁判所長官の任命（憲法六条）、憲法改正・法律・政令・条約の公布（憲法七条一号）、国会の召集（憲法七条二号）、衆議院の解散（憲法七条三号）、国会議員の総選挙の施行の公示（憲法七条四号）、国務大臣その他官吏の任免の認証（憲法七条五号）、全権委任状・大使公使の信任状の認証（憲法七条五号）、恩赦の認証（憲法七条六号）、栄典の授与（憲法七条七号）、条約の批准書その他外交文書の認証（憲法七条八号）、外国の大使・公使の接受（憲法七条九号）、儀式の挙行

（憲法七条一〇号）がある。

この国事行為以外に、特に憲法に明示していなくても私人としての私的行為（例えば、天皇が読書やテニスをすることなど）を行うことは天皇に認められている。しかし、例えば、国会開会の際の「おことば」、国内巡幸、国民体育大会や植樹祭への出席など、国事行為と私的行為との間にある行為をどう考えるかで憲法学界では議論がある。このような象徴としての地位に基づく天皇の行為（公的行為又は象徴としての行為）を国事行為・私的行為以外にも認めるとする三分説が学界の多数説となっている。これに対して、天皇の行為の拡大と影響を批判する観点から、公的行為を認めない二分説も有力である。政治の世界では、二〇一六年一月以前は日本共産党が国会での天皇の「おことば」の際に議場から退場していた。やはり、憲法を素直に解釈すれば、公的行為を認めるべきではない。

三　現代日本社会から考える天皇制

1 「君が代」

戦後、天皇制が残ったとはいえ、大日本帝国憲法と日本国憲法とでは天皇の位置づけが大きく変わったにもかかわらず、大日本帝国憲法下の天皇制に関係する残滓が現代にも数多く存在している。その一つが、「君が代」である。

現在、学校で「君が代」を子どもたちに歌わせても、歌詞の意味を十分には教えていない。「君が代は千代に八千代にさざれ石のいわおとなりてこけのむすまで」の意味は、「天皇の代は永遠に、小さな石（細石《さざれいし》）が集まって大きな岩（巌《いわお》）になって、苔が生えるまで続きますように」というものである。例えば、戦前（一九三七年）の尋常小学校の『修身書』の教科書では、「『君が代』の歌は、『我が天皇陛下のお治めになる此の御代は、千年も万年も、いや、いつまでもいつまでも続いてお栄えになるやうに』といふ意味で、まことにおめでたい歌であります。私たち臣民が『君が代』を歌ふときには、天皇陛下の蔓歳を祝ひ奉り、皇室の御栄を祈り奉る心で一ぱいになります」と記述していた。

「君が代」は明治時代に作られた曲であるが、歌詞は古今和歌集又は薩摩琵琶歌の一節を参考にしたとされている。当初はイギリス人のフェントンが作曲したが、曲風が嫌われ普及しなかった。そこで、一八七六年に海軍が宮内省に作り直しを依頼し、宮内省の林広守が作曲し（これには異説もある。編曲者はドイツ人のエッケルト）、一八八〇年に初演されたのが現在知られている「君が代」である。戦前には、海軍の「君が代」以外に、一八八一年の文部省作成『小学唱歌集』に収録されている「君が代」（二番の歌詞もある）と、一八八七年に陸軍作成の「君が代」（喇叭《らっぱ》式君が代）もある。ただし、このどれもが法的に国歌ではなかった。

これが戦後、文部省が一方的に一九七七年の学習指導要領で「君が代」を「国歌」にし、一九八九年の同要領で儀式の際の斉唱を義務づけた。このことやＮＨＫが放送終了時に「君が代」を流すことによって、ますます国民が「君が代」を「国歌」だと思い込むようになっていく。そして、一九九九年の「国旗国歌法」により戦前戦後を通じて初めて法的に「国歌」が誕生する（海軍が宮内省に依頼した「君が代」を採用)。

以上のことから、「君が代」自体の歴史が浅く、法律上「君が代」が「国歌」になったのはつい二〇数年前のことである(それ以前から「君が代」を「国歌」だと思っていた人は、認識不足といえる)。そもそも歌詞内容からして「君が代」を「国歌」にすることには憲法の国民主権の観点から問題がある(「君が代」の楽譜も教科書などに載っているが、編曲者名を載せていないのは、「純日本製」ではないことが広く知られることをおそれてのことであろうか)。学校現場では「君が代」の歌詞の意味を教えずに歌わせているようであるが、きちんと教え、憲法一九条の思想・良心の自由の観点から、歌う・歌わないは本人の自己決定の問題であり、歌わなくても不利益を被らないようにすべきである。

2 「日の丸」

次に、「君が代」とセットで論じられるのが「日の丸」である。「日の丸」は、一八五四年に薩摩藩の提唱で徳川幕府が総船印(船の所属国を明示する印)として採用したのが始まりである。これが明治時代に入り、一八七〇年の太政官布告により商船旗(縦七横一〇の比率で、日章の色が朱赤の日章旗)、海軍旗(縦二横三の比率で、日章の色が紅の日章旗)、陸軍旗(太陽から光線が出ている旭日旗)を定めた。一九三一年には「日の丸」を「国旗」とする国旗法案が衆議院を通過するが、貴族院では審議未了廃案となっている。戦前、「日の丸」は法的に「国旗」ではなかった。

ところがこれも戦後、文部省が一九五八年の学習指導要領で一方的に「日の丸」を「国旗」にし、一九八九年の同要領で儀式の際の掲揚を義務づけた。したがって、「日の丸」についても多くの国民が「国旗国歌法」制定（ここでも海軍の「日の丸」を採用）までは、学校教育やNHK放送により「日の丸」を「国旗」だと思い込んでいたにすぎない。確かに、太陽信仰との関係があるとはいえ、「日の丸」は「君が代」ほど天皇制と強く結びつくものではない。しかし、戦前の天皇主権の下での侵略戦争のシンボルである「日の丸」を、戦後も「国旗」とすることには憲法の平和主義との関係で問題がある。

3 元号

「君が代」と同様、天皇制と密接に結びつくのが元号である。元号は、紀元前一一四年に前漢の武帝が発案し、紀元前一四〇年にさかのぼって導入したとされているものである。中国では皇帝はその偉大さ故、国家（空間）のみならず時間も支配でき、皇帝の死により時代を区切るという発想から用いられるようになった。日本がこの元号制度を初めて導入したのは六四五年の大化とされ、令和まで南北朝合わせて二四八の元号がある。以前は天災・飢饉などに際して元号を替えることもあったが、天皇の統治と時間の支配がより密接な一世一元制（一人の天皇に一つの元号）を導入するのは明治以降のことである。

戦後、元号についての法的根拠はなかったが、一九七九年制定の元号法によって元号使用に法的な根拠が生じるようになった。しかし、国民主権の下で天皇が時間を支配していることを示す元号使用には憲法上問題がある（また、もちろん世界基準にはならず、不便でもある。現在、当の中国も元号を使用していない）。

4 祝日

祝日（「国民の祝日」）についても、天皇制との関係がある。現在、祝日は一六日あるが、以下の九日が天皇関連の日である。すなわち、一月一日の「元日」（天皇がその年の豊作と無病息災を四方に拝して祈る四方拝の日）、二月一一日の「建国記念の日」（初代神武天皇が即位した日とされる紀元節。なお、「建国記念日」ではない）、二月二三日の「天皇誕生日」、三月と九月の「春分の日」「秋分の日」（春季皇霊祭・秋季皇霊祭という皇室行事の日）、四月二九日の「昭和の日」（昭和天皇裕仁の誕生日。二〇〇七年に「みどりの日」から変更）、七月第三月曜日の「海の日」（以前は七月二〇日で、一八七六年に明治天皇が東北巡幸から明治丸で無事横浜港に帰還した日）、一一月三日の「文化の日」（明治天皇睦仁の誕生日である明治節）、一一月二三日の「勤労感謝の日」（天皇がその年の収穫を感謝する新嘗祭の日）である。

諸外国では独立記念日や建国記念日、革命記念日などをその国で最も重要な日である「ナショナル・デー」にしているが、日本は「天皇誕生日」が「ナショナル・デー」になっている。国民主権の日本で、これだけ天皇がらみの祝日が多いことも問題である。例えば、八月六日・九日・一五日は平和を考える祝日にするなど、再考すべきである。

5 「女帝論」

これはまだ実現していないことであるが、「女帝論」についてもここで考えたい。長らく皇室に男児が生まれなかったことから、二〇〇六年に文仁親王に男児の悠仁親王が生まれるまで、「女性天皇を認めないのは憲法一四条の法の下の平等違反だ」「皇室典範改正で女性天皇を認めるべきだ」といった議論（「女帝論」）が盛んであった。確かに、過去一〇代八人の女性天皇が存在したし（江戸時代でも二人）、単なる法律にすぎない皇室典範（「皇室法」ではなく、「皇室典範」という戦前と同じ表現にしているのも検討の余地がある）改正で簡単に解決できそうである。

しかし、女性天皇を認めたからといって、そもそも天皇制という差別的な身分制度がなくなるわけではない。平等問題以外にも天皇・皇族にさまざまな権利・自由が保障されていないのはおかしいという議論もあるが、天皇・皇族に自由・平等を保障するには、天皇・皇族という特権的な身分制度を廃止し、天皇・皇族が「人一般」になればいいだけの話である。天皇制に関して部分的な「平等論」「権利・自由論」をする意味はない。

四　天皇の代替わりから考える明仁天皇

1　二〇一六年明仁天皇メッセージの内容と問題点

「はじめに」で触れた、二〇一六年の「象徴としてのお務めについての天皇陛下のおことば」の主な内容は以下の通りである。特に傍点部分が要注意である。

「……本日は、社会の高齢化が進む中、天皇もまた高齢となった場合、どのような在り方が望ましいか、……私が個人として、これまでに考えて来たことを話したいと思います。／即位以来、私は国事行為を行うと共に、日本国憲法下で象徴と位置づけられた天皇の望ましい在り方を、日々模索しつつ過ごして来ました。伝統の継承者として、これを守り続ける責任に深く思いを致し、更に日々新たになる日本と世界の中にあって、日本の皇室が、いかに伝統を現代に生かし、いきいきとして社会に内在し、人々の期待に応えていくかを考えつつ、今日に至っています。／……天皇が象徴であると共に、国民統合の象徴としての役割を果たすためには、天皇が国民に、天皇という象徴の立場への理解を求めると共に、天皇もまた、自らのありように深く心し、国民に対する理解を深め、常に国民と共にある自覚を自らの内に育てる必要を感じて来ました。こうした意味において、日本の各地、とりわけ遠隔の地や島々への旅も、私は天皇の象徴的行為として、大切なものと感じて来ました。……／天皇の高齢化に伴う対処の仕方が、国事行為や、その象徴としての行為を限りなく縮小していくことには、無理があろうと思われます。……／……憲法の下、天皇は国政に関する権能を有しません。そうした中で、このたび我が国の長い天皇の歴史を改めて振り返りつつ、これからも皇室がどのような時にも国民と共にあり、相たずさえてこの国の未来を築いていけるよう、そして象徴天皇の務めが常に途切れることなく、安定的に続いていくことをひとえに念じ、ここに私の気持ちをお話しいたしました。／国民の理解を得られることを、切に願っています。」

この発言の何が問題なのか。そもそも天皇のメッセージに憲法上大きな問題がある。憲法上、天皇は内閣の助言と承認に従って、国事行為を行うだけの存在である（憲法三条・四条）のに、暗に退位を希望する政治的発言を行った。また、先にも見たように、国事行為以外に私的行為も天皇はできるが、公的行為（象徴としての行為）はできないとの憲法学説もあるのに、天皇自ら公的行為を行うのは当然のこととして発言しているのである。公的行為が大変なら、やめればいいだけの話である。さらに、国民の総意で共和制への移行も可能であるのに、「象徴天皇の務めが常に途切れることなく、安定的に続いていくことをひとえに念じ」とまで言っている。明仁天皇自身、それまで必死に天皇制を永続させるための努力をしてきたのであり、その執念はすごいものであるし、したたかさも感じるが、このような発言を憲法上認めてはいけない。

2 二〇一七年特例法の内容と問題点

二〇一七年制定の「天皇の退位等に関する皇室典範特例法」の主な内容は以下の通りである。ここでも、傍点部分が要注意である。

（趣旨）一条「この法律は、天皇陛下が、昭和六四年一月七日の御即位以来二八年を超える長期にわたり、国事行為のほか、全国各地への御訪問、被災地のお見舞いをはじめとする象徴としての公的な御活動に精励してこられた中、八三歳と御高齢になられ、今後これらの御活動を天皇として自ら続けられることが困難となることを深く案じておられること、これに対し、国民は、御高齢に至るまでこれらの御活動に精励されている天皇陛下を深く敬愛し、この天皇陛下のお気持ちを理解し、これに共感していること、さらに、皇嗣である皇太子殿下は、五七歳となられ、これまで国事行為の臨時代行等の御公務に長期にわたり精勤されておられることという現下の状況に鑑み、皇室典範（昭和二二年法律第三号）第四条の規定の特例として、天皇陛下の退位及び皇嗣の即位を実現するとともに、天皇陛下の退位後の地位その他の退位に伴い必要となる事項を定めるものとする。」

（天皇の退位及び皇嗣の即位）第二条「天皇は、この法律の施行の日限り、退位し、皇嗣が、直ちに即位する。」

（上皇）第三条一項「前条の規定により退位した天皇は、上皇とする。」

二〇一七年特例法も、憲法学界にある公的行為違憲論を無視し、天皇発言を具体化・合法化する点で問題がある。にもかかわらず、主権者国民を代表する国会議員（憲法四三条）が、天皇に言われてこのような法律を制定した。しかも、二〇一七年六月九日の参議院本会議では、全会一致で可決・成立している（自由党は特例法ではなく、皇室典範を改正すべきという立場から退席。民進党は当然ともいえるが、日本共産党も賛成している）。また、特例法一条では、「国民は、……天皇陛下を深く敬愛し、この天皇陛下のお気持ちを理解し、これに共感している」と規定し、日本の中には天皇に批判的な者もいるのに、その存在を無視し、国民に天皇の一方的な「気持ち」を強制している点で問題がある。

3　二〇一八年全国戦没者追悼式発言の内容と問題点

明仁前天皇・現上皇のことを「平和主義者」と言う人が多かった。確かに、皇太子時代の家庭教師・バイニング氏（クエーカー教徒）の影響が指摘されてきたし、実際の言動から見ても、当時の安倍元首相よりは「平和」志向のようには見える。例えば、二〇一八年八月一五日の政府主催全国戦没者追悼式での明仁天皇の「おことば」が注目された。内容は以下の通りである。

「本日、『戦没者を追悼し平和を祈念する日』に当たり、全国戦没者追悼式に臨み、さきの大戦において、かけがえのない命を失った数多くの人々とその遺族を思い、深い悲しみを新たにいたします。／終戦以来既に七三年、国民のたゆみない努力により、今日の我が国の平和と繁栄が築き上げられましたが、苦難に満ちた往時をしのぶとき、感慨は今なお尽きることがありません。／戦後の長きにわたる平和な歳月に思いを致しつつ、ここに過去を顧み、深い反省とともに、今後、戦争の惨禍が再び繰り返されぬことを切に願い、全国民と共に、戦陣に散り戦禍に倒れた人々に対し、心から追悼の意を表し、世界の平和と我が国の一層の発展を祈ります。」

この時、初めて傍点部分の言葉を入れたことが評価された。明仁天皇は、二〇一九年二月二四日に開催された政府主催「天皇陛下御在位三十年記念式典」でも、「おことば」の中で「平成の三〇年間、……近現代において初めて戦争を経験せぬ時代を持ちました」と述べている。しかし、これは日本が戦場にならなかったことを意味するだけで（一国平和主義）、日本が加担したアメリカの戦争の戦場になった朝鮮・ベトナム・アフガニスタン・イラクなどの人々のことを考えていない。明仁前天皇・現上皇が昭和天皇裕仁の戦争責任をどう考えているのか、先の戦争をどう評価しているのか、当時はわからなかったし、今もわからない。この程度の発言で、明仁前天皇・現上皇を評価すべきではない。

五　徳仁天皇即位をめぐる諸問題

1　二〇一九年即位関連儀式の内容と問題点

そして、二〇一九年四月三〇日から明仁天皇退位・徳仁天皇即位に関連する諸儀式が始まった。この中の五月一日に行われた剣璽等継承の儀は、戦前の登極令の剣璽渡御の儀をほぼ再現したものであり、三種の神器の継承が行われる。しかし憲法上、天皇の地位を決めるのは三種の神器の継承によってではなく、「主権の存する国民の総意」（憲法一条）のはずである。また、このような宗教的儀式を、国事行為として宮廷費（公費）を投入したことは政教分離（憲法二〇条）違反も問われる。さらに、出席皇族は成年男性に限定され、女性皇族を排除した点で、法の下の平等（憲法一四条）との関係でも問題がある。

また、同日その後の即位後朝見の儀では、徳仁天皇が「日本国憲法及び皇室典範特例法の定めるところにより、ここに皇位を継承しました。／……顧みれば、上皇陛下には御即位より、三十年以上の長きにわたり、世界の平和と国民の幸せを願われ、いかなる時も国民と苦楽を共にされながら、その強い御心を御自身のお姿でお示しになりつつ、一つ一つのお務めに真摯に取り組んでこられました。上皇陛下がお示しになった象徴としてのお姿に心からの敬意と感謝を申し上げます。／ここに、皇位を継承するに当たり、上皇陛下のこれまでの歩みに深く思いを致し、また、歴代の天皇のなさりようを心にとどめ、自己の研鑽に励むとともに、常に国民を思い、国民に寄り添いながら、憲法にのっとり、日本国及び日本国民統合の象徴としての責務を果たすことを誓い、国民の幸せと国の一層の発展、そして世界の平和を切に希望します」と述べた。天皇は憲法上「ロボット」のような存在であるはずなのに、明仁天皇の意思に基づく行為を当然のこととする点で問題がある。即位後朝見の儀で、「皆さんとともに日本国憲法を守り」と述べた明仁天皇と違って、徳仁天皇が

「憲法にのっとり」と、「日本国憲法」と表現していないことや、「守り」ではなく「のっとり」という言葉を使っていることも気になる（傍点部分）。そもそも「朝見」とは「臣下が参内して天子に拝謁すること」（『広辞苑』）を意味する言葉であるが、この儀式に三権の長などが出席していることも国民主権との関係で問題である。

続いて二〇一九年一〇月二二日に行われた即位礼正殿の儀も登極令の即位礼当日紫宸殿の儀をほぼ再現したものであり、徳仁天皇の「おことば」も即位後朝見の儀の「おことば」とほとんど変わらないものであった。特に即位礼正殿の儀で問題なのは、ニニギノミコトが高天原から日向高千穂の嶺に降臨する際に天照大神から三種の神器などを授けられた時に使われた神座を模した高御座に徳仁天皇が立ち、三権の長を見下ろす形で儀式が行われ、首相が万歳三唱（「ご即位を祝し、天皇陛下、万歳、万歳、万歳」と発言）したことである。この即位礼正殿の儀も国事行為として宮廷費（公費）が投入され、政教分離（憲法二〇条）違反が問われる。

さらに、二〇一九年一一月一四日から一五日に行われた大嘗祭は、新穀を天照大神など天神地祇に奉り、自らも食すという完全な宗教的儀式であるため、政府は国事行為にはしなかった。しかし、「公的性格がある」という観点から、本来なら内廷費（私費）を投入すべきなのに、宮廷費（公費）を投入する。これも当然、政教分離（憲法二〇条）違反が問われる。

2　衆議院の賀詞の内容と問題点

二〇一九年の即位後朝見の儀などを受けて、同年五月九日に衆議院は「天皇陛下御即位に当たり賀詞」を出した。全文は、「天皇陛下におかせられましては　この度　風薫るよき日に　御即位になりましたことは　まことに慶賀に堪えないところであります／天皇皇后両陛下のいよいよの御清祥と　令和の御代の末永き弥栄をお祈り申し上げます／ここに衆議院は　国民を代表して　謹んで慶祝の意を表します」というものである。

この問題点は、即位直後の賀詞の議決は憲政史上初ということにある。また、「御代」という表現を使っているが、これは「天皇の治世」(『広辞苑』)という意味がある(同年五月一五日に出した参議院の「天皇陛下御即位に当たっての賀詞」では、「御代」ではなく「令和の時代」という表現を使っている)。しかも、日本共産党も出席して賛成しており(一九九〇年一一月の明仁天皇の時は、日本共産党は反対した)、野党含めて日本の既成政党は天皇制に対して批判的な視点が不十分といえる。

3　徳仁天皇をどう見るか

では新天皇になった徳仁天皇をどう見るか。昭和天皇裕仁や明仁上皇と比べてどうなのか。二〇一九年及び二〇二〇年、二〇二一年の全国戦没者追悼式での徳仁天皇の「おことば」は、二〇一八年の明仁天皇の「おことば」をほぼ継承したものであった(一部表現の変更や、二〇二〇年からは新型コロナウイルス感染症にも触れたにとどまる)。また、二〇一九年一月から日本でも新型コロナウイルス感染症による感染が広がったが、徳仁天皇は特に目立った行動をしておらず、これまでの儀式での発言を含め判断材料が大変少ない。徳仁天皇の評価については、もう少し様子を見るしかない。

六　自民党改憲案から考える天皇制

1　二〇一二年の自民党「日本国憲法改正草案」とは

こういう中で、今後警戒が必要なのは改憲問題である。二〇一七年以降、憲法九条に自衛隊の存在を書き込む案など四項目の改憲案が自民党から提起されているが、自民党はそれ以前に全面的改憲案を発表してきている。それは、二〇〇五年の「新憲法草案」と二〇一二年の「日本国憲法改正草案」である。

後者の「日本国憲法改正草案」は、民主党政権時、すなわち、自民党が野党の時に発表したものであり、民主党との差異化を図るために二〇〇五年改憲案と比べて復古色が前面に出ている。天皇の規定がまさにそうであり、以下、項目毎に見ていく。

2　天皇の国家元首化

まず、前文の冒頭で「日本国は、長い歴史と固有の文化を持ち、国民統合の象徴である天皇を戴く国家であって」と規定し、一条では「天皇は、日本国の元首であり、日本国及び日本国民統合の象徴であって、その地位は、主権の存する日本国民の総意に基づく」としている。

先に見たように、憲法学界では天皇を元首として扱うことには異論もある。世界では君主制国家から共和制国家に移行していく中、日本でも天皇主権の大日本帝国憲法から天皇が象徴である日本国憲法に変わったのに、天皇を元首にすることは世界の流れに逆行する。

3 「日の丸・君が代」「元号」の明記

次に、三条一項では「国旗は日章旗とし、国歌は君が代とする」、二項では「日本国民は、国旗及び国歌を尊重しなければならない」としている。自民党は、この改憲案についてのＱ＆Ａ(http://www.jimin.jp/policy/pamphlet/pdf/kenpou_qa.pdf 以下「自民党Ｑ＆Ａ」)も発表しているが、国旗・国歌については、「国旗・国歌をめぐって教育現場で混乱が起きていることを踏まえ、３条に明文の規定を置くこととしました」と書いている。そもそも、一九九九年の国旗国歌法で国旗掲揚と国歌斉唱を強制しないと政府は説明していたのに、東京都などで強制するから「教育現場で混乱が起きている」のである。三の1・2で書いたとおり、国旗国歌法自体に問題がある。

また、四条では「元号は、法律の定めるところにより、皇位の継承があったときに制定する」としている。これも三の3で見たとおり、元号自体国民主権に反するもので、憲法に規定すべきではない。

4 公的行為の明確化

さらに、六条五項で「第一項及び第二項に掲げるもののほか、天皇は、国又は地方自治体その他の公共団体が主催する式典への出席その他の公的な行為を行う」とし、天皇の公的行為を憲法上認める規定となっている。

これも二の4で見たとおり、天皇の公的行為を認めること自体に問題がある。戦後、この公的行為がなし崩し的に、そして数を増やしながら行われてきたわけであるが、これを正面から認め、天皇の公的行為の正当化を狙っているのである。

なお、日本国憲法では国事行為に内閣の助言と承認が必要としているが、自民党改憲案では「『承認』とは礼を失することから」（自民党Q＆A）、「進言」という言葉に置き換えている。しかし、この言葉は目上に発言するという意味の言葉であり、ここに自民党が内閣を天皇より下位に置いていることがよく表れている。

おわりに

明仁前天皇・現上皇に対する肯定的評価は、市民運動家の中にも結構あり、リベラルとされている『朝日新聞』『毎日新聞』、それ以上に『東京新聞』が天皇・皇族に対して好意的な報道が多い。このような姿勢は、さすが『水戸黄門』が好きな国民性の反映ともいえる。権威にすがるのではなく、主権者である私たち自身の主体性が求められている。やはり、国民主権・民主主義・法の下の平等を徹底すれば、天皇制をやめて共和制にするしかない。徳仁天皇を「ラストエンペラー」にすることを検討すべきだ。

そのためには、憲法を改正して第一章を削除すべきである。ただし、現在、岸田政権だけでなく、日本維新の会や国民民主党なども積極的に改憲論議を行っている中、第一章削除の改憲論を積極的に主張すべきだとは思わない。逆に改憲派（自民党のような憲法改悪派）に利用される可能性があるからである。また、明仁前天皇・現上皇の努力の甲斐もあって、国民の多数派も天皇制をなくすという認識には至っていない。そうであれば、今は改憲よりは憲法の遵守と憲法理念の実現を目指すべきである。また、まだ「菊タブー」も残る中、本書のような形でまずは自由に天皇制の議論を行う段階と考える。

3

退位する明仁天皇への公開書簡

——日本に本当の民主主義を創るために

久野成章・田中利幸

くの・なるあき

「8・6ヒロシマ平和へのつどい」前事務局。一九六〇年五月一日東京都生まれ。埼玉県立浦和高校在学時に倫理社会担当の堀江六郎先生から影響を受ける。一九八〇年四月から広島在住。民青同盟に加盟。一九八一年八月トロツキスト（第四インター）の隊列に加わる。一九八四年一月一〇日午前四時、三里塚闘争の分裂で中核派から武装襲撃を受ける（二ヵ月の入院、一年間のリハビリ）。「環境社会主義研究会」、「8・6ヒロシマ平和へのつどい」（二〇〇九年〜二〇一九年の代表は田中利幸）、「ピースリンク広島・呉・岩国」、「戦争させない・9条壊すな！ ヒロシマ総がかり行動実行委員会」で活動。生業は、別名で精神障碍者地域生活支援。

たなか・としゆき

「8・6ヒロシマ平和へのつどい」前代表。歴史学者（専攻は戦争犯罪史、戦争史）。著書に『検証「戦後民主主義」わたしたちはなぜ戦争責任問題を解決できないのか』（三一書房）、『空の戦争史』（講談社現代新書）、『知られざる戦争犯罪』（大月書店）、*Hidden Horrors: Japanese War Crimes in World War II* (Second edition, Rowman & Littlefield)、*Japan's Comfort Women: Sexual Slavery and Prostitution During World War II and the US Occupation* (Routledge)。共著に『原発とヒロシマ「原子力平和利用の真相」』（岩波ブックレット）。編著に『戦争犯罪の構造』（大月書店）、共編著に『再論　東京裁判』（大月書店）。翻訳書にジョン・ダワー著『アメリカ　暴力の世紀—第二次大戦以降の戦争とテロ』（岩波書店）、ハワード・ジン著『テロリズムと戦争』（大月書店）などがある。

いまから五〇年前の一九六九年一月二日の皇居一般参賀では、ニューギニア戦線での生き残り兵、奥崎謙三が当時の天皇裕仁に向けてパチンコ玉を発射しました。奥崎がこのような奇抜な事件を起こしたのは、この事件を起こすことで逮捕され、裁判所で裕仁の戦争責任を追求する機会をえるためでした。奥崎は裁判で憲法一章「天皇」が違憲であるという持論を展開しましたが、地方・高等・最高裁判所の全ての判事たちによって完全に無視されました。私たちが知る限り、天皇制に対する法的挑戦、しかも極めて説得力のある挑戦は、奥崎のケース以外には皆無です。奥崎の暴力行為を私たちは決して容認しませんが、五〇年前の彼の徹底した天皇裕仁ならびに日本国家の戦争責任追求と天皇制に対する稀なる法的挑戦をここに想起しながら、明仁天皇に対して公開書簡を送ります。

謹賀新年

明仁さん、私たちはこの書簡を、単に「天皇」という公的地位にあるあなたに向けてだけではなく、一個人の人間としてのあなたに向けて送ります。したがって、「天皇」という表現はなるべく使わず、「さん」付けであなたとあなたの家族の名前を呼ばせていただきます。

憲法一章「天皇」が内包している大きな矛盾

明仁さん、あなたは二〇一六年八月八日、「譲位」の個人的希望を国民に向けて表明された声明の中で、過去二八年にわたって、ご自分が憲法一条で規定された「日本国民統合の象徴」としての役割を果たすことに真摯に努めてきたことを強調されました。二〇一八年一二月二〇日、誕生日の三日前に行った記者会見でも、あなたは「日本国民統合の象徴」としての努力を真摯に長年努めてきた実績を再び強調されました。私たちもあなたのその真摯さは認めます。しかし、真摯な態度であれば何であれ正しいとは言えません。

ご承知のように、憲法一四条は、「すべての国民は、法の下に平等であって、人種、信条、性別、社会的身分または門地により、政治的、経済的または社会的関係において、差別されない」と明言しています。ところが、あなたの「象徴」の地位は、皇室典範第一条「皇位は、皇統に属する男系の男子が、これを継承する」という規定によって、女性を明らかに差別しています。近代民主主義国家といわれる世界の国々の中で、憲法（一四条第一項）で男女平等を唱っておきながら、その憲法に明らかに違反する差別行為を「日本国の象徴」である天皇とその家族に堂々と行わせているような摩訶不思議な国は、日本以外にはないのではないでしょうか。そして、そのことを政治家たちだけではなく、憲法学者もメディアも国民の大多数もたいして矛盾とも思わないような国である日本。それを考えると、性差別が日本社会の様々な場所ではびこっている現状に、本当は驚くべきではないのでしょう。換言すれば、天皇が象徴する性差別と国民の多くが矛盾と思わない性差別とは、互いに照らし合っている鏡映だと言えると私たちは考えます。

さらに憲法二条で、あなたの天皇としての地位は「世襲のもの」であると決められています。「世襲」ということは、実際にはあなたの家系のみが尊重されるという意味で、これまた明らかに一四条の「門地（＝家柄）」による差別の禁止に抵触しています。しかも「日本国民統合の象徴」

としてのあなたは「万世一系」の「純粋な日本人」の家系の人とみなされることから、意識的にであれ無意識的にであれ、外国人、とりわけ「在日」と称される韓国・朝鮮系、中国系などの市民を差別するイデオロギー上の拠り所を、一部の国民に提供している事実も否定できません。現在さかんに問題になっている「ヘイト・スピーチ」も、一見、憲法一〜二条とは関係がないように見えますが、実は、あなたの天皇としての存在が、国民の無意識的な感情レベルに深く且つ広く影響していることと密接に関連していると私たちは考えます。

また、あなたの家族は神道をひじょうに重視していますが、現憲法が発布された一九四六年以降は政教分離が憲法二〇条で明確に規定されました。にもかかわらず、あなたの亡くなられた父親である裕仁さんの葬儀であった「大喪儀」や、あなた自身の新しい「象徴」の即位式であった「大嘗祭」などをはじめ、神道に基づく多くの皇室関連儀式を巨額の国民の税金で執り行うという違憲行為を堂々と行ってきました。二〇一九年一一月に行われるだろうと言われている、あなたのご子息である浩宮（徳仁）さんの天皇即位行事である「大嘗祭」も、再び巨額の税金を使って、明らかに憲法に違反する形で執り行われようとしています。

このように、あなたが「象徴」としての役割をいかに真摯に務められようと、憲法1条で規定されたあなたの存在そのものが、実は様々な差別と違憲行為の元凶であることを、あなた自身はどう思われますか？

それと同時に、憲法六条や七条では様々な「国事行為」を行う義務をあなたが負っていることが規定されていますが、それらの国事行為を拒否したり、個々の国事行為に対して個人的な意見を述べたりする自由はあなたには全く与えられていません。すなわち、あなたは「日本国民統合の象徴」であるにもかかわらず、一二条で国民一人一人に保障されているはずの「自由および権利」という基本的人権と一三条で明言されている「個人的尊重」があなたには与えられていないという、大きな矛盾に緊縛されています（天皇は国民からたいへん「尊重」されていると主張する人がいるかと思いますが、この場合、あなたはただ「天皇」という存在として「尊重」されているのであって、個人的「人間」として「尊重」されているのではないことは改めて言うまでもないと思います。なぜなら、あなたを個人的に人間としてよく知っている国民はほとんどいませんから）。つまり、あなただけではなく、あなたの妻・美智子さんや二人の息子さんである徳仁さんと文仁さん、彼らのお連れ合いである雅子さんと紀子さんたち、さらには孫たちまで、皇室にとどまる限り基本的人権が実際にはないという、極めて不条理な状態におかれているわけです。

そういう意味では、あなたの「天皇」としての存在は、他者に対する差別の元凶でありながら、同時にあなた自身とあなたの家族が、ひじょうに特殊な意味での差別の被害者でもあるわけです。基本的人権が認められていないということは、換言すれば「人間」として認められていないということになります。きわめて不思議な現象ですが、したがって、ひじょうに高貴な存在であると国民一般に思われているあなたの「天皇」としての存在は、「基本的人権」を完全に否定されている奴隷と根本的には共通している性格をおびているわけです。この「奴隷である」という点にこそ、「天皇」が政治的に利用される、とりわけ強烈な国家主義的思想をもっている政治家たちに利用される危険性の重大な要因があると私たちは考えます。

あなたの父親の戦争責任の重大性

生れながらにこのようなひじょうに難しい立場に置かれたあなたを、一個人の人間として見るとき、私たちは同情に耐えません。国家のための一種の機械的、奴隷的人間であることを死ぬまで強要されるあなたとあなたの家族には、本当に気の毒に思います。しかし、同時に、明治元年以来、天皇という存在を国家の最高象徴としてきた天皇制によって、抑圧され、差別され、苦しめられ、殺傷された無数のアジア太平洋地域の人々、植民地化された朝鮮・台湾の人々と日本国民のことを考えると、あなたや歴代の天皇だった人たちに単に同情していることはできないのです。

この点で、とりわけあなたの父親である裕仁さんには重大な罪と責任があります。天皇裕仁を大元帥と仰ぐ日本帝国陸海軍は、一九三一年九月から四五年八月までの一五年という長年にわたって中国、東南アジア、太平洋各地で中国軍、連合軍とすさまじい破壊的な戦闘を繰り広げました。とりわけ中国に対する日本の戦争は初めから終わりまで一貫して残虐極まりない侵略戦争であり、犠牲者の数は二千万人と言われています。エドガー・スノーは日本軍の中国での蛮行を「近世において匹敵するもののない強姦、虐殺、略奪、といったあらゆる淫乱の坩堝を泳ぎ廻っていた」戦闘と表現しました。こうした中国での犠牲者の他に、この一五年戦争の犠牲者は、インド（一五〇万人）、ビルマ（一五万人）、ベトナム（二〇〇万人）、マレーシア・シンガポール（一〇万人）、フィリッピン（一一一万人）、インドネシア（四〇〇万人）、その他にも多くの太平洋の島々の住民犠牲者を合わせると、おそらく一千万人に近い人たちが死亡したと考えられます。また、日本軍兵士・軍属の死亡者数は（朝鮮・台湾の植民地出身者約五万人を含む）二三〇万人（その六割が戦病死・餓死者）。これに、原爆を含む空襲の犠牲者と沖縄や満州などでの一般邦人犠牲者数八〇万人を合わせると、約三一〇万人の人命が失われました。強制疎開で取り壊された住宅は三一〇万戸、約一千五百万人が家を失い財産を空襲・原爆で焼かれました（日本に対する空襲・原爆による無差別大量虐殺という戦争犯罪に対しては、米国側が重大な戦争責任を負っていることは明らかですが、長くなりますので、この書簡ではこの問題には触れません）。

戦後、あなたの父親は、大元帥である自分の意志を無視して軍部が独走したのだと主張し、責任を回避しました。しかし、防衛庁防衛研究所戦史部が編纂した膨大な戦史叢書を読んでみると、彼が統帥部の上奏に対する「御下問」や「御言葉」を通して戦争指導・作戦指導に深く関わっていたことは否定しがたい事実であることがよく分かります。とりわけ、一九四一年一二月の対連合国開戦の決定過程では、裕仁さんが最終的には決定的に重要な役割を積極的に果たしたことは、当時の内大臣・木戸幸一氏の日記を見てみれば一目瞭然です。戦後の極東軍事裁判（いわゆる「東京裁判」）で、元首相・東条英機氏が、米占領軍と日本政府の政治的圧力から、裕仁さんが開戦決定をしたのは「私の進言、統帥部、その他責任者の進言によってシブシブ御同意になった」からだと証言しました。しかし、たとえ「シブシブ」であったとしても、それに同意し、「宣戦の詔勅」に署名したことは事実です。裕仁さんに開戦の意志が全くないのに署名できたということ自体がおかしいと私たちは思いますが、いずれにせよ帝国陸海軍の統帥権者として署名した限り、その最終責任が彼にあったことは否定できません。ところが、一九四六年四月二九日（あなたの父親の誕生日）

に二八名の軍人や政治家たちがA級戦犯容疑者として起訴され、一九四八年一二月二三日(つまりあなたの誕生日)に、そのうちの七名(板垣征四郎、木村兵太郎、土肥原賢二、東條英機、武藤章、松井石根、広田弘毅)の死刑が執行され、これで戦争責任問題は解決済みとされてしまいました。

しかし、戦争は他の誰でもなく、国家元首であったあなたの父親の命令によって開始され、彼の命令によって収拾されました。その結果、三一〇万人という日本人と数千万人に及ぶアジア太平洋地域の人たちが命をなくしたのです。あなたの父親の命令には、なによりもまず、数千万人に及ぶ「人の命」がかかっていたのです。私たちは、数千万人という抽象的な数字ではなく、命を失ったその一人ひとりの「悔しさ」、残された親族や友人たちの「悔しさ」、戦争をなんとか生き延びた徴用工、軍性奴隷(いわゆる「慰安婦」)、捕虜や被爆者、空襲被害者、満蒙開拓民など、多くの人たちの一人ひとりの「悔しさ」をあくまでも大切にしたいと思います。

ちなみに、あなたは、一九六一年に渡辺清さんという人が、あなたの父親に対して公開書簡を送ったことをご存知でしょうか? 渡辺さんは、一九四四年一〇月二四日にレイテ沖海戦で撃沈された戦艦「武蔵」の生き残り水兵の一人でした。彼は、その書簡の中で次のように書いています。

自分の命令でそれだけの人々が死んだという事実を考えただけでも、あたりまえの人間なら、傷心きわまり、それこそいても立ってもいられないはずだと私は思います。それがあたりまえの人間の心であり、あたりまえの人間の感覚なんだろうと私は思います。

したがって、もしそういうあたりまえの感覚がないとすれば、それは心ない人間なんだと思います。人間であって人間でない、人間という名をかむったまったく別のなにかなんだと思います。どう考えても私にはそうとしか思えません。………

一九四六年（昭二一）の元旦、あなたは詔勅を発布して……自ら「神格」を否定されました………

自分の命令で多くの人を死地に追いおとしておいて、いまさら「信頼」だの「敬愛」だのといっても、余人はいざ知らず、私はもうそんなすらごとは一切信じません。騙されません。とにかく元旦の詔勅にはあなたの責任意識の片鱗だに見出すことができませんでした。

敗戦の詔勅にも同じことがいえます。国民はいうにおよばず、深刻な被害を与えた中国や東南アジアの国々にたいしても、あなたは〝戦争は私の責任である、申訳なかった〟と、ただのひと言も謝罪していません。そればかりでなく、戦後のどの詔勅にもそのことにはひとことも触れてはいません。

あなたの「戦没者慰霊の旅」の問題性

裕仁さんが渡辺さんのこの書簡を実際に読まれたのかどうか知りませんが、もし読まれたとすれば、どのように思われたのでしょうか。

あなたが美智子さん同伴で、日本国内のみならず沖縄をはじめ太平洋の島々にまで足をのばして「戦没者の霊を慰める」という「慰霊の旅」を続けてこられたことは、あなたが自分の父親に幾分なりとも戦争責任があったと感じておられるからだろうと私たちは推測します。前にも述べましたように、あなたと美智子さんの「戦没者の霊を慰める」というその真摯さについては、私たちは決して疑いはしません。しかし、その真摯さにもかかわらず、実際には、あなたの「慰霊の旅」には深刻な問題があると私たちは考えています。例えば、二〇一五年四月に、あなたはパラオ島とペリリュー島への「慰霊の旅」に出かけましたが、パラオに向けて旅発つ直前にあなたが発表したメッセージの中には、次のような言葉が含まれていました。

> 本年は戦後七〇年に当たります。先の戦争では、太平洋の各地においても激しい戦闘が行われ、数知れぬ人命かが失われました。祖国を守るべく戦地に赴き、帰らぬ身となった人々のことかが深く偲ばれます。………
>
> 終戦の前年には、これらの地域で激しい戦闘が行われ、幾つもの島で日本軍が玉砕しました。この度訪れるペリリュー島もその一つで、この戦いにおいて日本軍は約一万人、米軍は約一七〇〇人の戦死者を出しています。太平洋に浮かぶ美しい島々で、このような悲しい歴史があったことを、私どもは決して忘れてはならないと思います。（強調：引用者　なお、米軍戦死者約一七〇〇名という数字は実際の死亡者数より五〇〇名以上少ないです）。

あなたが述べられているように、ペリリュー島での戦闘だけが日本軍将兵に多くの死傷者を出す結果になったわけではありません。一九四二年八月に始まったガダルカナル島での戦闘での一万二六六〇名の死者（そのうち八六〇〇名が餓死・病死）や、合計一五万七六四六名という大量の兵員が送り込まれた東部ニューギニアでは、敗戦時の生存者はわずか一〇万七二四名。つまり九四パーセントという高死亡率で、ここでもその多くが餓死・病死でした。一九四四年になると、日本が占領していた太平洋の島々に米軍が次々と攻撃をかけ北上する作戦を展開したため、ブーゲンビル、ポナペ、トラック、グアム、サイパンなど多くの島が攻撃目標となり、兵員だけではなく無数の民間人が犠牲者となったことも、あなたはよくご存知なはずです。サイパンでは日本兵と在留民間日本人の合計五五万・人以上が死亡しましたが、その多くが「自決者」でした。ペリリュー島での悲惨で無意味な「玉砕」作戦は、一九四五年二月一九日から始まり三月二六日に終結した硫黄島での戦闘で繰り返され、さらに一〇万人の兵員死亡者のうえに一〇万人ほどの民間人の死者を巻き添えにした沖縄戦でも繰り返されました。

　先に引用させていただいたメッセージでは、あなたは、熱帯地域で餓死・病死に追いやられ、なんとか生き延びても「玉砕」という自殺行為を強いられた、このような無数の兵たちを「祖国を守るべく戦地に赴き、帰らぬ身となった」という美辞麗句で表現しました。あの戦争は本当に「祖国を守る」ための戦争だったのでしょうか？　何のための戦争だったのでしょうか？　とりわけ、いったいその責任は誰にあったのかについては、あなたは一切問わないという態度をとっています。彼ら「帰らぬ身となった」者たちは、はっきり言えば「犬死に」したのです。彼らの死は、「悲惨、無意味、一方的に殺戮された」結果の死、つまり作家・小田実氏が適確に表現したように、「難死」以外のなにものでもなかったと私たちは思います。しかも「難死」させられた人たちは、国家によって見捨てられた「棄民」だったのです。しばしば私たちが耳にするあなたや政治家たちの言葉、

「戦争犠牲者のうえに戦後の日本の繁栄がある」などというのは詭弁に過ぎないと私たちは思います。彼らの「難死」は戦後の「繁栄」とはなんら関係のない、悔しい「犬死に」以外のなにものでもなかったのです。

「このような悲しい歴史があったことを、私どもは決して忘れてはならないと思います」というあなたの言葉を真に実践し、「犬死に」させられた人間のことを記憶に留め、同じような歴史を繰り替えさないようにするために絶対不可欠なことは、日本人は「なぜゆえに、このような悲しい歴史を歩まなければならなかったのか」、「そのような悲しい歴史を作り出した責任は誰にあるのか」という問いだと思います。ところが、あなたの「お言葉」には、「悲しい歴史」を作り出した「原因」と「責任」に関する言及は、どの「慰霊の旅」でも、また例年の「終戦の日」の「戦没者追悼式」での「お言葉」でも、常に完全に抜け落ちています。最も重大な責任者であったあなたの父親の責任をうやむやにしたままの「慰霊の旅」は、結局は天皇自身の責任を曖昧にすることで、国家の責任をも曖昧にしているのです。つまり、換言すれば、あなたと美智子さんの「慰霊の旅」は、あなたたち自身が意識していようと否とにかかわらず、実際には、天皇と日本政府の「無責任」を隠蔽する政治的パフォーマンスに終わってしまっているのです。

　しかも、あなたの「慰霊の旅」の目的は、もっぱら日本人戦没者の「慰霊」であって、日本軍の残虐行為の被害者の「慰霊」が行われることはほとんどありません。時折、「お言葉」の中で、きわめて抽象的あるいは一般的な表現で連合軍側やアジア太平洋地域の住民の「戦争の犠牲者」について触れられることはあっても、いずれの「慰霊の旅」でも中心はあくまでも日本人戦没者です。

二〇〇五年六月、あなたたち御夫妻の初の海外慰霊の旅となったサイパン訪問では、多くの日本人が崖から身を投げて自殺した「バンザイ・クリフ」の前で、あなたたちは深々と頭をさげました。この旅では、あなたたちは韓国人犠牲者の慰霊塔にも訪れましたが、実は、これは当初の日程には含まれていなかったとのこと。サイパン島の韓国人住民があなたに謝罪を求めて抗議運動を起こしたために急遽行われ、あなたは謝罪はしませんでしたが、この後で抗議運動は静まったと、後日報道されました。

したがって、あなたたち御夫妻の旅は、結局、日本人の「戦争被害者意識」を常に強化する働きをしますが、日本軍戦犯行為の犠牲者である外国人とその遺族の「痛み」に思いを走らせるという作用には全く繋がりません。つまり、日本人の「加害者意識の欠落」を正し、戦争被害を加害と被害の複合的観点から見ることによって、戦争の実相と国家責任の重大さを深く認識できるような思考を私たち日本人が養うことができるような方向には、あなたの「慰霊の旅」は全く繋がっていないのです。こうして、「日本国、日本人は戦争被害者でこそあれ加害者などではない」という国家価値観が作り上げられ、それが今も国民の間で広く強固に共有されています。そればかりではなく、「徴用工」や「軍性奴隷」のような、非日本人の戦争被害者、とりわけ日本軍の残虐行為の被害者には目を向けないという排他性が、日本人の他民族差別と狭隘な愛国心という価値観を引き続き産み出し続け、そのため戦後73年経つ今も海外諸国と真に平和的な国際関係を築けない根本的な原因ともなっていると私たちは考えています。そのような価値観を共有することが国民の知らないうちに強制されていくという、「国家価値規範強制機能」が、あなたが天皇として持っている「象徴権威」にはあるのです。

あなたはどれほど深く自覚しておられるか知りませんが、あなたがいたく重要視する「天皇の象徴活動」には、このように、実際には「国家正当化」という極めて政治的な意味が強く且つ深く内在しているのです。それは、天皇の「象徴権威」を巧妙に活用したい政治家にとっては、国民支配機能、すなわち被支配者に「支配」を「支配」とは感じさせない国民支配機能であり、権力支配者側にとって極めて都合の良い政治機能なのです。天皇の政治性を全く否定しているかのように映る八条からなる憲法第一章は、実はこのように、国民の社会政治意識を国家が支配するという面で、並々ならぬ影響力を深く内在させているということを、あなたご自身がもっと強く、深く自覚されるべきではないでしょうか。

あなたの「国事行為」が持つ政治的危険性

憲法で規定されているあなたの「象徴」としての行為は、厳密には憲法三条から七条で定められている国事行為以外にはあるはずがないのです。にもかかわらず、本来は国事行為ではない、「慰霊の旅」を含む様々な「象徴権威」活動が、敗戦後も引き続き「事実上の国事行為」として公認状態で行われてきましたので、これをフルに活用することが「象徴天皇」の任務であるとあなたは考えられたに違いありません。そのような「象徴権威」活動の中でも、最も国民の信頼を確保できる活動は、「国民に寄り添い、国民と苦楽を共にする姿勢」＝「慈愛表現」活動であることは、あなた以前の天皇・皇室活動ですでに証明済みでした。そこであなたは、美智子さんと一緒に、厳密には違憲行為であるこの「慈愛表現」活動――戦没者を慰霊し遺族を慰め、地震、火山噴火、台風などの自然災害の被災者や難病患者を励ます等々――にとりわけ力を入れてこられたわけです。

あなた自身は、おそらく、長年にわたるこうした活動で天皇と皇室への国民の信頼を強めかつ広めてきたと自負しておられるはずです。しかし、ご本人の思いとは別に、「象徴権威」は国民支配という面で極めて強力な機能を果たしてきましたし、これからもその機能を果たし続けるでしょう。その国民支配は、天皇の「象徴権威」が、あらゆる政治社会問題に関して、その原因や責任所在を国民の目には見えなくしてしまうことで、実際には隠蔽してしまうという形をとるということに、あなたはどれほどはっきりと気がついておられるでしょうか。つまり、隠蔽することによって、国民が正確に現状を分析し、批判し、社会改革への展望を持つ可能性を削いでしまい、結局は現状をそのまま受け入れさせるという状態をもたらす現象です。このような状況を作り出す天皇の「象徴権威」機能は、政権を掌握している政治家たちにとっては極めて都合が良いものです。なぜなら被治者である国民は、実際には治者＝権力掌握者が国民を支配していることに気がつかなくなるからです。しかも、「象徴権威」を活用して現状隠蔽という役割を果たす－そのような役割を天皇であるあなた自身が自己認識しているか否かは問題ではありません－「おやさしい」天皇を批判することは、常に「社会的同調圧力」によって排除されてしまうのです。

具体的な例で、あなたの天皇としての「象徴権威」が持つこの社会問題隠蔽機能と社会的同調圧力機能が、どのように作用するのかを説明してみましょう。以下は、東京新聞が報じた、あなたたち御夫妻が二〇一二年一〇月に福島県川内村を訪問した折の状況です。

屋根上から高圧水で民家を洗浄する除染作業を視察したときには、風が吹いて霧状の水が降り掛かったが、両陛下は気にするそぶりも見せず「線量はどれぐらいですか」「それなら大丈夫ですね」と熱心に質問を重ねた。

当時五十世帯が住んでいた仮設住宅では、目線を相手の高さに合わせ、一人ひとりに「お体の加減はいかがですか」などと言葉をかけた。働き手は村外の避難先にそのまま残り、戻った住民の多くは高齢者。遠藤さんは「感激して涙を流す人もいた。両陛下の来訪後、村民の間で『自分たちのことは自分たちでやろう』という雰囲気が生まれた」と話す。

（『東京新聞』二〇一七年一一月五日掲載記事からの抜粋）

あなたたちは、福島原発での大事故での放射能汚染で最も深刻な影響を受けた地域の一つである川内村を、放射能除染作業が行われている最中に訪れ、住民に放射能線量について質問し、「それなら大丈夫ですね」と応えました。住民たちは、彼らの健康状態を心配するあなたたち二人のやさしい言葉と、彼らの高さに（あなたたちが雲上から降りてきたかのごとくに！）合わせる目線に感激して涙を流しました。あなたたちが去ったあと、住民たちは、天皇・皇后にこれだけ「慈愛」を受けたのであるから、仮設住宅での苦しい生活に苦情を述べるのではなく、問題はできるだけ自分たちで解決するように努力していこうと発奮する。こうして原発事故の原因と事故を引き起こした東京電力の責任、さらには「日本の原発は絶対安全」という原発安全神話で国民を騙し、がむしゃらに原発を推進してきた原発関連企業と日本政府の責任、被害者はもっぱら農漁民や労働者であり加害者は経済的に裕福な電力会社の重役や政治家という貧富の差、階級制の問題などが、あなたたち2人が福島に出現したことだけでうやむやにされてしまう。それだけではなく、被害者の間に「自分たちのことは自分たちでやろう」という自己責任感だけが強まる。こうして、加害者と被害者の峻別は忘れ去られ、「問題解決には全員が努力すべき」という「幻想の共同性」が創り上げられてしまうのです。このことに何の疑問も呈せず、5年たって再びあなたたちの福島訪問を記事にして賛美するメディア。もしもこの「おやさしい天皇・皇后陛下のお気持ち」を批判するような人間がいるならば、「とんでもない非国民」と非難されるでしょうから、天皇・皇后批判は他人の前では誰もしなくなる、という状況が創り出されているわけです。

「慈愛のこもった」あなたたちの「国事行為」、あなたが「天皇の象徴行為」と強く信じてやまないその行為が内包しているこのような重大な政治的影響力について、あなたは当の御本人として、いったいどう思われますか?それでもあなたは、天皇制は民主主義を維持・強化する機能をもつすばらしい制度だと思われますか?

憲法前文、九条と第一章の根本的矛盾

以上説明してきましたように、憲法1章とその実際の運用は、「民主憲法」の精神には根本的にそぐわないものであると私たちは強く信じています。憲法1章が憲法の他の部分――とりわけ前文と九条―― とそぐわないことをもう少し具体的に説明したいと思います。

憲法前文の第一段落は、「政府の行為によって再び戦争の惨禍が起ることのないようにすることを決意し」、この新しい憲法を制定するのだと主張しています。したがって、戦争放棄を唱える憲法九条も、一五年という長期にわたる日本人の戦争体験からの反省と戦争責任の深い認識を基本的な理念としていることは明らかだと思います。つまり、九条の絶対的な非戦・非武装主義は、憲法前文で展開されている憲法原理思想と密接に絡み合っているのであって、したがって、九条は前文と常にセットで議論されなくてはならないと私たちは考えます。その点で、とりわけ、前文の以下の第二、第三段落部分が重要だと思います。

日本国民は、恒久の平和を念願し、人間相互の関係を支配する崇高な理想を深く自覚するのであって、平和を愛する諸国民の公正と信義に信頼して、われらの安全と生存を保持しようと決意した。われらは、平和を維持し、専制と隷従、圧迫と偏狭を地上から永遠に除去しようと努めている国際社会において、名誉ある地位を占めたいと思う。われらは、全世界の国民が、ひとしく恐怖と欠乏から免かれ、平和のうちに生存する権利を有することを確認する。

われらは、いずれの国家も、自国のことのみに専念して他国を無視してはならないのであって、政治道徳の法則は、普遍的なものであり、この法則に従うことは、自国の主権を維持し、他国と対等関係に立とうとする各国の責務であると信ずる。

日本は天皇制軍国主義の下で、アジア太平洋全域で、文字通り「専制と隷従、圧迫と偏狭」を作り出してきた国家でした。これを深く反省し、その責任を痛感し、その責任感を内面化することによって、国家＝政府が再び戦争を起こすことを国民がさせないという決意をここで確認しているわけです。その上で、人間相互の平和的関係を構築する上で国際社会に大きく貢献し、そのことで名誉ある地位を占めたいと主張しています。さらには、全世界のあらゆる人々（日本語の前文では「国民」となっていますが、英語の原文はpeopleです）が平和に暮らす権利＝「平和的生存権」を有していることも確認しています。つまり、この前文では、日本人が自分たちの政府に戦争を再び起こすことを許さず、世界のあらゆる人間が平和を享受する権利を持っているという認識に立って、国際社会で平和的な人間関係を創り出していくことに積極的に貢献していきたいと主張しているわけです。ここには、平和とは人権の問題、生存権の問題であり、地球的・普遍的正義論の問題であり、国際協調主義の問題であることが唱われています。

その意味では、一国の憲法前文でありながら、普遍的、世界的な平和社会構築への展望を展開しているという点で極めて特異な前文と言えると思います。

憲法九条が前文と常にセットで議論されなくてはならないと先に述べましたのは、このように九条と前文が密接に絡み合って一体化しているからに他ならないからです。つまり、九条と前文は、一体となって、「あらゆる戦争の非合法化」に向けての展望をすら内包しているとも言えます。逆に言えば、憲法九条と憲法前文を分離させるならば、平和構築に向けてのこうした複合的アプローチの見取り図と展望が失われてしまうでしょう。

ところが、その憲法の第一章にはまず「天皇」についての条項が8条にわたって置かれているにもかかわらず、前文では、戦前・戦中には「直接的暴力」装置の帝国陸海軍の大元帥で、反民主主義的な天皇制軍国主義の象徴的存在であった天皇の地位が、国民主権主義と平和主義の人類普遍原理という観点から見て、どのように変革されたのか、あるいは、「民主化されたはずの天皇制」が前文で強調されている国民主権主義と平和主義の普遍原理とどのように関連しているのかについては一切説明されていません。

　憲法第三章一〇条から四〇条の三〇条にわたる「国民の権利及び義務」は、前文で強調されている国民主権原理を具体的に条文化したものであり、憲法第二章九条が平和主義原理を具現化したものであることは誰の目にも明らかなことです。ところが、順列として最優先されている第一章一〜八条の「天皇」に関する「原理」説明は、前文のどこにも書かれていません。第二章、三章の諸条項を裏打ちしている根本原理については秀逸した理念が前文で展開されているにもかかわらず、第一章については一言も説明がありません。これは、本来、形式として実におかしなことだと私たちは思います。憲法は、なぜこのようなおかしなことになっているのでしょうか。

　すでに述べましたように、この憲法前文で唱われているのは、「人類普遍の原理」としての「国民主権」、全世界の人々が持つ「平和的生存権」、「普遍的な政治道徳の法則」としての「国際協調」というように、全てが、我々が日本人という国民性を超越して、人間として思考し行動するための規範としての普遍原理の理念について述べたものです。あらためて言うまでもないことですが、「天皇制」は、戦前・戦中は国民主権を否定し、国内外の無数の人々の「平和的生存権」を甚だしく侵害し、国際協調を破壊してきたことから、前文で唱われている「普遍原理の理念」のすさまじい破壊者でした。

ところが、米軍占領下の日本で、天皇裕仁を「戦争犯罪／戦争責任」問題から引き離し、彼をなるべく無傷のままにしながら、「天皇制」を脱政治化しながらも温存、維持していくことが、日本の占領政策を円滑にすすめていくため、とりわけ急速に高揚しつつあった共産主義活動とその思想浸透を押さえ込んでいくためには絶対に必要である、というのが占領軍司令官・マッカーサー将軍の考えであり、同時に米国政府の一貫した基本政策でもありました。こうした政治的意図から、あなたの父親の戦争責任をうやむやにしてしまい、憲法1章を設置したわけです。つまり、憲法前文で「政府の行為によって再び戦争の惨禍が起ることのないようにすることを決意し」と主張したにもかかわらず、その「決意」が実は、戦争最高責任者の天皇の責任をうやむやにしたままでの「決意」だったわけです。しかも、天皇制という制度は極めて日本独自のものであって、憲法前文で唱えられている「人類普遍原理」とは根本的に矛盾するものです。そのような幾つもの矛盾を抱えた「天皇制」の規定である憲法第1条の原理を、前文で「人類普遍原理」と並べて書くなどということは、あまりにも不条理で不可能だったのだと思います。

したがって、憲法一章とその実際の運用が「民主憲法」の精神に根本的にそぐわず、憲法の他の部分とそぐわないないのも当然であって、本当は全く不思議なことではないのです。

退位するだけではなく、普通の市民になってください

民主主義とは根本的に矛盾する天皇制という制度、侵略戦争を推進した制度、そんな反民主主義

的な制度を、日本国憲法は一応「脱政治化」、「民主化」し、あらたに憲法一章として規定した——すなわち立憲主義的、民主的天皇制にした——というのが一般的な認識です。しかし、数千万人という人の命を奪ったことに対する責任を天皇家の誰も全くとらず、天皇の存在そのものが憲法で保障された国民の基本的人権や平等に抵触し、天皇が国事行為の憲法規定を堂々と破ることを、国民が気がつかないうちに正当化してしまうだけではなく、国民に広く受け入れさせてしまうような雰囲気＝「天皇イデオロギー」が、強く、深く、広く日本社会に浸透しています。このような状態が、本当に「民主主義」と言えるでしょうか？　長年、その「天皇イデオロギー」の中心核をなしてきたあなたは、このような日本の現状をどう思われますか？

私たちは、天皇制が存続する限り、日本に「民主主義」がしっかり根付くことはないと考えています。あなたが二〇一九年四月末に天皇を退位されても、このような日本の現状は改善されるどころか、もっと悪化するだろうと私たちは思います。極端に国家主義的、愛国主義的な安倍政権は、あなたの息子さんの新天皇皇位継承の際に行われる「剣璽等承継の儀」や「大嘗祭」を、自分の権威高揚のためにフルに政治的に利用するでしょうし、二〇二〇年に予定されているオリンピック開会式でも、開会宣言を天皇にやらせることで、国威誇示のために利用するのは間違いないでしょう。また、近い将来、いま急激に武力攻撃力を強めている自衛隊を、天皇に閲兵させることも安倍政権ならきっとやるでしょう。

こんな状況の中で、日本の民主主義のために天皇制を廃止する市民運動を推進していくことがどれほど困難であるかを、私たちは、はっきり自覚しています。しかし、退位されるあなたが「上皇」などという神様のような雲上人にならず、あなたと美智子さんがそろって、私たちと同じ一市民になることを宣言され、あなたの父親の戦争責任をはっきりと認め、父親に代わって被害者と被害国に謝罪し、基本的人権を持ち他の市民と平等に扱われる人間としての喜びを表明されるなら、状況は相当よくなるはずだと私たちは確信します。

明仁さん、もう国家の奴隷であることは止めて、普通の人間になりませんか？　普通の人間になって、私たちと同じ人間としての喜怒哀楽を共有しませんか？　あなたが尊重される民主主義を本当に日本にもたらすためには、あなたが普通の人間になることがとても重要だとは思いませんか？

二〇一九年元旦

4 天皇制とオリンピック・パラリンピック

――日本型祝賀資本主義批判

鵜飼 哲

うかい・さとし

一九五五年生まれ。一橋大学名誉教授。フランス文学・思想、ポスト植民地文化論。著書に『抵抗への招待』(一九九七年)、『応答する力』(二〇〇三年)、『主権のかなたで』(二〇〇八年)、『ジャッキー・デリダの墓』(二〇一四年)、『テロルはどこから到来したか』(二〇二〇年)、『まつろわぬ者たちの祭り』(二〇二〇年) 等。訳書にジャン・ジュネ『恋する虜』(共訳、一九九三年)、『アルベルト・ジャコメッティのアトリエ』(一九九九年)、『シャティーラの四時間』(共訳、二〇一〇年)、ジャック・デリダ『盲者の記憶』(一九九八年)、『友愛のポリティックス』(共訳、二〇〇三年)、『ならず者たち』(共訳、二〇〇九年)、『動物を追う、ゆえに私は(動物で)ある』(二〇一四年) など。

はじめに

それぞれの土から／陽炎のように／ふっと匂い立った旋律がある／愛されてひとびとに／永くうたいつがれてきた民謡がある／なぜ国歌など／ものものしくうたう必要がありましょう／おおかたは侵略の血でよごれ／腹黒の過去を隠しもちながら／口を拭って起立して／直立不動でうたわなければならないか／聞かなければならないか

　私は立たない　坐っています

演奏なくてはさみしい時は／民謡こそがふさわしい／さくらさくら／草競馬／アビニョンの橋で／ヴォルガの舟唄／アリラン峠／ブンガワンソロ／それぞれの山や河が薫りたち／野に風は渡ってゆくでしょう／それならいっしょにハモります

　〽ちょいと出ました三角野郎が

八木節もいいな／やけのやんぱち　鄙ぶりの唄／われらのリズムにぴったしで

茨木のり子さんの詩「鄙ぶりの唄」は一九九九年刊行の詩集『倚りかからず』に収められています。この年、小渕恵三内閣のもと、第一四五国会で、「国旗国歌法」が強行的に可決されました。この法律制定に反対する運動にかかわった有志によって、同年の暮れに「まつろわぬ者たちの祭り」という集いが催され、私もそれに参加しました。この集いで「鄙ぶりの唄」を朗読したい。この詩の精神は列島社会の民衆にとって、これからいよいよ重要になるだろう。そんな予感から出た発案でした。

とはいえ、メンバーのなかに茨木さんと面識のある人はいませんでした。ご自宅の電話番号を誰から教えてもらったのか、もう覚えていません。私が連絡係になり、長年愛読してきた作品の作者に、恐る恐る電話をかけました。茨木さんは近年病気がちであることをやや辛そうな声で明かされ、そして私の求めに対しては一言、「使ってください」と応じられました。表現と政治の関係が厳しく問われた世代の詩人にとって、この一言にこめられた意味は、とても重いものだったと思います。

「私は立たない　坐っています」。国会での誓約を公然と踏みにじり、教育現場で、公共機関で、各種のセレモニーの場で、二一世紀に入り、「国旗」とされた日の丸の掲揚、「国歌」とされた「君が代」の斉唱はまたたく間に強制されていき、「立たない」「歌わない」教員や公務員には、各地で容赦のない制裁が加えられていきました。その経緯については、本日お集まりの皆さんは私などよりはるかによくご存知のことと思います。

もっとも、起立が事実上強制されるのは、かならずしも「国旗」や「国歌」に直接かかわる場合ばかりではありません。皇室・皇族のメンバーが出席する場では、列席者はかならず「ご起立をお願い」されることがこの国のならいです。それはかならずしも公的な行事に限りません。

私自身が思いがけなくそのような場に身を置くことになったのは、二〇一二年一一月、インド・ベンガル州コルカタ出身の比較文学者ガヤトリ・チャクラヴォルティ・スピヴァクに京都賞が授与された時のことでした。私は受賞者の友人として授賞式に招待された三人のうちの一人でした。京都賞はご存知のように稲盛財団が創設した国際賞です。関西の文化人のネットワークに基盤を持ち、人脈的にはこれまでどちらかと言えば非自民系だったようです。国立京都国際会館で行われた当日の式典には民主党の鳩山由紀夫元首相夫妻のほか、梅原猛、安藤忠雄など、各界の名士が礼服に身を包んで列席していました。

授賞式は財団名誉総裁である高円宮妃久子の入場とともに始まりました。列席者にはさも当然であるかのように起立が要請されました。スピヴァクの友人である私たちは座っていました。英語に堪能な久子のその日の「仕事」は、初のアジア人女性の受賞者と、衆目の面前でなごやかな交歓を演出することでした。言葉を交わす二人、スピヴァクの硬い表情を、私たちは遠くから眺めていました。式が終わったあと、久子の退場時にもやはり起立は要請され、やはり私たちは座っていました。

スピヴァクが私たちを見つけて開口一番たずねたのは、起立要請があったときどうしていたかということでした。もちろん座っていたと答えると安堵の表情を浮かべました。スピヴァクは高円宮妃久子に、「私の友人たちは立ちませんよ」とはっきり告げていたのです。スピヴァクの両親はアジア太平洋戦争中、イギリスからの独立を求めて日独と手を結んだチャンドラ・ボースの友人でした。日本との関係には生まれながらに深刻で複雑な事情があり、京都賞授賞式壇上でのこの小さな、目立たない出来事には、実は重い歴史的背景があったのでした。

皇族外交とオリンピック

日頃皇室や皇族に関心のない私は、それまで高円宮妃久子という人物の存在を知りませんでした。ところがその後一年も経たないうちに、彼女の名前をふたたび目にすることになりました。二〇一三年九月七日、アルゼンチンの首都ブエノスアイレスで国際オリンピック委員会総会が開かれ、二〇二〇年大会の東京開催が決定しました。そしてこの招致運動成功の最大の功労者とされたのが高円宮妃久子なのです。翌日の朝日新聞から引用します。

総会前夜の晩餐会で流れが変わったと感じた。安倍晋三首相と高円宮妃久子さまが参加し、IOC委員たちに自ら話しかけて積極的に交流していた。（稲垣記者）

久子さまの参加が大きかった。IOC委員は王室やセレブが多い「五輪貴族」。まさに活躍の場だった。（阿久津記者）

（「なぜ、東京は五輪を勝ち得たのか？」、『朝日新聞』、二〇一三年九月八日朝刊）

調べてみると、サッカーW杯関連行事で二〇〇二年に訪韓、二〇一八年に訪ロを果たすなど、スポーツを通じてこれらの国々への戦後初の皇族訪問を実現したのも彼女でした。IOC総会でのパフォーマンスも、こうした文化使節的な経験の長年の蓄積に裏打ちされていたのです。

天皇制についての私の議論を、民間出身の皇族女性が近年果たしてきた役割への言及から始めたのは主として三つの理由によります。

第一に、天皇制の機能はなにより天皇および天皇家に人々の注目を集めることであり、反対派の側もしばしばこの中心化の効果に規定されがちですが、実際には戦前戦後を通じて皇室・皇族は全体として国民統合のために活動してきたのであり、現天皇夫妻だけに目を奪われることなく、彼／女たちの動きが日本の政治構造、社会関係、資本主義体制のなかで意味するものをしっかり見定めなければなりません。大著『皇后考』（二〇一五年）の末尾で、天皇制の現在における皇后美智子の役割の大きさを強調した後、著者の原武史はこう記しています。

> だが同時にそれは、もし皇后が皇后として十分な役割を果たせなければ、皇后に匹敵する皇族妃が出てこない限り、象徴天皇制の正統性そのものが揺らぐことを意味するのである。

利用したい政府と政治にかかわらせたくない宮内省の綱引きがそれなりに熾烈だったことは事実だとしても、五輪招致のための高円宮妃久子の活動が「象徴天皇制の正統性」を維持するためのものでもあったことは見落としてはならないでしょう。

京都賞授賞式の場面は第二に、この国では国家による受勲制度ばかりでなく民間の文化事業まで、しっかり天皇制にリンクされていることを示しています。そしてこのような構造を、共産党以外の非自民系の議会内政治勢力も、戦後一貫して積極的に支えてきました。今年（二〇一九年）の一月四日に立憲民主党の枝野幸男代表が伊勢神宮に参拝したことは、この点からみてなんら驚くべきことではありません。皇室・皇族を中心とする「国民」統合の〈内部〉に地位を確保しようとする体制順応主義を根底的に問題にしない限り、天皇制と対峙することはおろか、明確に対象化することすらできないでしょう。

第三に日本ではオリンピック事業は、一般に知られている以上に、天皇制と不可分の関係に置かれてきたことに注意しましょう。二〇二〇年大会招致合戦におけるイスタンブル（トルコ）、マドリード（スペイン）に対する東京の勝利は、要するに、「福島原発事故は統御されている」という安倍晋三首相の嘘、竹田恒和日本オリンピック委員会（JOC）会長の賄賂工作、そして高円宮妃久子のパフォーマンスによって実現されたのです。竹田は明治天皇の曽孫ですから、この招致活動に広義の天皇制がどれほど深く関与したかがお分かりになると思います。

そもそも近代オリンピックの創設者であるピエール・ド・クーベルタンはフランスの貴族であり、また第一回アテネ大会開催時にはギリシャは君主制でした。そのため国際オリンピック委員会（民間団体）は、有力な国際組織のなかで唯一、王族、皇族のプレゼンスが今日に至るまで重視される場となったのです。「IOC委員は王室やセレブが多い「五輪貴族」」という朝日新聞記者の発言の背景にはそのような歴史があり、元五輪アスリートで皇族の血を継ぐ竹田のような人物が厚遇される理由もそこにあります。

天皇制と「民族の祭典」

日本が日中戦争のために返上した一九四〇年の東京大会が、神話上の初代天皇神武の即位以来二六〇〇年を記念して開かれようとしていたことは周知の通りです。その前回のベルリン・オリンピックはナチス・ドイツによる「民族の祭典」として挙行されました。聖火リレーも、開会式における放鳩、バード・セレモニーも、大会組織委員会事務局長のカール・ディームが考案したものです。一九六四年東京大会のときにはこうした事情はよく知られていました。一九三六年、次回五輪大会の東京開催が決定した際に、当時の牛塚虎太郎東京市長が行った発言が、『ニッポン診断』（日高六郎・佐藤毅編、一九六四年）という本に引用されています。

今日我が東京市が積年の宿願を達してオリンピック都市たる栄誉を担うに至りましたことは、之れ全く恐れ多きことながら、上御一人の御稜威の然らしむる所でありまして恐懼感激に堪えない次第でありますと同時に皇国の国威国力の隆盛を感謝せざるを得ないのであります。

実際には四〇年大会招致におけるローマ（イタリア）に対する東京の勝利は、国際オリンピック委員会、とりわけクーベルタン自身に影響力を行使できたヒトラーがムッソリーニにかけあった結果実現したものです。五輪招致の手段は八〇年のあいだにファシストの頭目の口利きから賄賂に変わったわけですが、日本の皇室・皇族は相変わらずこの種の工作のただなかで動き続けているわけです。

戦後のオリンピック大会招致運動は一九五二年四月二八日の「主権回復」のわずか十一日後に始まりました。四〇年大会のリベンジという意気込みだったことは疑う余地がありません。「民族の祭典」というコンセプトも不変だったということです。JOCのメンバーも多くは重なっていました。一九五九年の皇太子（現天皇）の結婚から一九六八年の明治維新一〇〇年までの、一連の国家的祝祭のスケジュールのなかに六四年大会は組み込まれていました。そしてこの大会の開会宣言を行うことで、昭和天皇裕仁は国際舞台への復帰を果たしたのです。

今回はどうでしょうか。昨年の明治維新一五〇年、今年の「平成」カウントダウン／改元／即位式／大嘗祭、そして来年のオリンピック・パラリンピック……。開会式は新天皇の国際舞台へのデビューの場として利用され、言わば第二の即位式になるでしょう。二〇二〇年はまた、明治天皇とその妻・昭憲皇太后を祭神とする明治神宮の創建一〇〇年にもあたります。国立競技場が明治神宮に隣接していることは、言うまでもなく、日本における近代スポーツの歴史と天皇制の深い関わりを示すものです。そして五輪の前か後に、安倍政権は改憲のスケジュールをねじ込む機会をうかがっています。なにもかも、絵に描いたような「民族の祭典」以外のなにものでもありません。

天皇制と「復興五輪」

ところで、二〇二〇年大会は東日本大震災からの「復興」五輪という理念を掲げています。この表現の発案者は石原慎太郎元東京都知事ですが、「単なるネーミングの問題」と嘯いて被災地の政治利用をまったく意に介さない姿勢を示しました。一方大会準備委員会は二〇一六年に発表した文書「東京2020アクション&レガシープラン2016〜東京2020大会に参画しよう。そして、未来につなげよう。〜中間報告」のなかで、日本における五輪開催はつねに「復興五輪」というストーリーを採用しました。幻の四〇年五輪は関東大震災からの、六四年は戦災からの、二〇二〇年は東日本大震災からの「復興五輪」というわけです。そしてつねに全世界から寄せられた支援に対する「感謝」を表明する場として五輪は位置付けられています。ブエノスアイレスでの高円宮妃久子のスピーチも、まさにこの線に沿った「感謝」の表明でした。

実際には津波被害からの復興作業は新国立競技場建設をはじめとする五輪関連工事、五輪開催に便乗した東京湾岸地区の再開発の煽りを受けて、資金・資材・労働力のすべての面で著しく阻害されています。福島原発事故の収束作業も労働力不足に苦しみ、労働条件は悪化の一途をたどっています。世界的なスポーツのメガイヴェント開催によって復興の「イメージ」を現実の復興に置き換える、恐るべきスペクタクルの政治が進行しています。そして繰り返しますが、天皇・皇室・皇族はこの政治の単なる「お神輿」やバイプレイヤーではなく中心的な担い手なのです。この点で安倍自民党政権と皇室・皇族のあいだには、深い共犯関係こそあれ何の矛盾もありません。

震災後の天皇夫妻や皇族による被災地訪問から、このプロセスはすでに始まっていました。このプロセスに巻き込まれた被災者たちは、日本赤十字社名誉総裁である歴代の皇后の訪問を受けた各地のハンセン氏病療養施設の被収容者たちと同様、「感謝」する以外になすすべがありませんでした。天皇と「国民」がたがいに「感謝」を表明し合う戦後天皇制の定型的なシナリオは、このように、災害や不遇な人々の存在なしには機能しないものであり、まさにその点で「復興五輪」の理念と極めて親和的なのです。この「感謝」のエコノミーにこそ、メスを入れなければなりません。

「祝賀資本主義」とは何か?

ここで耳慣れない概念をひとつ導入する必要があります。「祝賀資本主義」(celebration capitalism)というこの概念は、カナダの社会学者ジュールズ・ボイコフが提案したものです。アメリカのサッカー・プレイヤーとして五輪にも出場したことのあるボイコフは、その経験を積んだのちオリンピックの批判的研究の道に進みます。そして『祝賀資本主義とオリンピック』(二〇一四)という著書で、オリンピックを代表例とするメガイヴェントが、現代資本主義のメカニズムとどのように結合しているかを詳しく分析しました。ボイコフは祝賀資本主義の例として、イギリスのような立憲君主国におけるロイヤル・ウェディングを挙げています。天皇制にまつわる祝賀行事が同じ分析の枠組みに収まることは明らかです。まして日本では、すでに見たように、オリンピックは天皇制と、別々に来ることはけっしてないのです。

ボイコフは祝賀資本主義の特徴を六点挙げています。第一にそれは「非常事態」を招来し、基本的人権の軽視、さらには停止を引き起こします。共謀罪がないとオリンピックができないという安倍首相の発言は、この方向への公権力の傾斜をあからさまに示すものです。一方皇室・皇族のメンバーの移動は、これまでも周辺地域で野宿者の排除や被差別部落の取り壊し、精神障害者の強制隔離など、苛酷な人権蹂躙を繰り返し引き起こしてきました。これから天皇の代替わりに向けて、急速に弾圧が激化することが懸念されます。

第二に、祝賀資本主義は片務的な官民協調を推進し、公的な資金や資産を法外な低価格で民間資本、とりわけゼネコンに流し込む、利権構造の全面展開を可能にします。東京都は五輪選手村建設のために、三井系の不動産会社一一社に、晴海地区の一等地を一平米当たり十万円以下の安値で売却しました。五輪後は同地に高層マンションが建設される予定です。東京都はその建造物にもはや何の権利も持ちません。住民訴訟が闘われていますが、この値引き率は森友学園の比ではありません。このような官民協調は一九八〇年代の新自由主義の初期に米国などで頻繁に見られたものですが、リーマンショックの際の公金投入による金融機関救済など、民間の大資本をいっそう優遇するために官の側が積極的に経済過程に関与する例は、「富者の社会主義」と揶揄されるほど、近年各国で枚挙に暇がありません。

日本の天皇制はこの点で特異な事例を示しています。即位大嘗祭が巨額の国費を投入して行われることは、政教分離を原則とする憲法に明白に違反しています。私も「大嘗祭」違憲訴訟の原告の一人です。天皇家の神道儀礼はあくまで私的な営みでしかありえません。先日秋篠宮が示唆したように彼らの「私費」で大嘗祭を行ったとしても、その「私費」自体が税金から支出されているのです。このような現行天皇制の財政的基盤を憲法上の原則の例外として受け入れている限り、日本の

「国民」は祝賀資本主義による公的資産の流用にも反応が鈍くなってしまうように思われます。

第三に、祝賀資本主義は商業主義を極限まで推し進めます。二〇一六年八月に現天皇が「生前退位」を求めるメッセージを発したとき、私はこのパフォーマンスが資本主義とどう結びつくかまった予想できませんでした。しかしいまや巷では「平成最後の」を売り文句とした広告が氾濫しています。「生前退位」は絶好の商機として迎えられたのです。これは昭和天皇の死とともに始まった現天皇の即位の過程ではありえなかったことです。今回の事態を通じて天皇制と日本の資本主義は、あらたな結合の契機を見出したのではないでしょうか。

東日本大震災後の津波被災地の、地域住民の声を無視した防潮堤建設などが、いわゆるショック・ドクトリン、災害便乗型資本主義のシナリオ通り、すでにゼネコンに、復興税を含む膨大な利益を引き込んできました。そのうえ今度は（イメージだけの）「復興」祝賀の名のもとに、公有財産の事実上の払い下げが行われているのです。そして五輪開催後には、どの国でもかならず不況が訪れます。それが産業構造のさらなるネオリベ化の機縁となり、自由主義の理念に本来反するはずの増税が追い討ちをかけるでしょう。ボイコフは祝賀資本主義とその後のネオリベ攻撃を「ワンツーパンチ」という比喩を用いて説明しています。今日本の民衆は、国家と資本による、災害便乗型資本主義から始まる「ワンツースリー」の体系的収奪に直面しています。繰り返しますが天皇制はこの残酷な機制の外部に超然と存在しているのではなく、そのただなかにある、不可欠な「部品」のひとつです。

「人間の祭典」としてのオリンピック

ジュールズ・ボイコフが挙げている祝賀資本主義の特徴の残り三点のうち、セキュリティ産業の浸透と社会的スペクタクルの極限化については、ある意味自明のことでもあり、詳しく述べることは控えます。一九五九年の現天皇の結婚は白黒テレビの普及に大きな役割を果たしました。五年後のオリンピックはカラーテレビの売り込みの絶好の機会になりました。今回の一連の祝賀行事がスーパーハイビジョンなど次世代の受像機の実用化にどの程度つながるのか、そして天皇代替わり報道とそれがどう絡むのか、注視していく必要があるでしょう。

戦後天皇制との関係を考えるうえで見逃せないのは、ボイコフが祝賀資本主義の特徴として、持続可能性（sustainability）、多様性（diversity）、人権といったモチーフの流用をその不可欠な要素とみなしている点です。現在二〇二〇年大会の、とりわけ教育現場におけるキャンペーンは、パラリンピックを中心に展開されています。あたかも障害を克服するパラアスリートの奮闘が、復興に邁進する被災地住民の理想化されたイメージに重ねられているかのようです。しかしそこにはある意味オリンピック以上に、能力によって人を選別し、「克服」や「復興」の枠組みから外れた障害者や被災者、とりわけ原発被害からの避難者を棄民化する論理が働いているのではないでしょうか。そしてこのような能力主義が、身体的能力と同時に、精神的能力にもかかわるという点が重要です。そのとき人間の人間性は本質的に心身一如の能力によって規定されます。「より速く、より高く、より強く」という五輪の標語は、このようなタイプの人間主義、即ち資本主義の精神と深く共鳴しています。近代オリンピックは古代ギリシャで「人間」が発見されたという、一九世紀の西洋的観念を自明のものとして形成されました。それは「人間の祭典」、「人類の祭典」であることを理念の中心に据えています。五輪が商業化した現在も、そのようなものとして、「民族の祭典」と「資本の祭典」を媒介する機能を果たしているのです。

「人間宣言」再考

現天皇の「生前退位」を求めるメッセージについて、「これは第二の人間宣言だ」という声がマスコミや一部の知識人のあいだで上がりました。しかし、天皇が人間だということは何を意味しているのでしょうか。そもそも一九四六年一月一日の詔書は、「人間宣言」という名に相応しい内容を持っているのでしょうか。近年の天皇制研究の進展は、この点に疑問を投げかけています。

木下（道雄侍従次長）は「日本人が神の裔なることを架空と云うはまだ許すべきも、Emperorを神の裔とすることを架空とすることは断じて許し難い。そこで予はむしろ進んで天皇を現御神とする事を架空なる事に改めようと思った」と述べている。天皇自身も木下の意見に賛意を示していた。つまりここでは、日本人が神の子孫であるがゆえに他の民族より優れているという戦前の思想は否定されるが、一方では天皇は一般的な日本人とは異なる神の子孫としての位置づけを与えられ、その貴種性は担保されている。それによって天皇の人々への権威は保持されたのである。

このような日本側の巧みとも言える修正によって、詔書は天皇の神格化否定よりも、天皇制下における民主主義の展開と秩序維持という側面にシフトした。これは、ジョン・ダワーの言葉を借りるならば、天皇は「天から途中まで降りてきただけ」であり、その意味で神格化否定というGHQの当初の目的は不徹底に終わったと言える。

（河西秀哉『天皇制と民主主義の昭和史』、二〇一八年）

一九四六年初頭には、極東軍事裁判で天皇裕仁が訴追される可能性はまだまったくなくなったわけではありませんでした。その力学のなかで天皇側近と官僚が、GHQを相手に翻訳を介して必死に行なった駆け引きの結果があの詔書なのです。読み直してみれば分かるように、「私は人間である」と明確に述べた文言はありません。

いわゆる『人間宣言』が発表された時、どのマスコミもその名称を使用していなかった。『人間宣言』という言葉を最初に認知させたのは、管見の限りでは、一九四六年六月に発行された藤樫（準二、毎日新聞の皇室記者）の著作『陛下の〝人間〟宣言』だと思われる。

（同書）

要するに「人間宣言」とは、年頭の詔書が天皇免責を目的として発せられたという事情を熟知していたメディアの側の「忖度」から生まれた言葉なのです。実際には、近代天皇制が明治期以来モデルとしてきたキリスト教西洋の「政治神学」においては、君主が人にして神であることは、エルンスト・カントロヴィッツの『王の二つの身体』などが明らかにしたように、核心的な命題です。君主はキリストと同様、神にして人、神のような人、卓越した人、神の似姿である人間の本質を最高度に具現した人とされる存在です。この点からみた場合、大日本帝国憲法と日本国憲法の天皇規定の差異も、神聖か象徴か、神か人かという二分法に即して了解することはできません。『皇后考』や『天皇制と民主主義の昭和史』など最近の天皇制研究は、現皇后美智子の登場に先立つ天皇家とキリスト教の歴史的関係を詳細に調査し鋭い分析を加えてきました。その作業の蓄積が、「人間宣言」という出来事の再解釈を可能にしたとも言えそうです。

九条の〈前〉と〈後〉

象徴天皇制、平和主義、基本的人権を三本の柱とする日本国憲法の精神を問うことは、戦後の日本による「人間」という価値の理解を問うことです。私はこのところ憲法について発言の機会を与えられたときには、「九条の〈前〉と〈後〉」ということを強調しています。一条と九条の関係が繰り返し焦点化され、象徴天皇制と平和主義は分かち難いカップルとする見方もあります。私はこのような解釈につねに違和感を覚えてきました。むしろ一条と一〇条の関係にこそ、今注目する必要があると考えています。

新憲法の一〇条は旧憲法の一八条をそのまま継承したものです。当時の法務官僚はGHQとの相当厳しい折衝を経てそれを維持することに成功しました。昨年亡くなった社会学者の日高六郎は次のように述べています。

「日本国憲法十条」（一九四七年施行）と「国籍法」によって、日本「国民」とは、都道府県に本籍を持っていたものに限定された。かつて、「日本臣民」に強制的に編入されたものが、敗戦後は「外国人」として除外されたわけだ。この二つが、かつての朝鮮系・台湾系日本人の人権が損なわれる根拠となったのだ。

（『私の憲法体験』、二〇一〇年）

憲法一条で、「天皇は、日本国の象徴であり日本国民の統合の象徴であって、その地位は主権が存する日本国民の総意に基く」とされています。そして一〇条は、「日本国民たる要件は、法律でこれを定める」としています。ここにはひとつの循環論理が見られます。「天皇」がその「統合」を「象徴」できないような人々は、「法律」によって「国民」から排除すべしということが示唆されているのです。それは端的に、その人々を、新憲法が規定する基本的人権の享受主体から排除するということです。そのようにして限定された「国民」だけを、権利が保証されるべき「人間」とみなすということです。そして「象徴」による「統合」が強化されればされるほど、排除も強化される力学がそこには働いています。

現実にはこのような意図を隠し持った一〇条さえ守られず、従って国会での議論を経ずに、一九五二年四月二八日の「主権回復」の直前、法務省局長通達によって、旧植民地出身者の日本国籍は一方的に剥奪されました。現在最悪の排外主義者たちが唱えている「外国人に人権なし」という思想は、このように、出発点における戦後日本国家の意志そのものなのです。一条と一〇条の隠れた相関関係は現憲法に仕掛けられた「トロイの木馬」のようなものです。九条の平和主義はその前後から挟撃されて、憲法の内側から崩壊の危機に晒されているのです。そうである以上、象徴天皇が平和の守護神であるかのような迷妄からは、一刻も早く脱却すべきではないでしょうか。

おわりに

お寺の鐘が得体知れぬ暗愁の混沌においてごうううおおおン、ぶわあああああンと鳴り響くところへ『君が代』が演奏されるものだからいよいよこちらはおとむらい気分になってくる。暗い、陰惨な、いやなことばかり考えて、どうしても陰々滅々となってゆくのである。過日、永山記者に労災関係の役所へ行って調べてもらってきた数字が頭に浮かんでくる。オリンピック関係の工事で何人の人が死んだかという数字である。おとむらいの鐘を聞いていると、どうしてもそういうところへ考えがいってしまうのである。

▽　高層ビル（競技場・ホテルなどを含む）・・・・　16人

▽地下鉄工事・・・・・・・・・・・・・・・・・16人
▽高速道路・・・・・・・・・・・・・・・・・・55人
▽モノレール・・・・・・・・・・・・・・・・・5人
▽東海道新幹線・・・・・・・・・・・・・・・211人
合計・・・・・・・・303人

（開高健『ずばり東京』、一九六四年）

六四年大会の閉会式を取材した開高健は、オリンピックが人柱を要求する国策事業であることをあらためて確認しています。天皇賛歌の「君が代」は、そのような事業の終幕にふさわしい歌として彼の耳に響いていました。慄然とさせられるのは、日本という国が戦後という時空において、これらの死者たちの存在を、完全に忘却してきたことです。だからこそ過去の成功体験の反復のように、罪深い無邪気さで、再度の五輪招致を計画することもできたのです。そして今回もまた、新国立競技場や晴海選手村の建設過程で、福島原発事故収束労働の現場で、すでに何人もの労働者の死が確認されています。

しかし、二〇二〇年大会の準備過程の労働災害について、六四年大会程度にも正確な数字が、いつか知られることはあるのでしょうか？　この間明らかになったような、官僚による平然たる文書の破棄や改竄の事実を前にすると、悲観的な見通しを持たざるを得ません。

日本社会における「祝賀」の強制は、犠牲を見ないこと、記憶しないことを「国民」に求めます。

天皇制が安定して機能するということは、この傾向がいっそう強化されることと別のことではありません。こんな国のそもそも架空である「建国記念の日」を、私たち民衆が祝わなければならないいわれなど何もない。そのことを、最後に再度確認したいと思います。
※以上の本稿は集会「2・11「戦争する国」も「神の国」もゴメンだ!」(二〇一九年二月一一日、大阪市大淀コミュニティセンター)における講演「21世紀の天皇制とその批判の論理」をもとに、改題し加筆・修正を加えたものです。

二〇二〇年八月の補遺

東京五輪が予定通り開催されていれば、今頃はオリンピックの閉会式とパラリンピックの開会式の間の時期だったはずだ。招致決定以来「返上」を求めてきた者の眼には、いつ開催されようと、五輪は膨大な犠牲の上に強行される禍事であり災い以外のなにものでもない。とはいえ、世界的なコロナウイルスの感染拡大によって延期となった東京大会が一年後に開催されるとすれば、それがどんな形になろうと、途方もない暴力の行使、許されない権力の濫用、大規模犯罪事業の強行となるほかはない。代替わりした皇室は、この予告された惨事を覆い隠すイチジクの葉の役割をどのように果たしていこうとするだろうか。

二〇一三年九月の東京招致決定の段階では、オリンピック・パラリンピックと天皇制の政治日程の関連はあまりよく見えていなかった。二〇一六年七月の前天皇による生前退位を求めるメッセージ以後、見当はずれな明仁礼賛が世論を覆うなか、五輪と天皇制の政治的企図は三たび緊密に縫い合わされることになった。六四年大会が十年のスパンで皇太子結婚と明治維新百年を媒介する役割を担い、裁かれざる戦争犯罪人・昭和天皇裕仁に「スポーツウォッシング」の機会を与えたのに対し、二〇二〇年大会は新天皇の即位の翌年、国際舞台への顔見世興行として皇室行事の一環となり、よりタイトなかたちで代替わり過程と結びついた。そして皇室と政権の不和を妄想する「ウイッシュフル・シンキング」の横行とは裏腹に、このタイムテーブルは、東京大会を「復興五輪」として強行することによって改憲への突破口を開こうとする、安倍自民党政権の目論見にいっそう好都合な環境を用意することになった。

現在教育現場では、オリンピック・パラリンピック教育の名のもとに、第一次安倍政権による改悪後の教育基本法に明記された「愛国心教育」の一環として、天皇賛美のための生徒の「動員」が行われている。

二〇一九年四月三〇日明仁が退位し翌日徳仁が即位する。その一週間前の四月二三日、天皇と皇后は昭和天皇の墓所である東京都八王子市の武蔵陵を訪れた。そのとき起きた事態が報じられたのは七ヵ月以上後のことだった。

一二月八日付の東京新聞「こちら特報部」の記事に付された写真のなかでは、沿道を埋め尽くした子供たちが、天皇夫妻の車に向けて日の丸の小旗を振っている。当時の自民党幹事長代行、現在の文部科学大臣萩生田光一はブログで次のように述べたという。

「日の丸の小旗四千本はたちまち無くなり、沿道の小学校、幼稚園、保育園の子供たちは手作りの

小旗で集まってくれました」（四月二六日）

こんな自発性の演出の裏で周到な準備がなれていたことは言うまでもない。少し長くなるが経緯が記された箇所を引用しておきたい。

「八王子市教育委員会などによると、武蔵陵沿道の小学校三校の生徒計約五百四十人が日の丸の小旗を持つなどして出迎えや見送りをした。

三校は八王子市町会自治会連合などの有志が組織した「天皇皇后両陛下八王子奉迎会実行委員会」（解散）や、そこから旗をもらった同会地区会長らの誘いや市教委からの情報を受け、校長判断で参加したという。

動員ではなく、あくまで市教委は沿道の安全のために情報提供し、それを受けた三校の校長が、地元の町内会などの要請も受けつつ、子供たちを参加させたという。通常の授業時間中に並ばせた小学校もあったが、学校裁量で行う教育的活動の一環だそうだ。三校の校長に取材すると、一年生から六年生まで全校生徒が沿道に並んだ小学校の校長は「本校はオリ・パラ教育を推進しておりそれに関連づけて行った」と話した。

同市教委の佐生秀之指導主事は「六年の学習指導要領には、国事行為などを取り上げ天皇への理解と敬愛の念を深めるとあるし、オリ・パラ教育で育てる五つの資質に『日本人としての自覚と誇りを持つ』があり、それを養うのに合致する。校長の判断はまったく問題ない。沿道に並び旗を振ることが問題だとする人もいるんですねとしか言いようがない」と語った。」

オリ・パラと天皇制が現行教育制度のなかでいまやどれほど緊密に連繫しているか、この人物はそれを隠す必要を微塵も感じていない。この事実上の「動員」にはさらに、父の墓に詣でる退位する天皇の姿を通して、「昭和」「平成」「令和」三代の皇統の連続性を、五輪開催という「慶事」と不可分なものとして刷り込む意図を想定しなくてはならないだろう。

今回の場合五輪はなかば「作為」、なかば「自然」といったなりゆきで天皇制の政治日程に組み込まれたわけだが、そこに丸山真男がかつて「歴史意識の「古層」」（一九七二）で引き出した、「つぎつぎとなりゆくいきおい」という列島国家の歴史貫通的な「執拗低音」を聞き分けることもできる。安倍晋三が二年ではなく一年のオリンピック延期期間に固執したのも、自分の総裁任期への顧慮とともに、改憲に向けた「モメンタム」（すなわち「いきおい」）を失うことを恐れたからだった（三月二七日の参議院予算委員会での発言）。

だが新型コロナウイルスがこの「執拗低音」をいったん断ち切ったことは明らかだ。そして昨今の週刊誌の見出しには、総理大臣の体調不良についての憶測と並んで、「天皇の沈黙」といった言葉が現れている。明仁の退位パフォーマンス以来、天皇は「象徴の務め」として喋るものだという観念が定着し、いわば社会的な「期待の地平」が形成されてしまっているのである。籠ること、黙ることも支配者が民の意識に介入する手口には違いない。しかし、この歴史的状況が体制にとってのもろ刃の剣であることも事実だろう。この新たな局面に、「惨事」を「祝祭」にシームレスに転換することに長けた日本型祝賀資本主義、天皇制政治権力の危機を見て取るべきなのかどうか。いずれにせよ天皇制の廃絶を目指す人々には、そこに一つのチャンスが垣間見えるのではないだろうか。

祝祭＝惨事の政治と天皇制——二〇二一年末の補足

「二年後といった延期となれば二〇二〇年東京大会はモメンタムが失われ、別の大会のようになってしまうという懸念があった」二〇二〇年三月二七日、安倍晋三首相は参議院予算委員会で、新型コロナ肺炎の世界的感染拡大による東京五輪の開催延期を一年後に設定した理由を問われてこのような答弁を行った。ここで使われている「モメンタム（momentum）」という言葉は「いきおい」という日本語にほぼ相当する。この発言に接して私がはしなくも思い出したのは、『歴史意識の「古層」』（一九七二）で丸山真男が、古代以来の日本の歴史的思考を特徴づける「執拗低音」を、「つぎつぎとなりゆくいきおい」という言葉で表したことだった。

このときの安倍の判断については、森喜朗組織委員会会長が二年延期を提案したのに対し、自分自身の任期内に是が非でもオリンピックを開催してその主役を演じることに執心した、度し難い自己愛の症例とする見方が多い。しかし安倍が今回の東京五輪を改憲へのロードマップの重要な環として終始位置付けてきた経緯を踏まえるなら、このような解釈はやや皮相に過ぎるだろう。二〇一六年八月の明仁天皇の「生前退位を求めるメッセージ」は、どこまで意図されていたかは不明ながら、招致の段階では予定されていなかった天皇代替わりをオリンピック開催の前年にセットすることになった。天皇の死去に続く「服喪」の時間を省略し、国家的「慶事」を直接連結する祝祭の政治がおのずから生成してきたかのように事態は進んだ。延期を一年とすることで安倍が維持したいと考えたのはこの流れではなかったか。

しかし、世論の過半の反対を押し切って強行された東京オリンピック・パラリンピックは、「令和フィーバー」を引き継ぎ「国民的高揚」をさらに昂進させるようなイベントにはなりえなかった。開会式には安倍も森も姿はなく、皇后も列席せず、徳仁天皇は見るからに渋々と「お役目」を果たした。世論がここまで深刻に分裂しているとき、それはもはや「日本国民の統合」の「象徴の務め」とは到底言えない行為であり、すでになにごとかの「崩壊のスペクタクル」に成り変わっていた。

とはいえ、この「なにごとか」を正確に規定することはかならずしも容易ではない。反改憲勢力にとって破局的な結果に終わった衆議院選挙の後では、この困難はいっそう大きく感じられる。オリンピックは国家行事としては無残な結果に終わったが、改憲の政治日程はこの「躓き」をもひとつの梃子としていっそう押し迫ってきたからだ。システムとしての天皇制が崩壊の兆候を少なからず示しているとしても、崩壊しつつあるのは天皇制ばかりではない。そのようなことは原理的にありえない。だからこそ天皇制にしがみつく力はこれほど強いのだ。

この列島社会でなにがどのように壊れつつあるのか、どこまでも低い視線でその実相を注視すること。その崩壊のなかに、天皇制その他、垂直的な「スペクタクルの政治」が横領しえない新たな社会関係の芽生えを発見し、天皇のいない社会の「水平軸」（岡本恵徳）に育て上げていくこと。支配的システムの崩壊が社会の「自」殺に転化することを阻止するために、この地道な作業を緊急に強化し組織しなければならない。

（二〇二一年一二月四日）

参照文献
茨木のり子『倚りかからず』、筑摩書房
開高健『ずばり東京』、光文社文庫
日高六郎『私の憲法体験』、筑摩書房
原武史『皇后考』、講談社
河西秀哉『天皇制と民主主義の昭和史』、人文書院
日高六郎・佐藤毅編『ニッポン診断』、三一書房
小笠原博毅・山本敦久編『反東京オリンピック宣言』、航思社
小笠原博毅・山本敦久『やっぱりいらない東京オリンピック』、岩波ブックレット
ジョン・J・マカルーン『オリンピックと近代――評伝クーベルタン』、柴田元幸・菅原克也訳、平凡社
Jules Boykoff, Celebration Capitalism and Olympic Games, Routledge

鵜飼哲
「オリンピック・ファシズムを迎え撃つために―利権まみれの「聖火」を拒否する！」、コラボ玉造［TAMAZO］
「『天皇メッセージ』以後――天皇（制）による新たな国民統合に抗して」、『アジェンダ』58号
「『象徴』の統合力についての一考察――ポスト「平成」期の天皇制批判運動のために」、『反天皇制運動Alert』一七号
「『民族の祭典』と『資本の祭典』―2020年東京五輪批判の深化のために」『反天皇制市民1700』四三号
『民主主義と天皇制、そしてオリンピック』編集・発行　アジェンダ・プロジェクト

5

天皇のいない天皇制

――大統領を望まないのであれば

島田裕巳

しまだ・ひろみ

宗教学者、作家。東京大学大学院人文科学研究科博士課程修了。元日本女子大学教授。現在は東京女子大学、東京通信大学非常勤講師。著書に『日本の宗教と政治』（千倉書房）、『天皇と憲法』（朝日選書）、『教養としての世界宗教史』（宝島社）、『創価学会』『神社崩壊』（新潮選書）、『葬式は、要らない』『日本の十大新宗教』（幻冬舎新書）、『神道はなぜ教えがないのか』（ワニ文庫）など多数。

皇位継承の可能性のある男性皇族は悠仁親王のみ

二〇一九年五月一日、「令和」への改元が行われた。改元がなされたのは、皇位の継承が行われたからで、法的には元号法の第二条「元号は、皇位の継承があつた場合に限り改める」にもとづくものだった。

平成への改元と大きく違うのは、天皇が亡くなったことでの皇位継承ではなく、退位、あるいは譲位によるものだったことである。平成の即位式で、皇族は喪服で参列した。令和の場合には、先代の天皇が亡くなったわけではないので、女性の皇族などは華やかなドレスで参列した。その点で、新たな時代の幕開けは華々しいものになった。

秋には大嘗祭も営まれ、一連の即位のための儀礼は締めくくられた。大嘗祭を経ていない天皇は「半帝」と呼ばれたこともあったが、これによって、伝統に則る形で新天皇の正統性が確保された。

いったい令和の天皇はどういった行動に出るのか。それは、「平成流」と言われた先代の天皇の行動とどう違うのか。それが注目されるなか、突如、新型コロナ・ウィルスの世界的な流行という出来事が起こり、天皇の行動も相当に制約されることとなった。

天皇が表に出られなくなった分、メディアの報道も減った。むしろ、皇室についてメディアが集中的に取り上げたのは、秋篠宮家の眞子内親王の結婚問題だった。果たしてこの結婚は好ましいものなのかどうか、国民の意見も割れた。

それでも、最終的に結婚という運びになり、眞子内親王が皇室から離れたことで、皇族の数は一人減った。女性の皇族は一三人から一二人に減少した。

深刻なのは男性の皇族の方で、眞子内親王が皇室を離れた時点で、その数は五人である。そのなかには、現在の天皇と譲位した上皇も含まれており、今後、皇位継承の可能性のある男性皇族はわずか三人である。

しかも、上皇の弟である常陸宮正仁親王は一九三五年の生まれで、二〇二一年末の時点で八六歳である。兄の上皇が高齢を理由に退位したことを考えれば、常陸宮が皇位を継承する可能性はゼロに等しい。したがって、実質的に皇位継承の可能性があるのは、秋篠宮文仁親王とその子である悠仁親王に限られる。

現在の天皇が、上皇と同じように八五歳で退位したとしたら、そのとき秋篠宮は八〇歳になっており、即位の可能性はほとんどないだろう。その点からすると、将来において天皇に即位することが想定されるのは悠仁親王ただ一人ということになる。

天皇については、明治になってから「万世一系」ということが言われるようになった。その上で、古代から皇統が受け継がれ、王朝の交代がなかったことが、日本国家の優れた点だと強調された。

しかし、天皇家の歴史をたどってみると、皇位の継承がしばしば困難な状況に立ち入ったってきたことが明らかになる。

一つの例をあげれば、第一一八代後桃園天皇から第一一九代光格天皇への継承の場合である。江戸時代の中期のことだった。

後桃園天皇は一七五八年八月五日に第一一六代の桃園天皇の第一皇子として生を受け、英仁親王となった。桃園天皇の方は、一七六二年二二歳の若さで亡くなってしまう。その時点で英仁親王はわずか五歳だった。

そこで、桃園天皇の姉である御桜町天皇が即位した。女帝であり、英仁親王が成長するまでの中継ぎとしてだった。実際、英仁親王が一三歳で元服すると、後桜町天皇は退位し、後桃園天皇が即位した。

後桃園天皇には、一人内親王が生まれた。けれども、一七七九年一二月六日、父親の桃園天皇と同様に二二歳で亡くなってしまう。その時点で後桃園天皇には皇子がいなかった。

そこで皇位に就いたのは、閑院宮家の師仁親王(即位とともに兼仁親王と改名した。師仁が死人に通じるからである)であった。これが光格天皇である。

閑院宮家は江戸時代中期に創設された、歴史的には新しい宮家であった。そこには、第一一〇代の後光明天皇が、やはり二二歳で亡くなったときのことが関係していた。後光明天皇、桃園天皇、後桃園天皇が、皆二二歳で亡くなったのは偶然だが、当時は、若くして亡くなる天皇は少なくなかった。

江戸時代になった時点で、「世襲親王家」というものが定められ、その当主は親王宣下を受け、親王の身分を確保した。そうした宮家としては、伏見宮、桂宮、有栖川宮の各宮家があった。そして、世襲親王家の当主と、皇位の継承が予定されている者を除く親王は、出家して「法親王」となることが慣例となっていた。これは、親王が数多く存在すると、皇位継承をめぐって争いが起きる危険性があるからである。

後光明天皇が亡くなったとき、天皇に近い親王はほとんどが出家していた。そのために、皇位継承をめぐって紛糾した。

そこで、幕府と朝廷は、新しい宮家を創設する必要があるという点で一致した。それによって、第一一三代の東山天皇の皇子である直仁親王を初代とする閑院宮家が創設された。それが光格天皇の即位に結びつき、なんとか無事に皇位継承が行われたのである。

新たな宮家の創設を提言したのは、当時幕政を主導していた旗本で朱子学者でもあった新井白石だった。その点での白石の功績は大きい。もし、その提言がなく、新たな宮家が生まれていなかったら、事態は相当に深刻なものになっていたことが予想される。

現在においては、皇位継承を行う環境は、こうした江戸時代のときに比べて一層難しいものになっている。

一つには、皇位継承資格者のいる宮家が、秋篠宮家以外存在しなくなったことがあげられる。それは、最近男子が生まれた宮家が存在しないからで、そう遠くない将来において、天皇家以外の宮家が消滅する可能性が出てきている。

さらに、大日本帝国憲法の発布にともなって一八八九年に定められた「旧皇室典範」においては、皇族が養子をとることが禁じられた。それまでは、皇族も養子をとることができた。

それ以上に大きいのは、側室をもうけることができなくなったことである。旧皇室典範では、側室をもうけることは禁止されていなかった。しかし、大正天皇は側室をもうけなかったし、昭和天皇も同様である。そして、戦後の新しい皇室典範では、皇位の継承は嫡出子に限るとされ、その結果、側室をもうけることができなくなった。戦後の風潮からすれば、そもそも天皇家であっても側室は容認されないだろう。

宮家も養子も、そして側室も存在しなければ、皇位の継承は相当に難しい。だからこそ、将来即位が想定されるのは実質的に悠仁親王一人に絞られてしまったわけである。さらに、悠仁親王が天皇に即位したとしても、結婚し、そこに男子が生まれなければ、新たな皇位継承資格者は現われない。

現在の天皇は五九歳での即位であり、これは、高齢での即位としては第二位である。第一位は第四九代光仁天皇で六二歳だった。光仁天皇が高齢で即位したのは、先代の女帝だった第四八代称徳天皇が、後継者が決まらないまま亡くなってしまったことが主な原因だった。称徳天皇と光仁天皇のあいだは八親等も離れていた。現在の民法では「血族」を六親等内としている。その規定からすれば、称徳天皇と光仁天皇は血族ではなく、その関係はかなり希薄である。

皇位継承者が確保できないのであれば、八親等離れている男子を探すことも必要になってくる。だが、現在の天皇と八親等離れている人物がいたとしても、皇族ではない。戦後、一一の宮家（世襲親王家）が皇籍を離脱してしまったからである。

そうなると、招来において皇位継承者が一人もいなくなる事態も十分に起こり得る。

そうした事態がいつ起こるのかは、予想できない。人間には病や事故はつきものである。皇位継承者が急な病や不慮の事故で亡くなるということが、今この瞬間に起こらないという保証はどこにもない。昔の天皇のように二二歳で亡くなる可能性はほとんどなくなったものの、長寿が完全に保障されているというわけではない。

天皇不在の状況はあるのか

もしも天皇不在の状況が生まれたとしたら、いったいどうなるのだろうか。そのことを考えている人はほとんどいないであろう。そんな不吉なことを考えるのは不謹慎だと思うむきもあるかもしれない。

だが、そこに日本国家の存立がかかわっているとするなら、見過ごすことができない事態である。将来にわたって皇位継承をつつがなく行っていくためには、いかなる方策を立てるべきなのか。これは喫緊の課題であるはずだが、必ずしも議論は進んでいない。女性天皇や女系天皇の容認、あるいは旧宮家の皇族への復帰などが提言されてきたものの、反対も多い。

議論を行う場合には、政権が主導していく必要がある。だが、あまりに問題が複雑であるため、どの政権も、この問題に積極的にかかわろうとはしてこなかった。

これまでにもっとも議論が進んだのは小泉純一郎政権の時代だった。二〇〇五年に首相の私的諮問機関である「皇室典範に関する有識者会議」で議論が進められ、一一月には最終報告書がまとめられた。

ところが、翌年二月に秋篠宮妃の懐妊が公表され、悠仁親王が誕生してからは、議論は沙汰やみとなった。ちなみに最終報告書に示された方向性は、「直系長子優先継承、女系継承容認」というものだった。これは、将来において愛子内親王の即位を想定したものであった。となれば、皇位ははじめて女系で継承されていくことになったはずである。

皇位を女系で継承していく場合、女性天皇と、あるいは将来天皇となる内親王と結婚する相手は誰かということが問題になってくる。天皇、ないしは将来の天皇と結婚する男性がいかなる人物で、国民がその人物についてどのように考えるか、相当に厳しい視線が注がれることは間違いない。それは、眞子内親王の結婚問題を考えれば明らかである。

皇位継承の問題をめぐってつっこんだ議論を行うためには、少なくとも政権の基盤が安定していなければならない。長期にわたった安倍晋三政権はそれに近い状態にあったものの、首相自身が現在のあり方を変えることを望んでいなかったこともあり、議論を主導することにはならなかった。

女性天皇は、これまでの歴史を振り返っても、一時的なリリーフである。女帝が現れても、女系で継承されるようにはならず、すぐに男系での継承に戻っている。

女系での継承となると、これまでの歴史上ないことで、すでに述べたように男系以上に難しい問題をはらんでいる。

旧宮家にしても、皇族を離脱して、すでに七〇年以上の歳月が流れている。一一の宮家のうち、東伏見宮、山階宮、閑院宮は断絶している。梨本宮も養子が後を継いでいる。伏見宮、北白川宮、久邇宮、朝香宮は男性の後継者が生まれておらず、将来断絶する可能性が高い。男子の後継者のいる宮家は、賀陽宮、東久邇宮、竹田宮の三つに限られる。

このように、旧宮家も減少してきている上に、皇族から離脱し、民間人として生活してきた時間も相当に長くなっている。

旧宮家の皇族復帰への道が開かれたとしても、当人たちの意思や希望ということもある。制約の多い皇族になることを望む人間が果たしてどれだけいるのだろうか。まして、天皇という重責を担うという意思と覚悟を持つのは並大抵のことではない。旧宮家の皇族復帰はとても現実的とは思えない。小泉政権の有識者会議でも、旧宮家の復帰については否定的な見解が出されていた。

では、これからどうなっていくのだろうか。

現在の天皇が、上皇と同様に八五歳で退位するとしたら、それは二〇四五年のことになる。可能性は低いわけだが、その時点で八〇歳になっている秋篠宮が皇位を継いでも、八五歳までは五年しかない。二〇五〇年に退位したとして、そのとき悠仁親王は四四歳である。

その時点で、悠仁親王が結婚していて、男の子が生まれているのなら、皇位継承資格者は確保されている。男子が一人ではなく、二人以上なら、新たな宮家も誕生する。そうなれば、二一世紀中に天皇が不在になるという事態は回避される。

だが、そうなるという保証はないし、悠仁親王の結婚自体が、そう簡単には実現しないのではないだろうか。

現在の天皇が結婚したのは一九九三年六月で、その時点で三三歳だった。その時代の男性の平均初婚年齢は二八歳台だったので、それよりも五歳遅かった。

皇太子の結婚が決まるまで、相当に時間がかかった。もしかしたら結婚しないのではないか、私など、当時はそのようにも考えていた。それも、皇太子と結婚することが、民間の一般女性には相当に難しいことだからである。

その難しさは、現在の皇后が経験してきたことであり、同じく民間から嫁いだ上皇后も経験してきたことである。

戦前には、刑法に「不敬罪」の規定があり、天皇や皇族に対する不敬な行為は取り締まりの対象になった。不敬罪は、戦後の一九四七年に削除され、現在は存在しない。

不敬罪が存在すれば、皇室についての報道は規制される。だが、それが存在しなければ、自由に報道することが可能で、事実、報道は盛んだ。それに対して、皇太子であった時代の現在の天皇が苦言を呈し、話題になったこともあった。

一般の国民なら、報道によって自らの名誉が傷つけられたと感じたなら、名誉毀損で訴えることができる。私も、報道機関を訴え勝訴した経験があるが、天皇や皇族は国民には含まれないので、提訴する権利を有していない。内閣総理大臣が代わって訴えることになっているが、これまでそうしたことは行われていない。

報道の自由が確立された戦後の社会においては、不敬罪を復活させるなどということは考えられない。そうである以上、皇室に嫁ぐということは、自分だけではなく、家族を含め、さまざまな報道の対象になるということである。そのなかには、事実でないものや、憶測なども含まれる。眞子内親王をめぐる報道を踏まえれば、皇族と結婚しようと考える女性はほとんどいないはずだ。親や親族、知人友人も、懸命に止めようとするだろう。

女性なら、出産する年齢には限界がある。だが、男性の場合には、そうした制限はない。
したがって、たとえ悠仁親王が四〇歳台半ばになって天皇に即位することになったにもかかわらず、結婚していないとしても、その時点で皇統が途絶えたことにはならない。だが、年齢を重ねれば重ねるほど、結婚し、子どもができる確率は低くなる。一般の男性だと、四〇歳代になると、結婚する確率は一パーセント程度と見積もられている。

結婚したとしても、子どもが生まれるとは限らない。子どもが生まれても、男子でなければ、皇位を継承する資格を持つことはない。

仮に二〇五〇年に、悠仁親王が未婚のまま天皇に即位したとしたら、いったいどうなるのだろうか。

そのときは、後継者が生まれる可能性は残されている。出産可能な年齢の女性と結婚し、その間に子どもが生まれればいいわけである。

だが、そうなるという保証もない。そのときは、宙ぶらりんの状態におかれることになる。これは相当にやっかいな状況である。

それは、小泉内閣のもと二〇〇五年に有識者会議が設置されたときとは異なる。その時点では、誰も秋篠宮妃が懐妊するとは考えていなかった。もう皇位継承の資格を持つ男子は皇室に生まれないと見込まれた。そうした状況のなかで、議論は急を要した。

しかし、皇位継承の資格を持つ男子が生まれる可能性が皆無ではないという状態が続いているなかでは、どんな政権でも議論を急ごうとはしないはずだ。

皇位継承の問題について議論が進む見込みが立たないなかでも、天皇の突然の不在が日本国家の機能を失わせる危険性を秘めているという状況は変わらない。二〇五〇年の時点で、天皇以外に皇族がいないという状況が生まれていればなおさらである。

仮に天皇の不在という状況が訪れることが不可避になったとき、どうすればいいのだろうか。そうした事態が起こってしまっては、法律的にはいかなる手立ても講じられなくなってしまう。超法規的な手段に訴えるということはあり得る。事実、一九七七年に「ダッカ日航機ハイジャック事件」が起こったとき、人質を解放させるため、日本政府は、服役中、あるいは拘留中の日本赤軍のメンバーを釈放するという「超法規的処置」に出た。

だが、天皇の不在という事態が起これば、天皇の役割とされる国事行為を行うことはいっさい不可能になるわけで、ハイジャック事件の超法規的処置とは次元が異なる。ちなみに、日本国憲法で規定された、天皇が「内閣の助言と承認により」行う国事行為は、次のようなものである。

一　憲法改正、法律、政令及び条約を公布すること。
二　国会を召集すること。
三　衆議院を解散すること。
四　国会議員の総選挙の施行を公示すること。
五　国務大臣及び法律の定めるその他の官吏の任免並びに全権委任状及び大使及び公使の信任状を認証すること。

六　大赦、特赦、減刑、刑の執行の免除及び復権を認証すること。
七　栄典を授与すること。
八　批准書及び法律の定めるその他の外交文書を認証すること。
九　外国の大使及び公使を接受すること。
十　儀式を行ふこと。

これは第七条の規定だが、第六条では「天皇は、国会の指名に基いて、内閣総理大臣を任命する」とされ、その二では、「天皇は、内閣の指名に基いて、最高裁判所の長たる裁判官を任命する」とされている。

天皇が不在であれば、首相や最高裁判所の裁判官を任命できなければ、憲法はもちろん、法律や政令、条約を公布することができない。国会を召集できなければ、衆議院を解散することもできない。日本国家は完全に機能不全に陥ってしまう。

こうした事態が起こることを回避するためには、天皇の不在でも国家が機能する体制を確立していかなければならない。

天皇が不在になったとき、唯一ありうるとしたら、「摂政」をおくことである。

日本国憲法の第五条では、「皇室典範の定めるところにより摂政を置くときは、摂政は、天皇の名でその国事に関する行為を行ふ」とされている。

摂政がおかれれば、天皇が不在であっても、国事行為を果たすことができる。

現在の皇室典範では、摂政になることができるのは、次のような皇族である。

一　皇太子又は皇太孫
二　親王及び王
三　皇后
四　皇太后
五　太皇太后
六　内親王及び女王

天皇は男子に限定されるが、摂政は女子にも開かれている。

皇族の数が減少してきているなかで、「女性宮家」の創設ということが議論にもなっているが、女性宮家が存続すれば、摂政となる皇族は確保される。その点では、女性宮家の創設は極めて重要な意味を持つことになる。

ただ、女性宮家が創設されたとして、どれだけ続くかという問題はある。それでも、女性宮家から摂政という流れが定着すれば、女系でも皇位の継承は構わないのではないかという声が上がるようになるはずである。

さらに、女性宮家もいつまで続くか分からないということであれば、摂政の範囲を皇族の外に広げるということも考えられる。

摂政が皇族に限定されるようになったのは、明治以降、旧皇室典範が定められてからのことである。歴史を振り返ってみれば、すぐに明らかになってくることだが、それ以前は、摂政は皇族に限定されなかった。聖徳太子のように、最初は皇族が摂政をつとめていたが、やがて藤原氏が摂政を独占するようになった。最後の摂政は、藤原氏から生まれた五摂家の一つ、二条家の二条斉敬だったが、一八六八年の王政復古とともに罷免された。皇族以外の人間が摂政になる方が、歴史としてははるかに長いのである。

皇族以外から摂政を選ぶためには、皇室典範を改正する必要がある。皇室典範も、戦後は一般の法律となっており、国会での議決によって改正が可能である。第一七条に三を追加し、「摂政となりうる皇族がいないときは、皇室会議の決定により、皇族以外から摂政に就任させることができる」とすればいいのである。

皇室会議の議員には皇族も含まれるが、六人以上の議員が出席すれば議決ができるとされており、皇族が不在でも成り立つ。

問題は誰を摂政とするかだが、それは当然議論になる。しかし、摂政の役割を国事行為に限定するのであれば、摂政が表に出てくる必要はさほどない。

現在、海外の元首などが国賓として訪れたときには、天皇が接遇することになるが、これは国事行為ではなく、天皇の公的行為であり、憲法で規定されているわけではない。こうした接遇を首相が担えば、摂政が行う必要はない。当然摂政は、皇居に住まう必要もない。ならば、首相経験者などが名誉職としてつとめればいいのではないだろうか。逆に、摂政に多くの役割を与えることは問題を生む可能性がある。

「共和制」への移行

皇室典範を改正して、女性宮家の創設を認め、さらに摂政を皇族以外の人間にも開く。このやり方をとれば、天皇の不在という状況が訪れても対処できる。民間人が摂政をつとめている間に、天皇の血を受け継いでいる人間で、摂政、さらには天皇にふさわしい人物が現れたら、摂政に就任し、将来においては天皇に即位する。そのときには、天皇の不在に終止符が打たれることにもなってくる。

このやり方は、憲法を改正する必要がなく、皇室典範の一部改正だけで済む。その点では、日本の体制を大きく変える必要はないわけだが、形だけの摂政が長く続くというのは不自然であり、あまりに中途半端である。

となれば、日本の政治体制を根本的に改める必要が出てくる。それが、「共和制」への移行である。

共和制は、その国の国民が最高決定権を持つ政治体制のことで、国民が選んだ人物を国家元首とするものである。

では誰が国家元首となるのか。

それは、社会主義体制を除けば「大統領制」を導入することを意味する。大統領は、国民全体の選挙で選出される。世界中に大統領制をとっている国は多い。日本もその仲間入りをするということである。

現在の日本を立憲君主制の国としてとらえていいかどうかについては議論がある。憲法で、主権は国民にあるとされるものの、天皇という特殊な存在は象徴と規定されている。国賓が来日したときには、天皇が接待する点で、諸外国からは君主制の国に映る。ただ、実際の政治を担うのは、あくまで内閣総理大臣である。

大統領制が導入されるならば、大統領の権力や権限は総理大臣に比べて自ずと強くなる。それは、アメリカの「大統領令」に示されている。アメリカの大統領は、議会の承認を得ないで直接行政権を行使できる。議院内閣制における首相には、そうした権限は与えられていない。

日本が大統領制に移行することに不安を感じる人たちも少なくないかもしれない。なにしろ、権力者として、あるいは権威として天皇を戴く体制は、古代から続くものだからである。

ただ、天皇の社会的な位置やそれが果たしてきた機能は時代によって異なる。

当初の段階では、他の国の皇帝や国王と同様に、武力によって権力を掌握した君主であった。しかし、藤原氏による摂関政治の時代になると、天皇からは実質的な権力が奪われ、藤原氏の政治的な支配を正当化することにその役割は移行した。途中、「建武の新政」など、天皇が権力を取り戻したこともあったが、武家政権が成立してからは、天皇自身はほとんど権力を行使することがなかった。

それを大きく変えたのが、明治に時代が変わり、日本が近代国家としての歩みをはじめた時代においてである。天皇が政治を主導する天皇親政の再興が叫ばれ、実際その方向にむかっていった。江戸時代には、京都御所に半ば幽閉されていた天皇が、いきなり表舞台に登場したのである。それは、王政復古であり、神武創業への回帰としてとらえられた。

しかし、大日本帝国憲法における天皇は、必ずしも絶対的な権力を行使する存在とは言えなかった。天皇は、「神聖ニシテ侵スヘカラス」され、「元首ニシテ統治権ヲ総攬」するとはされた。だが、統治権の総覧についていては、「此ノ憲法ノ条規ニ依リ之ヲ行フ」とされ、立法権についても、「帝国議会ノ協賛ヲ以テ」それを行うとされた。

天皇は政治の表舞台に担ぎ出されたものの、自由に権力を行使できるような立場にあったわけではない。その点では、大日本帝国憲法における天皇と、「象徴天皇制」と呼ばれる日本国憲法における天皇は、本質的には大きな隔たりはないとも言える。違う点があるとすれば、とくに大きいのは戦争の開戦や終戦には、最終的に天皇による裁可が必要だということだろう。

武家が政権を掌握していた時代には、天皇を廃して、武家の棟梁が国王の地位に就くことも可能だったはずである。実際、室町幕府の三代将軍、足利義満は中国から「日本国王」の称号を得ている。

それでも、将軍の地位を安泰にするためには、それを承認する天皇という存在があった方が好ましいと判断され、天皇が廃されることはなかった。

天皇が最初に権力を掌握したのがいつなのかは明確になっていない。だが、そこに長い歴史があることは間違いない。日本人は、相当に長期にわたり、天皇という存在を不可欠とする社会に生きてきた。そうである以上、天皇が存在せず、その代わりに大統領が君臨するような政治制度に転換することに、どうしても躊躇してしまうのである。

これまでの天皇についてのさまざまな研究が明らかにしてきたように、天皇という存在は、日本の社会の、あるいは日本の文化の深いところにまで浸透している。

近代に入ると、天皇を中心とした政治体制は「国体」と呼ばれるようになる。その国体は、日本が戦争に敗れることによって、大きく変容した。政治学者の丸山眞男などは、敗戦で国体はその絶対性を失ったと言い放った。

しかし、天皇は古代から「祭祀王」として、政治世界と同時に宗教世界に君臨し、仏教が取り入れられてからは、仏教界の頂点に位置する「転輪王」として位置づけられた。そうした時代の政治体制は一般には国体とは呼ばれないが、「表の国体」の陰に「裏の国体」があったと考えることもできる（この点については、拙著『日本の宗教と政治―ふたつの「国体」をめぐって』千倉書房で論じた）。

天皇が古代から存続し、社会的に重要な役割を果たしてきたために、私たち日本人はその不在をイメージすることさえ難しくなっている。したがって、天皇が不在となり、大統領制に移行したら、それはもう本当の日本ではないと考える人たちもいる。

そうした状況を踏まえるならば、大統領制を導入するための制度設計を行うことは容易ではない。仮に、大統領制の導入が不可避となった時点でも、議論は百出し、収拾がつかなくなる可能性もある。

しかも、当然なことながら、大統領制を導入するには、憲法を改正しなければならない。その際には、皇室典範を改正するだけではすまない。しかも、大幅な、もっと言えば、根本的な改正を迫られる。

現在の日本国憲法は、大日本帝国憲法を改正することによって成立した。大日本帝国憲法と日本国憲法のあいだには根本的な違いがあるとされるが、少なくとも、天皇のことが最初に取り上げられている点で両者は共通している。

これは、日本の近代憲法の特徴であり、他の国の憲法を見ても、そのようにはなっていない。憲法の制定にあたっては、その中心を担った伊藤博文はヨーロッパに渡り、ドイツとイギリスで憲法について研究を進めた。それによって、伊藤は、ドイツのプロイセン憲法をモデルに大日本帝国憲法を作り上げていった。

ところが、プロイセン憲法の冒頭にあるのは国土の規定であり、国王についてではなかった。伊藤は、ヨーロッパにおいては、キリスト教という宗教が国家の機軸となっているが、日本では宗教が弱いため、皇室を機軸にするしかないと考えた。そのために、天皇のことが憲法の冒頭に掲げられることとなったのである。

大日本帝国憲法では、天皇という存在が決定的に重要なものとされたが、日本国憲法でも、天皇のことは冒頭に述べられており、その点は変わっていない。数々の国事行為の重要性を考えれば、天皇に対する規定について、日本国憲法は大日本帝国憲法を踏襲していると言える。

これまで、憲法改正ということは言われてたが、その際にもっぱら問題にされたのは戦争の破棄と軍隊を持たないことを宣言した第九条のあり方だった。しかし、戦後日本国憲法は一度も改正されていない。

その点で、日本国憲法を改正して、「日本共和国憲法」を制定することは、重大な変革を意味する。それによって、裏の国体も変化を余儀なくされる。そして、日本人は、はじめて自分たちが選挙によって選んだ大統領に、国家の運営を任せることになるのである。

議院内閣制では、国民は直接首相を選ぶことができない。そのため、首相を自分たちが選んだという感覚を持つことができない。議会で多数を占めた政党の党首が首相になることがほとんどなわけだが（村山富市内閣においては、村山が党首をつとめる日本社会党は少数派だった）、果たしてこのシステムが好ましいのかどうか、そこには問題がある。大統領制になれば、そうした問題は生じない。

日本国憲法の第一条では、「天皇は、日本国の象徴であり日本国民統合の象徴であつて、この地位は、主権の存する日本国民の総意に基く」とされている。だが、なぜ天皇の地位が国民の総意にもとづくと言えるのか、その根拠は示されていない。天皇が日本国の象徴とされるのは、伝統によるもので、究極的には、「古事記」や「日本書紀」といった神話に遡る。だが、神話は歴史的な事実にもとづくものではない。

「古事記」については、その成立の事情に不明確なところがあり、どういった書物であるのか、位置づけが難しい面がある。それに対して、「日本書紀」は、日本国の「正史」であり、それを定めたのは天皇である。天皇は、自らが統治者である根拠を、自ら作り上げた歴史書によって正当化しようとした。つまり、天皇が天皇であることの究極的な根拠は神話以外に存在しないということである。

日本は、曖昧な国である。厳密な意味で独立した経験を持たない。戦後に占領という時代を経験しているが、占領状態を解除するために独立闘争を戦ったわけではない。日本本土が攻められたのも、元寇のときと、太平洋戦争末期に限られる。そうした国は、世界でも珍しい。

その分、国家としての自立ということを懸命に考える必要を持たなかった。日本が日本として存在することは前提とされ、国家をどのように運営していくのか、国民全体で議論する経験を持っていない。そこに、日本という国の最大の問題があるのではないか。それを根本から解決するには、ポスト天皇制の日本を構想することが不可欠なのである。

6 近代天皇制国家の植民地主義

――先住民族遺骨返還問題を素材に

前田　朗

まえだ・あきら

一九五五年札幌生まれ。朝鮮大学校法律学科講師。日本民主法律家協会理事、日本友和会理事、救援連絡センター運営委員。著書に『軍隊のない国家』（日本評論社）、『旅する平和学』（彩流社）、非国民シリーズ3部作『非国民がやってきた！』『国民を殺す国家』『パロディのパロディ──井上ひさし再入門』（以上耕文社）、『ヘイト・スピーチ法研究序説』『ヘイト・スピーチ法研究原論』『ヘイト・スピーチ法研究要綱』『黙秘権と取調拒否権』『憲法9条再入門』（以上三一書房）、『500冊の死刑』（インパクト出版会）、共編著に『思想の廃墟から』（彩流社）、『思想はいまなにを語るべきか』『新にっぽん診断』（三一書房）など。

一　問題意識――私たちはなぜ植民地主義者になったのか

筆者はこれまで日本植民地主義批判のための覚書きを数回にわたって公表してきた。近現代日本の植民地支配の歴史的事実にとどまらず、現在の日本が内部に抱え込み、外部に向かって発信し続けている植民地主義を解剖するための基礎作業である。

①論文「私たちはなぜ植民地主義者になったのか」（木村朗・前田朗『ヘイト・クライムと植民地主義』三一書房、二〇一八年）において、アイヌモシリ、琉球王国、朝鮮半島に対する日本の侵略を「五〇〇年の植民地主義」とそれに続く「一五〇年の植民地主義」の重層性でとらえ返した。シャクシャインの戦い、壬申戦争、薩摩の琉球侵略から始まり、アイヌモシリ併合、琉球併合、韓国併合に至る植民地主義の二段階である。

②論文「日本植民地主義法論の再検討」『法の科学』四九号（二〇一八年）では、日本植民地主義の法的側面に焦点を当てた。

③論文「日本植民地主義をいかに把握するか（一）～（五）」『さようなら！福沢諭吉』第五号～九号（二〇一八～二〇年）において、人類館事件とアイヌ民族・琉球民族遺骨返還問題を通じて、植民地主義がアイヌ及び琉球の人々をどのように差別的に扱ったかを検証した。さらに植民地そのものの併合と分割と交換を日本植民地主義に即して跡づけた。併合に続くアイヌモシリ分割、千島樺太交換、琉球分割案等の位相を確認した。植民地主義は植民地を「不動産」として併合、分割、

交換、譲渡する。植民地人民は「不動産」に付属する「動産」として扱われる。植民地主義が人種差別として現象する。植民地におけるマイノリティ同士の出会い（アイヌ民族と朝鮮人、琉球民族と朝鮮人）にも着目した。

④論文「学問という名の暴力――遺骨返還問題に見る植民地主義」松島泰勝・木村朗編『大学による盗骨』（耕文社、二〇一九年）において、アイヌ民族・琉球民族に対する遺骨の盗掘を論じるとともに、アメリカのスミソニアン博物館による先住民族遺骨返還の状況を紹介した。

⑤論文「植民地主義批判のための覚書き」『社会評論』一九三号（二〇一八年）において、イギリスの自然史博物館による遺骨返還状況を紹介した。

アメリカでもイギリスでも、形質人類学者は先住民族等の墓を暴き、骨を収集した。日本の形質人類学者もこれに習った。だが、一九九〇年代からスミソニアン博物館は先住民族の遺骨をコミュニティに返還し始めた。イギリスの自然史博物館も同様である。北海道大学や京都大学はこれに学ぼうとせず、アイヌ民族や琉球民族からの遺骨返還要求を撥ねつけた。先住民族の遺骨を盗掘したことでは同じ英米と日本はどこが違うのか。

そこで本稿では、日本植民地主義の「植民地主義としての普遍性」と「日本的特殊性」を意識しながら、改めて先住民族遺骨返還問題を振り返り、続いて遺骨返還の国際動向としてオーストラリアとカナダの例を確認する。すでに検討した英米と並んで、オーストラリアとカナダがこの問題にいかに対処しているかを確認する。この作業を通じて、現在の日本植民地主義の特殊性を検討したい。

植民地支配時代に形成された日本植民地主義がほとんど無傷で生き延びているのではないか。「私たちはなぜ植民地主義者になったのか」という問いは、近代天皇制国家の対外侵略と植民地支配を通じて植民地主義にまみれた日本の実像を浮き彫りにするだけではない。平和主義の日本国憲法下で戦後民主主義を築いてきたはずの現代日本においてこそ「私たちはなぜ植民地主義者になったのか」を問うことが不可避の課題となる。

二　先住民族遺骨返還問題

1　アイヌ民族遺骨返還問題

遺骨返還を求める運動

「一五〇年の植民地主義」はアイヌモシリや琉球の植民地化、植民地分割、人類館事件（人間動物園）を経て、組織的な墓暴きに乗り出した。

二〇一七年一〇月一九日、アイヌ民族の団体である「コタンの会」は、北海道大学が研究目的で発掘し持ち去ったアイヌの遺骨返還を求めて、札幌地方裁判所に提訴した。被告は北海道大学と新ひだか町である。請求内容は、北海道大学には、北海道日高管内新ひだか町（旧静内町）で発掘された一九三体の遺骨返還を求め、新ひだか町には再埋葬のための墓地の提供を求めるとした。

アイヌ民族はこれまでにも北海道大学を相手に訴訟を提起してきた。

二〇一二年九月一四日、三人のアイヌ民族が、浦河町杵臼墓地から持ち出された遺骨の返還と、一人当たり三〇〇万円の慰謝料支払いを求めて、札幌地裁に提訴した。遺骨が持ち去られたため先祖供養ができず、信教の自由を侵害されているからである。

北大総務企画部が当時認めた文書「第一解剖移管」によると、山崎春雄（北大解剖学第二講座教授）及び児玉作左衛門（解剖学第一講座教授）らが日高地方で遺骨を発掘し、北大に持ち運んだ五九体の遺骨が保管されていた。

原告は杵臼墓地から持ち出されたすべての遺骨の返還を求めた。遺骨の大半は誰のものか不明とされているが、アイヌ民族のコタンは単なる集落ではなく、葬儀、供養、祭祀を共同で行う自治組織である。原告が生まれ育ったコタンの祖先たちの遺骨の返還を求めた。

北大は返還を拒否し、全面的に争った。旧民法では、墓地や遺骨の所有権は家督を相続する戸主に帰属するとされ、戦後の民法改正によって家督相続制度が廃止されたものの、祭祀継承者の規定が残った。北大は、祭祀継承者に返還するが、それ以外の者には返還しないと主張した。北大の研究者たちは盗掘した遺骨が誰のものであるか記録を破棄したため、祭祀継承者を特定することは不可能である。長期にわたる裁判闘争を余儀なくされた。

この間、二〇一四年一月、北海道紋別市のモンベツコタンの子孫が、北大が保管している遺骨五体の返還を求めて提訴した。同年五月、北海道浦幌町の浦幌アイヌ協会が、北大が浦幌町愛牛地区で発掘した六三体の遺骨、同町十勝太地区で収集した頭骨一体の返還を求めて提訴した（アイヌ遺骨返還問題について詳しくは植木哲也『新版・学問の暴力』春風社、二〇一七年。北大開示文書研究会『アイヌの遺骨はコタンの土へ――北大に対する遺骨返還請求と先住権』緑風出版、二〇一六年）。

学問の名による盗骨

アイヌ民族の墓を暴いて遺骨等を持ち出す暴挙は「学問」の名において行われた。

人類学は〈文明と野蛮〉の二元論を理論化した。西欧文明に追いつけ、追い越せと「文明国」「一等国」をめざして走り出した日本は「野蛮国」「二等国」を見下すメンタリティを「自然」に形成した。〈文明と野蛮〉の二元論を身に着けた日本の人類学は「野蛮」な隣人を「発見」する。アイヌ民族、琉球民族、台湾のタイヤル族、朝鮮民族との接触を通じて、「野蛮」な隣人像を描き出し「文明」の日本を誇る。

文明と野蛮を文化的に、あるいは身体的に探求した人類学は、アイヌ民族等の隣人と日本人の文化を比較し、身体を比較した。「遅れた野蛮な隣人」と「進んだ文明の日本」という差別と偏見を学問的に立証するために、身体を測定する。身長、体重、胸囲をはじめ身体的特徴を示すデータを収集する。目や耳や鼻の形状や間隔を測定する（骨相学）。「生きた標本」だけではなく、過去に遡って調査する学問的探究心が墓暴きを正当化する。

二〇一七年四月、文部科学省は『大学等におけるアイヌの人々の遺骨の保管状況の再調査結果』を公表した。

現在、遺骨を保管している大学は一二大学である。最も多いのが北海道大学一〇一五体、次いで札幌医科大学二九四体、東京大学二〇一体、京都大学八七体、大阪大学三二体、東北大学二〇体、新潟大学一六体、東京医科歯科大学八体、大阪市立大学、南山大学、岡山理科大学それぞれ一体である。

個体ごとに特定できた遺骨は一六七六体。そのうち個人が特定できる遺骨は三八体。個体が特定できない遺骨は大小さまざまな三八二箱に納められている。

遺骨が保管されるようになった時期は一八七八年～一九四四年にかけて九〇〇体、戦後の一九五〇年～二〇一四年にかけて六五四体、その他は時期不明である。

アイヌ民族の墓を暴き、骨を盗んだのは大学研究者や公務員であった。一九八〇年、アイヌの海馬沢博が公開質問状を出した当時、北大医学部はアイヌの人骨を「動物実験施設」に保管していた。一九八四年、北海道ウタリ協会の要請に応じて「アイヌ納骨堂」が建設された。

民族生物学と天皇

二〇一七年七月二二～二三日、札幌市で「遺骨をコタンに返せ！四大学合同全国集会」が開かれた。四大学とは北海道大学、東京大学、京都大学、大阪大学である。集会実行委員会の共同代表は、河村シンリツ・エオリパック・アイヌ（旭川アイヌ協議会）、片岡とも子（「京大・追及する会」「阪大・究明する会」代表、ピリカ全国実行委員会）である（『アイヌ民族の遺骨は告発する——コタンの破壊と植民地支配』遺骨をコタンに返せ！四大学合同全国集会実行委員会、二〇一七年）。

集会呼びかけは「北大、東大、京大、阪大などの『アイヌ研究』、『琉球研究』は民族差別、人権侵害そのものであり、『優勝劣敗』の社会進化論、優生思想をベースにした民族抹殺、日本社会への同化を強力に推進してきました。さらに日本人類学は、アイヌモシリ、琉球、台湾、朝鮮、中国、アジア・太平洋地域へと侵略・植民地支配に加担する国策の『帝国学問』の役割をはたしてきました」と述べる。

三木ひかる（ピリカ全国実行委員会）によると、第一次大戦後、「白色人種」に対して「黄色人種」が「人種的優位」に立つために「人種改良」論が流行した。社会進化論から派生した優生思想が遺伝学と合流し、人種改良のために「民族衛生政策」が採用された。「精神障害者」「身体障害者」「アルコール依存症」「犯罪者」「反社会的分子」を排除することによって優秀な「血統」を残すという思想である。一九三〇年代にはナチス・ドイツのもと、「優生・人種学革命」「ドイツ民族の生物学的質の向上と良質人口増殖」が図られ、ユダヤ民族やロマ（シンティ、ジプシー）への虐殺に至った。一九三三年、日本学術振興会第8委員会は日本民族衛生学会と合同して「アイヌの医学的民族生物学的調査研究」に着手した。アイヌ民族を「滅びゆく民族」と決めつけ、その原因を探ると称してアイヌ民族の頭骨の形状、毛髪、皮膚、血液型、指紋などを調査した。三木は次のように述べる。

「当時、アイヌ民族はいわゆる『混血』による同化によって『滅亡』するとする、優生学的生物学主義的同化主義がさかんに喧伝され、アイヌ民族『衰亡』を、疑似『科学的』に証明するために人権破壊の差別調査がおこなわれ、その調査にもとづく数多くの読むに堪えない差別論文が書き散らされました」

アイヌ墓地の組織的で大規模な破壊、盗掘、遺骨の持ち出しは、警察や自治体の協力を得て、アイヌ民族の抗議を押し切って実施された。

さらに三木は天皇裕仁（昭和天皇）の北大視察の意味を鋭く指摘する。天皇裕仁は2度にわたって北大を視察した。

一度目は一九三六年一〇月、陸軍特別大演習が挙行された際に北海道を訪れた時のことである。九月二八日、大本営には「研究業績」が陳列され、児玉作左衛門が天皇に「アイヌの頭蓋骨の研究」という講義を行った。優生思想に立脚した民族生物学が帝国大元帥である天皇と直結した瞬間である。

二度目は一九五四年、やはり児玉が医学部標本庫で「収蔵資料」の説明を行った。一九五八年七月には皇太子明仁（平成天皇）も北大を訪問して、児玉から説明を受けた（『北海道新聞』一九五八年七月七日）。

大日本帝国時代も、現在の日本国憲法体制になってからも、天皇及び皇太子が、北大におけるアイヌ民族の盗掘の成果を「学問」として謹聴し、差別思想の正当化に満悦したのだ。差別こそ朕の正義である。

植民地主義の学問

アイヌ民族の墓を暴き、遺骨を盗んだのは北海道大学だけではない。札幌医科大学、東北大学、東京大学、京都大学、大阪大学等にもアイヌ民族の遺骨が保管されている。実行犯は形質人類学と称する「学問」に携わる研究者たちだが、当時の帝国大学には殖民学という講座があった。

殖民学と人類学は文字通り植民地主義を具現化した「学問」である。札幌農学校に始まる植民学は北海道帝国大学において「学問」として発展させられた。新渡戸稲造、高岡熊雄、佐藤昌介、高倉新一郎等々により「開拓」「拓殖」「開発」の理論が構築され「学問」として成立し、東京帝国大学にも受容され「帝国の学問」として開花していく（植木哲也『殖民学の記憶――アイヌ差別と学問の責任』緑風出版、二〇一五年）。人類学も同様に北海道帝国大学や東京帝国大学を拠点に全国に浸潤していった。

「東大のアイヌ民族遺骨を返還させる会」は「アイヌ民族の遺骨略奪と差別研究を本格的に開始し、人類学を他民族支配に奉仕する帝国主義の学問として仕立て上げ、全国の大学・研究機関の頂点に立ってきたのが東京大学です」と特徴づける。

旧東京大学初代総理の加藤弘之（後の帝国大学総長）は社会ダーウィニズムの紹介者であった。加藤総理のもとで「人類学会」を設立した坪井正五郎が人類館の実践的指導者である。アイヌ民族の遺骨を略奪した小金井良精も東京大学の人類学者であった。坪井、小金井、鳥居龍蔵、清野謙次（京都大学）、浜田耕作（京都大学）らが東京人類学会を創設し、人種差別の人類学を構築・体系化した。

坪井と小金井の盗掘と「学問」を検討した「東大のアイヌ民族遺骨を返還させる会」は次のように指弾する。

「小金井は、アイヌ民族を『劣等（頽廃）民族』と決めつけ、民族を血統で規定する血統主義に基づき『純粋アイヌ』滅亡論を唱えています。しかし、いかなる民族も歴史的に交流を重ねて形成されてきたのであって『純粋民族』など存在しません。一体『純粋アイヌ』とは何でしょう。『純粋日本人』とは誰でしょう。『純粋アイヌ』とは、人類学者が生物学主義的な固定的基準に基づいて勝手に作り上げたモデルに過ぎません。小金井は、このようにしてデッチ上げた『純粋アイヌ』を基準として『滅びゆく民族論』を唱えるわけです。アイヌ民族は天皇制国家によるジェノサイド（絶滅政策）によって民族存続の基盤そのものを奪われ同化を強制されてきました。小金井は、こうした歴史を勝者（国家・日本人）の立場から正当化し、その侵略支配の結果をアイヌ民族の『劣性』のせいにして『アイヌ民族の滅亡』を語っています。まさに『優勝劣敗』の社会ダーウィニズムの全面展開であり『純粋アイヌ滅亡論』の典型です」

2　琉球民族遺骨返還問題

始まった遺骨返還訴訟

二〇一八年一二月四日、琉球人遺骨返還訴訟の提訴が行われた。

京都帝国大学の人類学者らが一九二九年に沖縄県今帰仁村の百按司（むむじゃな）墓から持ち出した遺骨が返還されていない問題で、琉球民族遺骨返還研究会の松島泰勝代表（龍谷大学教授）ら五人が、京都大学に遺骨返還と損害賠償を求め、京都地方裁判所に提訴した。琉球人の遺骨返還を求める民事訴訟は全国で初めてである（『琉球新報』二〇一八年一二月四日）。

百按司墓は北山王系または第一尚氏系統の墓所と考えられているため、訴訟の原告には家譜などから第一尚氏の子孫と確認されている二人が加わっている。さらに琉球民族として松島代表、照屋寛徳衆院議員、彫刻家の金城実の三人も原告になった。

遺骨は京都帝国大学助教授だった金関丈夫が、一九二九年に百按司墓から持ち出したことが分かっている。松島代表らは京都大に情報開示と遺骨返還を求めたが、拒否されたため提訴に至った。原告らは、京都大が遺骨を返還しないことで憲法二〇条の信教の自由が侵害されていることなどを訴えている。遺骨返還を求める権利を明記した国連の先住民族権利宣言にも反していると主張し、損害賠償は原告一人あたり一〇万円を求めた。

民族の自己決定権

京都地裁に提訴された琉球人遺骨返還訴訟の訴状を紹介しておこう。

第一に原告は亀谷正子、玉城毅、松島泰勝、照屋寛徳、金城実の五名である。亀谷正子及び玉城毅は沖縄県今帰仁村運天にある百按司墓（むむじゃなばか）と呼ばれる墓所に葬られていた第一尚氏の子孫である。松島泰勝は龍谷大学教授、照屋寛徳は国会議員、金城実は彫刻家であり、いずれも先住民族たる琉球民族である。被告は国立大学法人京都大学である。

第二に「請求の趣旨」は「被告は、原告らに対し別紙『遺骨目録』記載の遺骨（合計二六体）を引き渡せ。」である。さらに、原告らにそれぞれ一〇万円を支払えという慰謝料請求である。

第三に「請求の原因」は、まず「盗掘及び被告の占有」である。「一九二八年から一九二九年、被告（旧京都帝大）助教授であった人類学者・金関丈夫が百按司墓等から少なくとも人骨五九体を持ち出した。そして、被告は現在、本件に関し、二六体の遺骨を占有している」とする。さらに「原告松島及び同照屋は、二〇一七年五月一二日以降被告に対し、本件遺骨に関する情報の開示等を求めたが、二〇一八年三月以降は、被告は何らの対応も行うことはなかった」と言う。

次に訴状は「百按司墓と琉球独自の習慣」として「百按司墓は、沖縄県今帰仁村に存在する古墓であり、北山時代から第一尚氏時代の貴族及びその一族の墓であると考えられており、本件遺骨は、北山時代から第一尚氏時代の貴族及びその一族のものと考えられている。そして、琉球では祖先の霊魂が神となった『祖霊神』が子孫を守ってくれるものとして崇拝されてきたが、この祖霊神は祖先の遺骨に宿ると考えられ遺骨そのものが『骨神（ふにしん）』として崇拝の対象とされている」としている。

返還請求権を基礎づける法的根拠は、訴状によると四つある。
①憲法第二〇条による信仰の自由及び宗教的行為を行う自由
②憲法第一三条による宗教的自己決定権としての祖先祭祀に関する自由
③「市民的及び政治的権利に関する国際規約」第二七条による「民族的マイノリティの権利」
④系譜、祭具及び墳墓（遺骨も含む）の「所有権（管理権を含む）」は慣習に従って祖先の祭祀を主宰すべき者が承継するとする民法八九七条一項
さらに訴状は国際人権法上の要請を示すために、国際人権機関が日本政府に対して行った勧告や、国連総会が採択した先住民族権利宣言を引き合いに出す。
①二〇〇八年一〇月三〇日の自由権規約委員会による総括所見は、琉球民族を国内法で先住民族と明確に認め、彼らの継承文化や伝統的生活様式を保護、保存及び促進する特別な措置を講じるように、日本政府に勧告した。

②二〇一八年八月二八日の人種差別撤廃委員会による総括所見は、琉球の人々を先住民族として認識することに関して、日本はその立場を再検討すること、及び彼・彼女たちの権利を保護するための措置を強化するよう勧告した。

③二〇〇七年九月一三日、国連総会第六一会期に採択された「先住民族の権利に関する国連宣言」は、宗教的及び文化的な場所を維持し保護し、儀式用の物の使用と管理の権利、人間の遺骨などの返還に対する権利について述べている。

これらを踏まえて原告は遺骨の引き渡しを求め、慰謝料を請求している。金関によって盗掘された本件遺骨の違法占有状態の継続は原告らの上記各権利を侵害するものであり、被告の返還交渉に対する不誠実な対応及び返還拒絶行為は不法行為に該当するからだ。

以上が訴状の概要である。日本国憲法第一三条、第二〇条、及び民法を根拠とするとともに国際人権法上の民族的マイノリティの権利と先住民族の権利を主張する点に特徴がある（琉球遺骨返還問題について、松島泰勝『琉球――奪われた骨』岩波書店、二〇一八年、松島泰勝・木村朗編『大学による盗骨』耕文社、二〇一九年）。

三　遺骨返還の国際動向

国際的には博物館その他の研究機関が保管してきた遺骨の返還が始まっている。

アメリカではスミソニアン博物館が保管してきたネイティヴ・アメリカンの遺骨返還が進められ

た（前田朗「学問の名による暴力」松島・木村編『大学による盗骨』前掲書）。

イギリスではロンドンの自然史博物館が保管してきた旧植民地由来の遺骨の返還などが始まった（前田朗「植民地主義批判のための覚書き」『社会評論』一九三号、二〇一八年）。

以下ではオーストラリアとカナダの動向を紹介しておこう。

1　オーストラリア

オーストラリアでも先住民族の遺骨及び文化財返還事業が進んでいる。「先住民族文化財返還計画」は国立博物館が所有する文化財を対象にしている。中央政府とは別に、ニューサウス・ウェールズ州政府も国立公園・野生生活局がアボリジニへの返還計画を進めてきた。海外からの返還については国際返還計画局が担当している。

各州は先住民族遺骨返還に関する法律を制定した。クイーンズランド州は二〇〇三年にアボリジニ文化遺産法とトーレス・ストレート島文化遺産法を制定した。ヴィクトリア州は二〇〇六年にアボリジニ遺産法を制定した。これらの法律は遺骨との伝統又は家族的結びつきを有する人々に先住民族遺骨の所有権を付与している。ヴィクトリア州法はアボリジニ遺産委員会を設置することにした。政府の努力を通じて多くの遺骨返還が実現した。

遺骨返還問題に詳しい法律家のクレア・フェカートによると、一九世紀後半から二〇世紀前半にかけて膨大な遺骨コレクションが収集され、ヨーロッパに送られた。人種の生物的差異を調査・研究するため各国で利用された（Clare Feikert, Repatriation of Historic Human Remains: Australia, US

Library of Congress, 2009)。

オーストラリアの先住民族は、死者の魂は自分の土地でなければ安息できないと信じているし、文化遺産を取り戻したいと考えている。世界各地で遺骨返還を要求してきた。

この二〇年ほど、アボリジニ及びトーレス・ストレート島の人々は、他の諸国と協議して、先祖の遺骨及びコミュニティの聖物の返還を求めてきた。博物館や政府もこれに呼応してきた。その一例がオーストラリアとイギリスの首相による共同宣言であり、両政府が遺骨返還のための努力を強化するというものである。宣言はおおよそ次のように述べている。

「両政府はオーストラリアの先住民族の遺骨返還のための努力を強化することに合意する。そのために両政府は、先住民族、とりわけ生存する子孫がいる場合、先祖の遺骨に特別な結びつきを有することを認める。オーストラリア政府はイギリス政府の遺骨返還のためのこれまでの努力に感謝する。両政府はこの分野での前進が両政府の協力にかかっていることを認める。先住民族の遺骨返還のために解決すべき諸問題があることを認め、これらの諸問題の解決には、両政府、先住民族及び保管施設の間の長期にわたる協力が不可欠であることを認める。新たな協力協定を締結するため先住民族団体と協議を行う。イギリス自然史博物館が四五〇の先住民族遺骨のリストを作成し、オーストラリア政府に情報提供したことを歓迎する。公的博物館も私的博物館も含めて、先住民族遺骨の返還が可能な限り実施されることを確認する。イギリスの複数の博物館がすでにそのための調査を始め、エディンバラ大学が遺骨返還を実現した。両政府はこの問題についての協力を継続する」

先住民族にとって遺骨は重要な意義を持ち、遺骨返還は和解計画の重要な一部なので、一連の措置を講じて遺骨返還の促進を図っている。そのため博物館と先住民族団体の密接な関係が不可欠である。

オーストラリアにおける先住民族遺骨返還の特徴は、政府が外国に対して交渉する立場を選択したことだ。英米は内外からの返還要求にいかに応答するかという立場であったが、オーストラリア政府はイギリス政府に対して返還努力の強化を要請した。

先住民族文化財返還計画

イギリス政府に先住民族遺骨返還を要請したオーストラリア政府であるから、自ら返還作業に着手したのは当然のことだ。

博物館及び先住民族の共同体と協力して、「先住民族文化財返還計画」を策定した。先住民族の遺骨及び聖物をこれへの文化的権利を保有する先住民族に返還することは政府の責任であり、文化省の委員会の任務である。国立だけでなく私立の博物館や海外の博物館の所蔵品についても調査・検討しなければならない。

各州から選出された博物館と先住民族の代表からなる運営委員会が、まず主要な国立博物館の所蔵品から先住民族への返還を進めた。そのために博物館所蔵のすべての遺骨と聖物の出所・由来を確認し、すべての先住民族共同体に通知し、関連する共同体からの返還要求がなされた場合にこれに対処しなければならない。

オーストラリア国立博物館は多数の先住民遺骨を所蔵していたが、その大半は旧オーストラリア解剖研究所が収集したものだ。博物館が自分で収集したものではないが、一九八七年のアボリジニ及びトーレス・ストレート島遺産保護法のもとで収蔵品は法的規制を受けている。二〇〇〇年に国立博物館は遺骨返還班を設置した。博物館とアボリジニ及びトーレス・ストレート島委員会の財政によって返還計画を進める。二〇〇八〜〇九年度年次報告書によると、この時期の財政は主に博物館自身の自前の財政で、「先住民族文化財返還計画」からも若干の財政が支出された。

博物館からの遺骨返還は厳密な政策に従って、伝統的所有者及び管理者への遺骨・美術品の無条件返還を行う。そのために正当な共同体・管理者を確認するための適切な調査を行う。請求者の同一性（正当性）が確認されれば、適切な共同体の要請に基づいて遺骨が返還される。

博物館の遺骨返還班は博物館所蔵の遺骨の返還だけでなく、他の博物館の所蔵品返還の調整も行うため、連邦、州、各地の文化遺産保有施設、先住民族共同体の間の調整を行う。

博物館の遺骨返還は順調に進展し、年次報告書によると、北部領域、南オーストラリア州、ニューサウス・ウェールズ州、ヴィクトリア州の先住民族共同体に四〇五体、二〇〇三〜〇四年度に一三二体、二〇〇四〜〇五年度に三九体の遺骨が返還された。また二〇〇三〜〇四年度に三〇八の聖物がワシントン州に返還された。

海外からの返還については、家族・住居・共同体サービス・先住民族担当省が「国際返還計画」を進めている。二〇〇〇年以来、一〇〇〇以上の先住民族遺骨がオーストラリアに返還され、二〇〇四年には一八の施設から一六六が返還された。しかし、事業は終了に至らず、九〇〇以上の先住民族遺骨が世界各地の博物館等に保有されている。

遺骨返還問題に詳しい法律家のクレア・フェカートの論文は、政府・州政府・博物館側の返還事業の様子を明らかにしているが、そこに至るアボリジニ等の先住民族共同体の返還要求運動のことには直接の言及がない。

返還事業の具体化

先住民族遺骨返還に関して州ごとに法律が制定されている。クレア・フェカートはニューサウス・ウェールズ州の計画と、クイーンズランド州とヴィクトリア州の法律を簡潔に紹介している。ニューサウス・ウェールズ州では、アボリジニ遺産の保護に責任を持つ官庁、国立公園・野生生活サービス局がこれまで祖先の遺骨を含む文化財の移動について管轄を有している。約三〇年の実務において、国立公園・野生生活サービス局が遺骨を含む膨大な文化財を収集してきた。二〇〇二年に政府が示した返還計画を通じて、これらの収集品の返還が行われてきた。返還計画は二〇〇二年に策定されたが、多くの返還事例が記録・報告されていない。ウェブサイトには、アボリジニ共同体が文化財の管理・返還を求める方法が掲示されている。実際に三〇以上の遺骨の返還が実現した。

クイーンズランド州政府は二〇〇三年、アボリジニ文化遺産法とトーレス諸島文化遺産法を制定した。文化遺産法と総称される。アボリジニ文化遺産法の目的は、アボリジニ文化遺産の実効的な承認、保護、保存である。先住民族が文化遺産の保存者であり担い手であること、人骨や聖物などの所有者であることを認めた。文化遺産法はアボリジニやトーレス諸島人が人骨と伝統的又は親族的な結びつきを有し、現在の所有者が誰であろうと遺骨に関する所有権を有するとした。州が保管している人骨について、所有者から返還請求があれば、できる限りその要請に応じなければならない。

ヴィクトリア州政府は二〇〇六年、アボリジニ遺産法を制定し、人骨の返還を定めた。人骨の所有者メンバーによるアボリジニ遺産委員会を設置し、遺産委員会が遺産の保護について助言することにした。登録されたアボリジニ当事者が文化遺産協定を結び、返還交渉を行う。法律施行日の所有者が誰であろうと、伝統的又は親族的結びつきを有するアボリジニに所有権を認めた。

フェカートは最後に次のようにまとめている。オーストラリア各地で博物館から先住民族共同体に多くの返還がなされた。先住民族共同体からの文化的に重要な要請があったのに応じたことと、文化財を返還する博物館の厳格な政策があったからだ。ニューサウス・ウェールズ州では二〇〇九年現在で進行中の案件もある。その他の州の返還計画の実施は、返還要請への応答と、厳格な政策があって実現した。

オーストラリアにおける先住民族遺骨の返還問題は三層のレベルで動いた。第一に海外における遺骨について、政府がイギリス政府に返還交渉を行った。第二に政府が博物館及び先住民族の共同体と協力して「先住民族文化財返還計画」を策定した。第三にクイーンズランド州やヴィクトリア州のように、州レベルで計画や法律によって返還事業が進められた。異なるレベルでの動きが錯綜したため、オーストラリアにおける先住民族遺骨返還事業の全体像は必ずしも明らかではないようだ。

2 カナダ

二〇〇七年に国連総会が先住民族権利宣言を採択した際、反対投票したのはアメリカ、オーストラリア、ニュージーランド、カナダであった。いずれも国内に多数の先住民族を抱えている。先住民族の大地に「入植」して、土地を奪って建国した国だ。先住民族権利宣言が土地や資源に対する先住民族の権利を掲げたために、この4カ国は宣言に反対した。ただしカナダはその後姿勢を改めて、先住民族権利宣言に前向きにコミットすることになった。

ステファニー・スコットによると、先住民族遺骨の返還は各国で今日なお論争的なテーマとなっているが、カナダの博物館ではもはや論争が行われていない。収集品について「脱植民地化」を行うことは博物館等の義務となっている。返還を行うべきことについては北アメリカの博物館においては承認されているが、どのような返還がベストであるかについては未決定の状態だ。そこでスコットはカナダにおける先住民遺骨返還の現状について調査を行った（Stephanie Scott, Perceptions of Repatriation: An anthropological examination of the meaning behind repatriating human rights in Canada. Waterloo, 2013.）。

長い議論の結果、カナダのほとんどの博物館は先住民族遺骨返還に同意しているが、返還が先住民族集団にも施設にとっても有益であることを受容していない施設もある。先住民族、ファースト・ネーションズ、イヌイットへの返還に同意してはいるが、渋々承知したレベルである。施設側だけでなく、先住民族集団の側も必ずしも積極的とはいえない。財政不足や、返還手続きが明確でないことなどの要因による。可能ならば返還すべきだということには共通了解がある。

スコットによると、カナダには過去に収集された遺骨の返還に関する法律はない。多くの博物館は一九九二年に「博物館とファースト・ネーションズに関するタスク・フォース」等が定めたガイドラインに従っている。

スコットは一五世紀以来の植民地化の歴史を素描したうえで、先住民族の周縁化、その帰結としての差別状況を確認し、一九六〇年代のカナダにおける人権法の発展によって先住民族に対するステレオタイプが徐々に薄らいできたことを指摘する。先住民族は自分たちの遺産を学び直し始めた。一九七〇年代には先住民族が人類学者と協働して、人類学の見直しが始まった。考古学や人類学の見直しが遺骨返還への第一のステップとなった。一九八〇年代、返還要求と博物館の脱植民地化要求が増加した。一九八〇年代、人類学者たちは将来の研究のために遺骨が必要であると考え、返還に応じようとしなかった。

しかし、アメリカの議論がカナダに影響を与えるようになる。一九八九年に、アメリカでは返還に向けたスミソニアン博物館（アメリカ・インディアン国立博物館）に関する法律が制定された。一九九六年には法改正がなされて、祭祀に関連する用具の返還も始まった。アメリカの経験を踏まえて、イギリスでもオーストラリアでも植民地主義への反省が始まった。

カナダ文化はアメリカ文化と密接なつながりがあるため、アメリカの影響が及んできた。一九八〇年代にカナダの博物館も考えを改めるようになった。アメリカは法律を制定したのに対して、カナダは法律によらずフレキシブルに対応している。

前例として一九六七年に、ブリティッシュコロンビア州のクワキュトル民族は、一八八五年から一九五一年の間に連邦政府が収集した用具等の返還を要求した。遺骨に焦点を当てたわけではない。大半の収集品がマン博物館（現在の文明博物館）及び王立オンタリオ博物館にあった。長い議論と交渉の結果、一九八〇年代、クワキュトルの博物館を設置して、マン博物館から返還された収集品を保管することになった。王立オンタリオ博物館は一九八七年までこれに同意しなかった。

難航する遺骨返還

スコットによると、カナダにおける遺骨返還問題にはいくつかの論点があり、複合的な問題である。単純な法政策で解決できるとは限らない。遺骨返還に関する法政策とガイドラインの適切さも検討する必要がある。そこでスコットはファースト・ネーションのメンバー、博物館学芸員、及び研究者にインタヴューを行った。

多くの博物館、大学、その他の施設は遺骨返還に前向きに取り組み、先住民族から要求がなされたならば返還することに賛成している。しかし、遺骨返還がただちになされるわけではない。返還要求とは何を意味するかも明らかにしなければならない。

ブライアン・チショルム（ブリティッシュコロンビア大学）は、先住民族のどのレベルに返還要求の権利があるかが不明確だと指摘する。時の経過や資金不足のために強い関心を持たない共同体もある。資金不足は先住民族共同体が返還要求を出すことを制約している。

パメラ・メイン・コレイア（アルバータ大学）も、そこが誰の土地なのか、所有者はどこへ行ったのか、誰がそれを確認できるのかといった問題の難しさを指摘する。先住民族の諸個人の信仰を尊重する必要性を誰もが指摘している。

将来の研究のために遺骨を保管することよりも、遺骨を返還する義務を優先するべきだと指摘されてきた。ジャネット・ヤング（カナダ文明博物館）は、将来の学術研究のための記録が失われる可能性を指摘しつつも、現に生きた諸個人の尊重を妨げるわけにはいかないことを認める。

ケリー・スイフト・ジョーンズ（シムコー州博物館学芸員）は、遺骨返還のための対話を試みてきた。前例もポリシーもないためにどうすればよいかわからない状態で、一九七〇年代以来、返還のための討論を始めようとしたが、失敗続きであった。遺骨をどう扱うべきか途方に暮れていた。政府に問い合わせても的確な応答はない。二〇〇四年、地方のあるファースト・ネーション集団のメンバーが博物館に勤務するようになって、ようやく対話が実現した。二〇一〇年にシムコー州博物館所蔵だったすべての遺骨が返還された。今日では遺骨の扱いに関するガイドラインがある。国立オンタリオ博物館、カナダ文明博物館、ブリティッシュコロンビア大学、トロント大学などのガイドラインである。

多くの博物館は返還を進めたいと考えているが、そうではない博物館もある。そこには個人的な偏見や、不完全な記録にもとづく烙印への恐れがある。多くの遺骨は一九五〇年代以前に収集されたので、その記録が今日の水準からみると不完全である。不完全な記録しか保有していないことを知られることへの恐れがある。記録が不適切なために返還手続きの妨げにもなる。返還先を間違える危険性もある。

資金不足は先住民族にとっても施設にとっても返還の妨げになる。研究者や博物館職員は返還準備をしているが、多くのファースト・ネーション集団は遺骨を損壊する分析を望まないから、DNAやアイソトープ・テストは問題外である。DNAやアイソトープ・テストによって遺骨の出所・由来が明らかになるかもしれないが、遺骨を損壊する分析は選択肢にならない。ブリティッシュコロンビア州には二五〇以上のファースト・ネーション集団があり、それらはオーバーラップしており、境界も不明確である。地理的な位置だけでは、どの集団の遺骨かは特定できない。同じ墓に敵対する集団の兵士の遺体が葬られていることもある。返還先を間違えると魂はいつまでも彷徨うことになってしまう。

遺骨返還を困難にしているのは、記録の不完全性と資金の不足である。記録の不完全性は、植民地主義的な遺骨収集に際して粗雑な扱いがなされた結果であろう。いつ、どこで、誰の遺骨を収集したかをきちんと記録していないためである。資金の不足は、問題の重要性を認識していないため十分な予算を配分しようとしないことを意味する。

四　植民地主義との闘い

1　自決権と植民地解放

民族自決権が自覚され、理論化されたのは二〇世紀に入ってのことだが、植民地人民の自由と解放を求める闘いは「五〇〇年の植民地主義」を通じて続けられた。それが植民地宗主国側によって記録されてこなかっただけであろう。

植民地化に対する抵抗、植民地支配に対する抵抗は植民地戦争や植民地ジェノサイドとそれに対する抵抗として実現した。抵抗には不服従もあればサボタージュもあり、他方で亡命や逃散があり、武装抵抗があった。

自決権の思想が明確に展開されたのは二〇世紀のウィルソンやレーニンによるが、一九四一年の「大西洋憲章」が反ファシズム統一戦線の文書となったことにより、後の国連憲章に発展することになった。ルーズベルトとチャーチルは「両国は、領土的たるとその他たるとを問わず、いかなる拡大も求めない」、「関係する人民の自由に表明された願望に合致しない、いかなる領土の変更も欲しない」、「すべての人民が、彼らがそのもとで生活する政体を選択する権利を尊重する。両国は、主権および自治を強奪された者にそれらが回復されることを希望する」と合意した。

一九四五年の国連憲章前文は「われら連合国の人民は、われらの一生のうちに二度まで言語に絶する悲哀を人類に与えた戦争の惨害から将来の世代を救い、基本的人権と人間の尊厳及び価値と男女及び大小各国の同権とに関する信念をあらためて確認し、正義と条約その他の国際法の源泉から生ずる義務の尊重とを維持することができる条件を確立し、一層大きな自由の中で社会的進歩と生活水準の向上とを促進すること」とし、国連の目的として、国際社会の平和及び安全とともに、「経済的、社会的、文化的または人道的性質を有する国際問題を解決することについて、並びに人種、性、言語または宗教による差別なくすべての者のために人権及び基本的自由を尊重するように助長奨励することについて、国際協力を達成すること」（第一条三項）を掲げた。

一九六〇年の植民地独立付与宣言は「外国による人民の征服、支配及び搾取は、基本的人権の否認であり、国際連合憲章に違反し、世界平和と協力の促進に障害となっている」として外国支配の違法性を確認し、「すべての人民は自決の権利を有し、この権利によって、その政治的地位を自由に決定し、その経済的、社会的及び文化的発展を自由に追求する」として、自決権を打ち出した。「独立付与」という表現には限界があるとはいえ、外国支配の違法性と自決権をセットで掲げたことには大きな意義がある。

「一五〇年の植民地主義」に対する闘いとして、日本帝国主義による植民地支配に対する人民の抵抗も世界史に特筆されるべきである。

第一に一八七九年の琉球併合後の「琉球復国運動」である。日本による「琉球処分」という名の植民地支配に抵抗した琉球人民は中国に渡って「琉球処分」に反対活動を続けた。国外亡命政府の闘いである。併合後も「琉球復国」を求めて活動を続けた（後田多敦『琉球救国運動――抗日の思想と行動』出版舎Mugen、二〇一〇年）。

第二に一九〇七年、日本による侵略に抵抗した大韓帝国によるハーグ密使事件である。ハーグで開催された世界平和会議に、大韓皇帝の密使を派遣して国際世論に訴えようとした。試みは功を奏さなかったが、抗日の闘いの始まりであった。

第三に東京における在日朝鮮人による「二・八宣言」、それに続く「三・一独立宣言」に始まり全土で展開された独立運動である。

第四に中国では、一九一九年のパリ講和会議のベルサイユ条約の結果に不満を抱いた抵抗運動として「五・四運動」が抗日（反日本帝国主義）の闘いを発進させた。

ウィルソンやレーニンが民族自決権を提唱し、第一次世界大戦、戦間期、第二次世界大戦に至る激動の世界史において、琉球、朝鮮半島、中国の人民が自決と独立を求めて立ち上がり、「抗日」の闘いを継続したことを忘れてはならない。「抗日」の世界史的意義に再照明が必要である。

2　国際人権法の発展

国際人権法は第二次大戦における重大人権侵害への反省から始まった。ナチス・ドイツによるユダヤ人迫害、ロマ迫害、及び障害者に対する安楽死など数々の悲劇を踏まえて、国際社会は人権保障の重要性を痛感した。人権保障を国内問題に限定するのではなく、国際社会の重要関心事項とすることによって、相互協力を通じて人権保障を実現するための思想と仕組み作りが始まった。

①一九四八年の世界人権宣言前文は「人類社会のすべての構成員の固有の尊厳と平等で譲ることのできない権利とを承認することは、世界における自由、正義及び平和の基礎であるので、人権の無視及び軽侮が、人類の良心を踏みにじった野蛮行為をもたらし、言論及び信仰の自由が受けられ、恐怖及び欠乏のない世界の到来が、一般の人々の最高の願望として宣言された」とし、数多くの自由、尊厳、権利、平等を掲げた。

②一九六五年の人種差別撤廃条約前文は「あらゆる形態及び表現による人種差別を速やかに撤廃するために必要なすべての措置をとること並びに人種間の理解を促進し、いかなる形態の人種隔離及び人種差別もない国際社会を建設するため、人種主義に基づく理論及び慣行を防止し並びにこれらと戦うことを決意」したとする。

③そして、一九六六年に二つの国際人権規約が採択された。市民的政治的権利に関する国際規約は、国連憲章と世界人権宣言を踏まえて、さまざまな自由を掲げたが、そこには「すべての者は、思想、良心及び宗教の自由についての権利を有する。この権利には、自ら選択する宗教又は信念を受け入れ又は有する自由並びに、単独で又は他の者と共同して及び公に又は私的に、礼拝、儀式、行事及び教導によってその宗教又は信念を表明する自由を含む」（第一八条一項）、「何人も、自ら選択する宗教又は信念を受け入れ又は有する自由を侵害するおそれのある強制を受けない」（第一八条二項）と定められている。宗教的な礼拝、儀式、行事の保護である。

戦争とファシズムへの反省、及び植民地支配への反省から自由と人権の諸規定が再確認された。それは西欧諸国の専有物ではなく、世界のすべての諸国、すべての人民が享有すべき基本的人権であることが確認された。世界人権宣言とは「人権の普遍的宣言」であった。

3　植民地支配犯罪論の蹉跌と転回

国際人権法が徐々に形成されたが、そこで直接問われたのはファシズム・ナチズムによる重大人権侵害であった。英米仏など連合国はファシズムと戦った民主主義の担い手としてふるまうことができた。植民地主義の反省が始まり、植民地解放闘争の盛り上がりにもかかわらず「解放」が「植民地独立付与」と読み替えられた。そこでは植民地支配の犯罪性が俎上に挙げられることはなかった。植民地支配の犯罪性が浮上したのはようやく一九九〇年代のことである。

①一九九一年の国連国際法委員会における「植民地支配犯罪」概念の提唱であった。

一九九一年の国際法委員会第四三会期に提出されたドゥドゥ・ティアム特別報告者の報告書には一二の犯罪類型が含まれていた。すなわち、侵略（草案第一五条）、侵略の脅威（第一六条）、介入（第一七条）、植民地支配及びその他の形態の外国支配（第一八条）、ジェノサイド（第一九条）、アパルトヘイト（第二〇条）、人権の組織的侵害又は大規模侵害（第二一条）、重大な戦争犯罪（第二二条）、傭兵の徴集・利用・財政・訓練（第二三条）、国際テロリズム（第二四条）、麻薬の違法取引（第二五条）、環境の恣意的重大破壊（第二六条）である。

第一八条（植民地支配及びその他の形態の外国支配）は次のような規定である。

「国連憲章に規定された人民の自決権に反して、植民地支配、又はその他の形態の外国支配を、指導者又は組織者として、武力によって作り出し、又は維持した個人、若しくは武力によって作り出し、又は維持するように他の個人に命令した個人は、有罪とされた場合、……の判決を言い渡される」

第一に、人民の自決権に違反することが明示されている。国連憲章第一条第二項は「人民の同権及び自決の原則の尊重に基礎をおく諸国間の友好関係を発展させること並びに世界平和を強化するために他の適当な措置をとること」とする。一九六六年の二つの国際人権規約共通第一条には人民の自決権が明記されている。

第二に、「植民地支配、又はその他の形態の外国支配」という文言が採用されている。「植民地支配」の定義は示されていないが、人民の自決権という内実が示されている。「その他の形態の外国支配」とは、形式上は植民地支配ではないとしても実質的に人民の自決権を侵害している場合であろう。

第三に、犯罪の実行主体は「指導者又は組織者」として一定の行為をした個人とされている。指導者又は組織者には、政府中枢部の政治家、高級官僚、軍隊指揮官などが入ると思われる。

第四に、実行行為は「武力によって作り出し、又は維持した個人、若しくは武力によって作り出し、又は維持するように他の個人に命令した」とされている。植民地状態の創出、植民地状態の維持、及びそれらの命令である。植民地状態の創出は、他国を植民地化する計画をつくり、その計画を実施するために軍事的行動を行ったことであろう。植民地状態の維持は概念が不明確だが、植民地支配の上層部に席を占めた者の全員が該当するのだろうか。それとも、植民地解放闘争に対して弾圧するなど、植民地状態の維持のために積極的な作為を行った場合であろうか。

第五に、刑罰は空欄となっている。ニュルンベルク・東京裁判では死刑と刑事施設収容（終身刑を含む）が適用された。国連総会は一九八九年に国際自由権規約第二選択議定書（死刑廃止条約）を採択したので、終身刑以下の刑事施設収容刑が想定される。

国連国際法委員会は一九九四年に第一二報告書・草案を検討し、続いて九五年、第一三報告書・草案を検討したが、ここで大きな改変が施された。九五年の国連国際法委員会第四七会期は、法典に盛り込まれるべき犯罪を大幅に削除することを決定した。

その結果が一九九六年の「人類の平和と安全に対する罪の法典草案」であった。こうして植民地支配犯罪創設の試みは頓挫した。九八年のＩＣＣ規程に盛り込まれたのは侵略の罪、ジェノサイド、人道に対する罪、戦争犯罪という四つの犯罪類型である。アパルトヘイトはＩＣＣ規程の人道に対する罪の中に取り入れられた。麻薬の違法取引は麻薬条約や越境組織犯罪対策条約に発展し、国際テロリズムについては各種の国際条約が作られた。しかし、植民地支配犯罪概念は削除された。なぜ消されたのだろうか。

第一に、旧宗主国側の反発である。かつて「合法的」に行った植民地支配について違法性が確認され、損害賠償要求につながることを恐れたのである。

第二に、法的定義の困難性である。旧宗主国側の規定があいまいだという主張は政治的理由に根差すものではあるが、植民地支配犯罪の実行行為を明確に規定することが困難であることも否定できない。

第三に、このことは植民地犯罪の被害認識の不十分さに由来したと言える。植民地被害の継続・現在性の認識の不十分さもある。ポスト・コロニアリズム、「継続する植民地主義」の問題提起以前であり、植民地を容認する国際法を運用してきた旧宗主国主導の国連国際法委員会では、植民地犯罪の被害を正面から議論することにならなかった（前田朗「植民地支配犯罪論の再検証」『法律時報』八七巻一〇号、二〇一五年参照）。

日本でも「植民地支配責任」をめぐる研究が始まり、豊かな成果をもたらしてきたが、「責任」にとどまり「犯罪」の認識が十分にない。二〇〇〇年の女性国際戦犯法廷は、日本軍性奴隷制を裁き、昭和天皇の犯罪を追求するために「人道に対する罪」を論及したが、それが日本社会に共有されていない。

②植民地支配犯罪が削除された後、植民地主義批判は人道に対する罪概念に焦点を当てることに

なった。二〇〇一年のダーバン人種差別反対世界会議の成果をまとめたダーバン宣言は、人種主義・人種差別の現実を総点検し、人種主義の原因として植民地主義があるとした。植民地の被害者であったアフリカ人・アフリカ系人民がいまなお人種差別の被害者であり、「植民地時代の奴隷制は人道に対する罪であった」と認定した。

旧植民地諸国や人権NGOは「植民地支配は人道に対する罪であった」と認定させようとしたが、国家間会議では旧宗主国・欧米諸国の反対により「植民地時代の奴隷制は人道に対する罪であった」と認定するにとどまった。こうして植民地支配犯罪論は未発のままである。

民衆レベルでは世界的議論が続けられている。歴史学、文学、法学など多様な研究分野でポスト・コロニアリズム研究が進み、新植民地主義批判、ヘイト・スピーチとの闘いは世界的課題であり続けている。植民地支配犯罪概念の導入は頓挫したが、その後の議論の中で人道に対する罪やジェノサイドの概念の中に植民地支配犯罪概念の実質を読み込む作業が継続された。人道に対する罪やジェノサイドは戦争犯罪とは異なり、必ずしも武力紛争要件を必要としないからである。

植民地支配犯罪論に反対した旧植民地宗主国も全く反省しなかったわけではなく、それぞれ一定の形で反省を示すことを余儀なくされた。イギリスは植民地時代に奴隷取引、ドイツは植民地ナミビアにおけるヘレロ人虐殺、ベルギーはアフリカ中部における植民地支配下での残虐行為、フランスは植民地からの略奪文化財返還、アメリカは南北戦争における奴隷擁護派の銅像撤去など、様々な形で歴史の見直しが進められた。

ダーバン宣言から二〇年経過した二〇二一年、日本においてダーバン宣言を改めて広めるための運動体として「ダーバン＋二〇：反レイシズムはあたりまえキャンペーン」（共同代表：上村英明、藤岡美恵子、前田朗）が発足し、オンライン・シンポジウムを開催している。

③二〇〇七年の国連先住民族権利宣言は包括的な文書であり、先住民族の権利を詳細に規定する。先住民族の自由と平等、自決権、安全に対する権利、教育権、メディアアクセス権、労働権、土地・領域・資源の権利など多様な権利を確認している。

第一一条（文化的伝統と慣習の権利）は「先住民族は、自らの文化的伝統と慣習を実践しかつ再活性化する権利を有する」とし、「文化的、知的、宗教的およびスピリチュアル（霊的、超自然的）な財産に関して、先住民族と連携して策定された効果的な仕組みを通じた、原状回復を含む救済を与える」としている。

さらに第一二条（宗教的伝統と慣習の権利、遺骨の返還）は「先住民族は、自らの精神的および宗教的伝統、慣習、そして儀式を表現し、実践し、発展させ、教育する権利を有し、その宗教的および文化的な遺跡を維持し、保護し、そして私的にそこに立ち入る権利を有し、儀式用具を使用し管理する権利を有し、遺骨の返還に対する権利を有する。2、国家は、関係する先住民族と連携して公平で透明性のある効果的措置を通じて、儀式用具と遺骨のアクセス（到達もしくは入手し、利用する）および／または返還を可能にするよう努める」と定める。

以上のように国際人権法の発展の帰結として先住民族の権利が具体的に明示された。遺骨返還は国際人権法上の義務となったのである。

欧米諸国における植民地主義の反省は必ずしも一直線に進んでいるわけではない。一方で、遺骨や文化財の返還が進められているが、そこには旧植民地側からの粘り強い要求があり、先住民族の闘いがあった。

また、植民地主義時代に形成された国際法の見直しが全面的に進んだわけでもない。先住民族やマイノリティの権利に関する国際人権法や、UNESCOが進める文化財の保存や返還との関連では一定の前進が見られるが、国際法の基本は近代世界のパワーゲームを軸芯としたままである。

他方で、二一世紀になって「新しい植民地主義」と呼ぶべき現象が地球を覆っていることに気づかされる。

二〇〇二年のアメリカのアフガニスタン戦争、二〇〇三年のイラク戦争は地上に廃墟を積み上げた。戦乱はシリアに及び、中東各地の無残な内乱状況を生み出した。

東ティモールや南スーダンの独立によって新たな船出が実現したが、ともに困難と貧窮に喘いでいる。ミャンマー（ビルマ）では人道に対する罪が吹き荒れ、軍事政権が人民を殺害している。アフリカ中部の諸国でも内戦が続いている。こうした現実を前に西欧諸国では「新しい植民地主義」の必要性が論じられる始末である。植民地主義は終わらない。植民地支配犯罪も終焉を迎えたとは言えない。

五　回帰する植民地主義

1　日本的特殊性をどこにみるか

先住民族の遺骨返還は国際人権法上の権利として明示された。それでは日本はどうであろうか。

第一に、近代天皇制国家の研究者たちは植民地の墓を暴き、骨を盗んだ。帝国の権力が支えとなったため、墳墓発掘罪に当たる行為が学問の名において横行した。この点は欧米諸国と同様であろう。

第二に、遺骨収集目的は日本人の源流を探ることや、日本人の「優秀性」を立証することであった。この点も欧米諸国と同様である。ナチス・ドイツや大日本帝国の犯罪は、近代西欧の規範を若干広げたものにすぎない。

第三に、先住民族による遺骨返還運動が問題に光を当てた。アイヌ民族による遺骨返還訴訟は先に見たとおり二〇一二年のことであるが、それ以前、一九八〇年にアイヌ民族の海馬沢博が北海道大学に抗議文を送っている。欧米諸国と同様に遺骨返還要求が始まっていた。

第四に、欧米諸国と日本の違いはここから先である。欧米諸国の博物館・大学・政府は、遺骨を先住民族に返還するために政府、議会、博物館のレベルで議論を進め、法律を制定し、ガイドラインを作成して返還事業を始めた。しかし、北海道大学も京都大学も返還には後ろ向きであった。北海道大学は裁判和解の結果としてごく一部を返還したが、大半は未返還である。

第五に、未返還の理由である。欧米諸国では、直接の遺族でなくても承継コミュニティが判明すれば遺骨返還を進めている。先住民族の死生観・宗教観を尊重するためである。欧米諸国で返還が十分進んでいないのは予算の問題である。他方、北海道大学は個人が特定されない限り返還しないと主張する。アイヌ民族の死生観・宗教観を無視して、日本法の独自の立場を強行する。京都大学も同じ立場を示しているように見える。

以上の事実から、欧米諸国では不十分ながらも植民地主義の克服が意識されていることが確認できる。アメリカにおける奴隷制への反省、強制収容への大統領による謝罪。イギリスにおける奴隷制への反省。オーストラリアにおける先住民族への土地返還の動き。カナダにおける先住民族政策の転換。いずれも決して十分とは言えないが、植民地時代の不正義を匡す努力が一定程度見られると言える。

日本は逆行的である。北海道大学はアイヌ民族を門前払いして追い返した。京都大学は琉球民族による問合せを拒否し、大学に来るなと通知した。植民地支配を反省することなく、植民地時代に行った自らの犯罪行為を隠蔽し、犯罪の結果入手した贓物（盗品）を隠匿し続けている。

欧米諸国と日本の差異をどこに見るべきであろうか。近代天皇制国家の植民地主義が現に生きているのではないだろうか。第二次大戦に敗北して、大日本帝国から日本国に脱皮し、侵略戦争を反省して「平和国家」に生まれ変わったとされてきたが、植民地主義の反省はなされなかった。脱植民地過程の苦悩は宗主国日本ではなく、植民地側に押しつけられた。

そして何よりの継続が近代天皇制そのものである。絶対天皇制から象徴天皇制へと移行したものの、「神」から「人間」に横滑りした裕仁が天皇の地位を継続したのである。

近代天皇制国家の植民地支配に乗って進められた学問が、一九三六年、裕仁への進講の「栄誉」に浴した。優生思想に立脚した民族生物学が帝国大元帥と直結した。そして一九五八年、今度は時の皇太子（平成天皇）への進講が実現した。大日本帝国と日本国の連続性・継続性が確認された。

裕仁から明仁へと、植民地主義の学問は最大のスポンサーを確保することができた。

2　未完の闘い――希望としての非国民

君主制と共和制の比較という文脈で注目すべき点を確認しておこう。

第一にアメリカ、オーストラリア、カナダは共和制である。後二者は英連邦の構成員であるが、通常は王国とはみなされない。英連邦は非常に緩やかな国家連合だからである。他方、日本とイギリスは君主制である。同じ君主制であり、植民地大国であり、膨大な遺骨を盗取した両国だが、イギリスは遺骨返還に前向きなのに対して、日本は後ろ向きである。この差異はなぜ生じたのだろうか。偶然の結果と言えなくもないが、イギリスの君主制と天皇制の差異に関連があるのか、なお検討の必要がある。

第二に歴史的に振り返った時に、イギリスは隣国アイルランドを植民地にし、アメリカはハワイ王国をつぶして併合し、日本は琉球王国及び大韓帝国をつぶして併合した。君主制の日本が二つの君主制国家を併合した歴史をどのように評価するべきであろうか。他方、日本は「満州国」という傀儡君主国家を樹立した歴史も有する。

日本的特殊性は、第一に植民地化過程、第二に植民地統治の具体的事実、第三に脱植民地化の不在・不徹底である。

共和制と君主制は矛盾しない。自由と民主主義は植民地主義と両立してきた。国際人権法の発展にもかかわらず、人権が「外交手段」に転化されている。自由と民主主義がファシズムと癒着する危険性すら語られる時代である。西欧の学問が侵略の学問であり、植民地主義に侵されていたことは不思議ではない。それに加えて日本的特殊性ゆえに、遺骨返還問題に見られる通り、日本は植民地主義の清算という点で非常に立ち遅れている。

私たちはなぜ植民地主義者になったのか。この簡潔な問いは、近現代日本の政治と学問の総体に、その隅々に、その本質に嵌り込んだ天皇制と植民地主義の必然的癒着によって逆照されるだろう。最後にいくつかの論点を指摘して、今後の検討を期したい。

第一に日本国憲法の植民地主義である。天皇制に帰順する国民主権、歴史的な植民地支配への無反省、戦後も続いた朝鮮蔑視をはじめとして、日本国憲法は身分差別・外国人差別・性差別の根拠規定となっている（前田朗『憲法9条再入門』三一書房、二〇二〇年）。植民地主義との闘いの不在もこの文脈で洗い直す必要がある。

第二にグローバリゼーションとIT革命、AI革命によるシステム変容の下における植民地主義の再編である（木村朗・前田朗編『二一世紀のグローバル・ファシズム』耕文社、二〇一三年）。

第三に「抗日の精神史」の探求が求められる。東アジアにおける日本帝国主義に抗して立ち上がった諸民族・諸個人の「抗日」を総体として把握することが必要である。それは「希望としての非国民」への回路を向こう側から開き直すことになるだろう（前田朗「希望としての非国民」『月刊社会民主』七九八号、二〇二一年）。非国民をつくり出すこの国のシステムを解剖するとともに、非国民と指弾されることを恐れて「国民化競争」に励むレイシズムの愚昧から脱するために、外から光を当てる東アジアの連帯運動である（前田朗『非国民がやって来た！』耕文社、二〇〇九年、同『国民を殺す国家――非国民がやって来た！ Part.2』耕文社、二〇一三年、同『パロディのパロディ――井上ひさし再入門』耕文社、二〇一六年)。

7 私と共和制　楽しい公共社会を生むために

武田康弘

たけだ・やすひろ

一九五二年千代田区神田生まれ。教育者・哲学者。一九七六年に我孫子市に私塾を開設し「我孫子児童教育研究会」を主宰。一九八七年「我孫子哲学研究会」、二〇〇一年に「白樺文学館」を開設し、初代館長となる。二〇〇四年に「白樺教育館」を建造し、意味論としての学習の場「ソクラテス教室」と成人者の「恋知の会」を主宰する。二〇〇九年、参議院行政監視委員会調査室客室調査員に任命され、国会所属の官僚に哲学と日本国憲法の哲学的土台を講義した。主な著述に、「キャリアシステムを支えている歪んだ想念」（参議院事務局『立法と調査』二〇〇八年別冊）、「我孫子丸刈り狂騒曲」（岩波書店『世界』一九九二年八月号）、「楽学と恋知の哲学対話―往復書簡三〇回」金泰昌との共著（東京大学出版会『ともに公共哲学する』）、「全身の細胞で考える―知の冒険をはじめよう」（宣伝会議『環境会議』二〇一二年春号、「巻頭文・原理と現実と」（地方自治職員研修二〇一三年一一月号）など

1　戦前と戦後の曖昧性

わたしは、小学生のときに明治維新の「天皇教」を知り、言葉にならぬ気持ち悪さを覚え、「天皇は生きている神」という思想の幼稚さと愚かさに呆れました。

いつも対話相手だった父に「なぜ明治政府の人はそんなバカげたことを考えたの？」と聞きましたが、幾度話を聞いて考えても、分かるどころか、戦前の天皇教のおぞましさにゾッとするばかりでした。

中学生の時に哲学に興味をもち、「自分で考える」ことを何よりの楽しみとした理由は、この天皇教の気持ち悪さが原因でしたし、さらにより深くは、幼児の時からの内臓疾患の苦しみでした。いわゆる病と死への面接から生きる意味を考えることがわたしの知的活動の中心となりました。

その双方を貫くのがソクラテスによるフィロソフィー（直訳語は「恋知」れんち）という実存思想で、それは、紀元前5世紀にソクラテスと同時にインド（生誕地はネパール）に現れたブッダの思想と重なり、少し遅れて中国に現れた老子の思想とも重なります。さらに言えば、中世の日本に現れた親鸞の思想、また20世紀フランスのサルトルとも重なります。みな広義の実存思想で、超越者・絶対者・神ではなく、最終的に自分自身の存在、「感じ・想い・考えるわたし」を拠り所とします。

わたしは子育て＝教育に関わり生きてきましたが、こどもたちに教えることができるのは、「自分自身で考える力」をつけることで、特定の主義や宗教を教えてそこに誘導するのは禁じ手です。その時々の政治権力者に従ったり、特定の宗教や主義に従うのでは、よく生きることにはなりません。異なる個性をもって生まれてくるのが人間ですので、それぞれがもつ人間としての尊厳を育てるのがほんとうの教育であることは疑いのない原理でしょう。

共和制は、それぞれの個性をもつ異なる人間が、対等で自由な存在として生きることを国の制度としても前提とする思想で、どの地域でも国でも、歴史の進み行きは、必然として共和制に行く着くはずです。古代の王制や君主制は、「一人ひとりの人間の存在が等しく尊重されるとする普遍的な思想」の拡張に伴い長い年月の末に民主制に基づく政治へと変わってきました。二一世紀の現代では王室をもつ国は極めて少数です。生れながらにして他とは違う一族がいるというのは、人間存在の対等性という原理とは背反するために、戦争や革命を期にだんだんと姿を消してきたわけです。

日本でも敗戦により天皇制は連合国の意思により消える運命にありましたが、アメリカ軍のマッカーサー司令官の判断で、日本の統治をスムースに行い、日本を社会主義陣営との戦いの前線にする必要から、裕仁との握手で天皇制を存続させることが決まりました。米軍が日本全土を使い続ける権利とのバーターで、天皇家と米軍は利害が一致したのです。裕仁は、「沖縄は米軍が使用してほしい」と自から申し出てもいます。

日本の戦争犯罪を裁く東京裁判では、戦争責任は東条英機にあり、裕仁にはないというシナリオ（もちろん全くの嘘ですが）をつくり、東条はそれを受け入れて、天皇と天皇制を守りました。東条の処刑の七日後には、勝子夫人の元に皇居から勅使が来て「東条は本物だった」という裕仁の言葉が届けられました（一九六四年の暮に勝子夫人が長年にわたり宮内庁記者を勤めた板垣恭介さんに「居住まいを正して」話したこと）。

ここで大切なのは、「ポツダム宣言」を受諾して敗戦した日本は、連合国との約束により民主化を進めることになり、新憲法の作成に取り掛かりますが、政府案も当時の二大政党（立憲政友会と立憲民政党）案もみな「大日本帝国憲法」の柱である主権は天皇にあるは変えられないと主張したことです。もちろん民主政治の原理は人民主権＝国民主権ですから、連合国は到底認められないとして拒否しました。そこに現れたのが民間人七人による「主権は国民にあり、天皇は儀礼を司るのみ」とした憲法草案でした。戦前から「大原社会問題研究所」※で活躍していた高野岩三郎（研究所の所長で、日本統計学のパイオニア且つ労働運動の理論的支柱、徹底した民主制を志向する共和主義者の東大教授で戦後改組されたＮＨＫの初代会長）の呼びかけで敗戦と同時に集まった民間人の草案でした。仕上げたのは憲法学者の鈴木安蔵（戦前の治安維持法違反で逮捕され投獄された最初の人）です。一九四五年の一二月に発表され、それを連合国が注目し、直ちに英訳し参考にして英文で現「日本国憲法」草案をつくったのでした。

何より重要なことは、新憲法を作成するにあたり、最大の難所は、主権を天皇から国民に変える点にあったという事実です。伊藤博文は、天皇から臣民へ与える「大日本帝国憲法」について全国の府県会議長たちに「将来、いかなる事変に遭遇するも天皇は、上元首の位を保ち、決して主権は民衆に移らない」と教説しましたが、その思想＝天皇教の根深さがよく分かります。

※「大原社会問題研究所」は、白樺派の同伴者でもあった大原孫三郎の発案と出資でつくられた民間の研究機関で、高野岩三郎の最新の統計学を基に労働運動などの研究に取り組み、その陣容は東大や京大に匹敵し、研究内容は日本最高峰と評されていました。今年二〇一九年は創設一〇〇周年にあたり、法政大学内に移されて存続している大原社会問題研究所では、記念行事を行っています。なお、「高野岩三郎伝」(岩波書店)は、必読文献です。

ともあれ、敗戦後、主権者が天皇から国民へとコペルニクス的転回をしたわけですが、これを曖昧にし、近代日本の歴史の意味をカオス化させたのが、昭和天皇裕仁の退位さえもしないという驚くべき行為でした。

憲法の全面改定により「人権思想に基づく民主制の国」へと変わったにも関わらず、裕仁がそのまま天皇という地位に留まった為に、日本の近現代史は混沌として意味の分からぬものとなりました。現人神‼であった戦前も「人間宣言」をして人間‼になった戦後も同じ「昭和時代」と呼ばれることになったのです。

これは、日本人全体の歴史認識を大きく狂わせてしまい、戦前の反省、その思想と行為の検討や批判を困難にしてしまいました。戦前は、学校で、天皇は生きている神と教えられていたため、神国日本は絶対に負けないと信じ込み、どのような悲惨な戦いでも白旗を上げないで全員戦死を選ぶことをよしとし、いつまでも戦争を続けましたが、その結果、最後は二度の原爆投下(米軍は一三発を用意して日本全土を壊滅させる作戦でした)でようやく「ポツダム宣言」を受諾して敗戦したのでした。それによる戦後の根本的な改革＝出直しだったのですが、裕仁は、退位を勧める人たちの

サイパン島（子女も全員死を選び褒め称えられた）　藤田嗣治 画

声を無視して天皇の地位に留まったために、戦前の明治天皇制と戦後の象徴天皇制との相違が曖昧となり、日本人みなの歴史意識と社会と政治への考え方を歪めてしまったのです。

これは大きな負の遺産で、いまの安倍自民党政府に見られるように「戦前思想」への回帰―明治礼賛の政治を復活させてしまう原因ともなっています。明治維新以降敗戦までの「天皇現人神」と、敗戦後の象徴天皇制との次元の相違がボカされて混沌とさせられていますが、いまの天皇の明仁さんや皇后の美智子さんは、それへの大きな違和をもち出来る限りの抵抗をしてきました。その最大の行為が「生前退位」です。岩倉具視や伊藤博文らがつくった天皇教（＝靖国思想＝国体思想）では、天皇は神であり、その死によってのみ時代は変わる＝新元号となるので、退位は認められないとするのが明治から続く思想と制度でしたが、それを壊したのが、今回の明仁さんの決断でした。

なお、ここで敗戦時に昭和天皇の裕仁について兵士はどう思っていたかのエピソードをご紹介します。日本人の多くは敗戦後も「天皇現人神」という深い洗脳が解き切れなかった為に、なかなか表には出せなかった赤裸々な心の声です。わたしのblog「思索の日記」二〇一八年八月一六日から。

「天皇はのうのうと生き延びた！」元兵士の憤りの声——ある証言

わたしの義父の関根竹治さんは、一九二三年一二月に埼玉県蓮田市に生まれた関根家の長男でしたが、二〇一〇年八月に亡くなりました。

関根竹治さん 80 歳

出征時 19 歳

農家の総本家の長男で、頭はしっかりし心も強かったですが、先祖代々の農家の後継ぎでしたから政治思想などは特になく、ふつうに保守的な人でした。政治の話、まして天皇の話などをしたことはありませんでしたが、亡くなる数年前のお盆の時、親戚一同の前で驚くべき発言をしました。

みなで、テレビで、終戦記念の番組を見ていたとき、わたしは、「東京裁判で東条英機が罪をかぶり絞首刑になったが、ほんとうは、昭和天皇に大きな責任があるはず」と発言しました。親戚一同は何も言わずに黙っていましたが、その時、竹治さんは、大きな声で断固とした調子で「そうなんだ！」「わしら兵隊はみな、天皇は、自害するものと思っていた。」「だが、天皇は、のうのうと生き延びた！！」と言い、赤紙一枚で、無意味な戦争に行かされ、農民は、どれだけ大変な思いをしたか、を話しました。

誰もが口を開けませんでした。心からの明晰な声、揺るぎない言葉にみな黙るほかありませんでした。始めて聞く竹治さんが話す兵隊たちの思いに唖然となりました。

自害どころか退位さえしないで、最高責任者がそのまま天皇の名で、「のうのうと生き延びた！」ことに、強い憤りをもつ竹治さんの声は、誰の耳にも心の真実を伝えたのでした。

2 国体思想＝靖国思想

いまなお「天皇教」に嵌《はま》る人たち「日本会議」の愚かさ

民主制とその内実である人権思想に馴染んでいる人から見れば、いま大手を振るうウヨク団体「日本会議」の主張は、荒唐無稽であり危険思想と思えるでしょうが、そういう主張の団体に大多数の閣僚（公明党以外）と自民党国会議員が名を連ねているのを見ると、情けなく思います。

日本会議が出しているブックレット『皇位継承の伝統を守ろう！』（明成社刊）では、彼らの中心者の一人である藤原正彦（数学者・お茶の水女子大学名誉教授・『国家の品格』の著者）が以下のように書いています。

天皇家の根幹は万世一系である。万世一系とは、神武天皇以来、男系天皇のみを擁立してきたということである。男系とは、父親↓父親↓父親とたどると必ず神武天皇にたどりつくということである。これまでは八人十代の女性天皇がいたが、すべて適任の男系が成長するまでの中継ぎである。……

これを変える権利は、国会にも首相にもない。天皇ご自身にさえない。国民にもないことをここではっきりさせておく。飛鳥奈良の時代から明治大正昭和に至る全国民の願いを、現在の国民が蹂躙することは許されないからである。

神武から続く一二五代の天皇、というのが事実に反することは、実証的な日本史家に共通する認識※ですが、それを無視して神話を現実とする藤原教授の言辞には呆れます。土台、天武天皇以前には「天皇」という言葉すら日本にはなかったのです。また、小中学生が習う日本の歴史でも、南北朝で、天皇家同士が骨肉の争いをし、三〇年以上も内乱が続き、互いに自分たちが正統だと言い張ったことが書かれています。血の正統性という話は、史実ではなくフィクションであることは日本史の常識です。宮内庁ですら史実だとはしていません。さらに言えば、誰でもみなが「太古から続く系譜の持ち主」です。ただ家系図が残っていないだけのことです（笑）。

※　史実は以下の通りです。
中国から輸入した「天皇」という称号は、壬申の乱で勝利して王権を受け継いだ天武天皇（六七二年～六八

九年、「日本書記」の編纂を命じて、自身の王権の正当性を記させた）がはじめて用いたのでした（それ以前は「王」・「大王」）。しかし、天皇という称号はその後三〇〇年間弱のみで、平安時代前期の村上天皇を最後に使用されなくなりました。天皇家の権力が弱まり、京都周辺のローカルな王権になったことに符合して、今上とか御門《みかど》などと呼ばれるようになり、死後は「〇〇院」と称されるようになったのです。再び天皇の称号が復活したのは、それから八〇〇年以上経ち、徳川幕府の力に陰りが出てきた江戸時代の後半、光格天皇からで、現代まで二四〇年間のことです（詳しくは『名前でよむ天皇の歴史』（遠山美都男著・朝日新書）を参照）。合わせても五四〇年間ほどの時間に過ぎません。

ともあれ、明治維新の尊王攘夷思想による天皇現人神の政治（国家カルト思想）をよしとし、そこに戻そうとするウヨク団体「日本会議」が大手を振るい、保守党の議員の多くがそのメンバーという日本の現実には寒気がします。いま、天皇という役を担う人自身も困惑する「国体主義」によって日本をまとめようとするのは、時代錯誤的という以上に、狂気的と評するよりほかに言葉がありません。

明治維新が依拠し、国民に浸透させた国体＝靖国思想とその現実化

伊藤博文や山県有朋らの維新の思想は、彼らの師である吉田松陰が、天皇を神とする純粋な信仰と激しい情熱（死ぬことで自身の尊王思想を現実化させようとする強烈な意思）によって生みだした尊王攘夷ですが、それは、後期水戸学と国学による「天皇教」で、長い武家社会の中で神職の代表者を務めてきた皇室の長を、生きている神として崇め、現実政治の中心者にもするという近代社会を

拓く思想としてはありえない「禁じ手」を用いて、政府が全国民を一つにまとめあげるというものでした。その劇薬の負の遺産＝悪しき明治の伝統は、今日の日本を覆い、日本人の精神的自立＝実存としての生を阻んでいます（それについては「恋知」一章と二章に記しました。白樺教育館ホームページ147と150）。

更に、そこで生みだした国体＝靖国思想を、七世紀後半から八世紀初めに成立した律令国家に投影＝逆照射させて、日本の歴史はすべて天皇によるものという強烈な天皇史観（もちろん真っ赤なウソ）をつくりあげたのでした。

ただし、七世紀に律令政治を拓いた聖徳太子（複数の人物の集合と言われるが、厩戸皇子《うまやどのおうじ》は個人として実在）の「一七条の憲法」では、当時、最先端にして唯一の体系的思想であった仏教を中心とする国づくりを宣言しましたが、明治維新はアベコベで廃仏毀釈《はいぶつきしゃく》でした。各地で寺や仏像が壊されて、その上に神社が建てられたのでした。首都圏の有名な神社である上野東照宮や鶴岡八幡宮もそうですし、武蔵御嶽神社も筑波山神社も一〇〇〇年以上続いた寺を壊してつくられたものです。全国では驚くことに数万以上の寺が壊されました。仏教のもつ徹底した平等思想と平和主義が明治の富国強兵の思想とは相い入れないことが深因といえます。「神仏分離令」に基づく廃仏毀釈のあまりにも過激な運動の広がりには明治政府も驚き慌て、沈静化をはからなければならなくなったのでした。

伊藤博文らの明治政府要人（ほぼ長州藩出身者）の先生格であった福沢諭吉は、最初は、天皇を神として日本を統一するという思想はとても受け入れられないだろうと批判的でしたが、意外にも国民は、強い政府の方針に従い「天皇現人神」を受け入れる様子を見せたために、次第に諭吉も天皇教を支援することになりました。漢学を断ち欧化路線（「アジア」の悪友たちと縁を切る）をすすめた諭吉は、欧米化と天皇教との合体による日本をつくるために邁進しました。中江兆民の中国と欧州の双方の文明から学ぶべきという思想は退けられたのです。

ルソーがつくった人民主権による民主政治の原理『社会契約論』の邦訳者でもあった中江兆民が死去（一九〇一年・明治三四年）した九年後には「大逆事件」が起き、兆民の弟子で優れた知識人であった幸徳秋水は無実の罪で死刑になりました。この事件を期に（一九一〇年・明治四三年）、政府側の知識人であった森鴎外さえも社会問題と絡めた小説を断念し、「歴史小説」に限定せざるえを得なくなります。

明治天皇が所持していた狡知な表情の伊藤博文の写真

しかし、同じ年に、自由と個性尊重を謳う同人誌『白樺』が発刊され、社会問題には疎かった志賀直哉も秋水の刑死を知り「憤まんやるかたなし」と記しています。皇室の藩屏＝「学習院」卒の若者たちという特権ゆえの大胆な文化運動（日本最大の総合的な文化運動で白樺山脈と呼ばれた）でしたが、一九二三年の関東大震災により廃刊となります。

その後、一九三〇年代（昭和初期）からは、西欧思想（実証主義・合理主義・個人主義）への政府の批判が激しくなり、文部省主導の「国体明徴運動」が猛威を振るい、欧米の思想の大元とされる「個人主義」への排撃がなされたのです。

いま、教育改革や皇室問題の政府の諮問委員で安倍首相の友人・八木秀次麗澤大学教授の『明治憲法の思想』（PHP新書）・『反―人権宣言』（ちくま新書）に露わな欧米思想＝「個人」への激しい敵対は、この時に文部省から出された『国体の本義』（一九三七年刊・一七三万部）と同一思想によります。八木は、「欧米の個人主義がつくった『人権』に日本はなじまない。日本人は人権という言葉に怯えずに、国民の常識に戻るべき」（『反-人権宣言』）と主張します。

話が進みすぎて現代まで来てしまいましたので、時間を戻しますが、明治維新が成立すると、京都御所に暮らしていた若干一六歳の睦仁《むつひと》（怪死した孝明天皇の子）は、江戸城（皇居）に連れて来られ、伊藤博文や山県有朋らにより「明治天皇」＝現人神になるべく教育されていきました。明治半ば、睦仁三〇代の終わりには維新の思想は現実化され、天皇から臣民に恩寵として与えられるとする「大日本帝国憲法」が公布され、「教育勅語」や「軍人勅諭」などの上下道徳も完成し、国民の皇民化が進みました。いま、「伝統」と呼ばれている習俗や習慣（例えば初詣など）もこのころにつくられたものが多いのです。

明治二（一八六九）年には、維新政府側の兵士の戦死者のみを祀る施設＝「東京招魂社」を建立しましたが、それを一〇年後に「靖国神社」と改名しました。従来の神社とは異なり、味方（官軍）だけを祀り、死者を官側国家の集合神にするというものでしたので、神社とは呼べなかったのですが、維新政府は、なしくずし的に神社としてしまうと同時に、政府による全国の神社の格付けが行われて「国家神道」（この名称は戦後に付けられたもの）が誕生することになりました。

また、伊藤博文は、東京中心にそれまで国有地（徳川家関連）だった土地を次々と天皇家所有とする名義書替を行いましたので、皇室は天文学的な量の財産を所有することになりました。絶対的な権力と権威を独占する人（現人神）にふさわしい物質的基盤がつくられたのでした。現在、上野恩賜公園や浜離宮恩賜庭園はじめ、あちこちの公園や庭園が、天皇から賜った公園・庭園となっているのは、そういう事情です。もともと天皇家は東京やその周辺に財産など持っていませんでした。

安倍政権の明治礼賛と明仁さん美智子さんの思いとの落差

明治の天皇制は近代天皇制とも呼ばれますが、このようにして極めて意図的につくりあげられた代物で、日本の伝統などと呼べたものではありません。この事情をよく知る明仁さんや美智子さんは、いまの「日本国憲法」における象徴天皇制の方がはるかに伝統に近く、「明治天皇制」は鬼子であり異質なものと見ていることは明白です。例をあげればキリがないのですが、特徴的なものを一つ記します。

伊藤博文が四人で極秘に草案をつくった明治憲法（大日本帝国憲法）が誕生する以前に、日本の各地で民衆による憲法草案がつくられていましたが、その一つである「五日市憲法草案」（一九六八年に民衆史の著名な歴史家・色川大吉が発見）を以前に現地にまで足を運び見てきた天皇夫妻は、深く感銘を受けたと言い、美智子さんはその感想を文章にしていますので、宮内庁ホームページから転写します。

五月（二〇一四年）の憲法記念日をはさみ、今年は憲法をめぐり、例年に増して盛んな論議が取り交わされていたように感じます。主に新聞紙上でこうした論議に触れながら、かつて、あきる野市の五日市を訪れた時、郷土館で見せて頂いた「五日市憲法草案」のことをしきりに思い出しておりました。明治憲法の公布（明治二二年＝一八八九年）に先立ち、地域の小学校の教員、地主や農民が、寄り合い、討議を重ねて書き上げた民間の憲法草案で、基本的人権の尊重や教育の自由の保障及び教育を受ける義務、法の下の平等、更に言論の自由、信教の自由など、二〇四条が書かれており、地方自治権等についても記されています。当時これに類する民間の憲法草案が、日本各地の少なくとも四〇数ヵ所で作られていたと聞きましたが、近代日本の黎明期に生きた人々の、政治参加への強い意欲や、自国の未来にかけた熱い願いに触れ、深い感銘を覚えたことでした。長い鎖国を経た一九世紀末の日本で、市井の人々の間に既に育っていた民権意識を記録するものとして、世界でも珍しい文化遺産ではないかと思います。

〔皇后・美智子、なお、西暦表記と傍点は武田による〕

天皇や皇后という役をこなす明仁さんや美智子さんが示す戦後民主主義における天皇制の位地づけと、日本会議に集まるいまの保守政治家が思う天皇や皇室への見方の大きなズレは、最初に書きましたように、昭和天皇裕仁の「退位さえもえしない」という驚くべき行為にその最大の原因があるのですが、では、この混乱をどのようにしたら乗り越えられるかを考えてみたいと思います。

歴史を変えることはできませんので、前に向けて新たな世界を拓くにはどうするか、です。

3「天皇」システムの維持は困難・共和制へのスムースな移行が必要

タブーをつくると欠陥国家になります。

わたしたちが社会問題について考えるとき、もしも、考えてはいけないことが決まっているとしたら、それは民主制（政）社会ではなく、よき公共性を生むことができません。自由に考え意見表明ができない国は「欠陥国家」というほかありません。

欠陥国家に住む人は、豊かでのびのびとした生を営めず、心に浮かぶありのままの「想いや憧れ」を隠して生きることになります。ウソを抱え、自己を欺瞞して生きるのでは、根源的な不幸に落ちてしまいます。

大きなタブーをもつ社会は、豊かな人間性とは無縁で、明るさや輝き、艶《つや》やかなよろこびに乏しい社会、国にならざるをえないのです。

わたしは、一九五二年五月に神田に生まれ育ち、今年二〇一九年に六七歳になります。わたしが生きてきたのは、主権者を国民とする戦後の社会なのに、明治政府がつくった「天皇は偉い人」という想念とその絶対化はずっと続いていて、皇室や天皇制について自由に意見を言うのはタブーでした。マスコミでは天皇制に関する議論は行われず、テレビの討論番組でも、皇室や天皇問題では、「天皇」というシステムをよしとする側に立つ話者しか出演できず、異論を述べる人は排除されて、まるで「非国民」のような扱いです。ずいぶんと偏っていて、『日本国憲法』が保障する個人の尊重・思想および良心の自由・法の下の平等はどこにあるのかと思います。どうして日本では自由が認められないのでしょう。

どなたも学校教育で経験済みでしょうが、「ほんとうの自分の心」が表明できない空気が全体を覆い、いつしか本音と建前が入り組んで、その区別さえできない人間になっていきます。自分の気持ちや考えは学校の「作文」には書けず、会社でも同じです。周囲に同化して生きること＝「他者承認」に怯える人となることを当然とする社会が出来上がり、そうでない人は「無視」され、いないことにされます。高度に発達した世界Ｎｏ１の管理社会で、学習からスポーツ、趣味まですべてに「正しい」型が決められています。テレビは各種専門家・評論家であふれ、数知れずの「検定試験」がつくられて、それを通るために学習、否、勉強をします。社会全体の「学校化」の完成です。日本では人間の理想はＡＩなのでしょう（笑）。人間の生が内的関心＝広義の欲望から始まるのではなく、あらかじめ決められている「正しい型」に到達するために生きるのです。外にある価値基準（世間的評価）に合わせて一生を送ります。強迫神経症者のごとくです。そういう精神状況を、ヘーゲルの他者承認の概念を用いて正当化する学者まで現れます。病気の進行が止まりません。

こういう事態を引き起こすのは、特定家族を高貴なものとし、最大級の特殊な敬語で遇し、生まれた赤ちゃんも「さま」づけで呼ぶ皇室制度があることが原因だ、と単純に決めつけることはできませんが、「形と序列」の二文字ですべてが収まるような形式優先で中身の薄い儀礼・儀式重視の社会をなんとかしないといけないのは確かです。大きなタブーのある社会では、「型ハマリで生きる不幸」から脱け出れなくなります。それでは、中身・内容の豊かな意味充実の人にはなれず、内から内発的・主体的に生きることができません。学校名や家柄や年収や国籍など＝形式で人をみる下品な人間に堕ちます。

ここに記した困った問題は、社会制度を変えればすべて解決するとはいきませんが、解決のための必要条件とは言えます。

シチズンシップ（市民精神）によりStateとしての国がつくられます。

古代では、祭政一致（祭祀を司る者と政治を司る者が同じ）であったため、政治のことを政（まつりごと）と呼びました。しかし、わたしたちの近代市民社会の国では、主権者は、王でも貴族でも政治家でも官僚でもなく、人民≠国民にありますので、なによりも大切なのは、一人ひとりの考え判断する力ということになります。

紀元前五世紀にアテネで民主政治を宣言したペリクレスは、次のように述べています（長いので要約して一部分のみ）。

われらの政体は、少数者の独占を排し、多数者の公平を守ることを旨とし、民主政治と呼ばれる。我らは自由に公共につくす道をもち、他人の猜疑心を恐れることなく、各々が自由な生活を享受する。

教育においても同様で、過酷な訓練ではなく、自由の気風により規律の強要によらず、勇気の気質の涵養によるが、ここにわれらの利点がある。我らは、質朴たる「美」を愛し、軟弱に堕っすることなき「知」を愛する。我らは富を行動の礎とするが、いたずらに富を誇らない。我らは、国政の進むべき道に十分な判断をもつように心得る。我ら市民は、決議を求められれば、判断を下し得るのはもちろん、提起された問題を正しく理解することができる。我らのみが、利害損得に囚われずに、自由人たる信念をもって、結果を恐れずに人を助ける。ポリスの市民は、人生の広い諸活動に通暁し、自由人の品位を持し、己の知性の円熟を期することができる。

ここで分かるのは、民主政社会では、一人ひとりの人間の精神的自立を何よりも必要としますので、「市民」（シチズン）という概念がキーワードになるということです。では、市民とはなんでしょうか。

市民とは、この社会・国をつくる主体者のことです。自分はこの社会・国に住む一人の人間だ、というのではなく、自分はこの社会をつくっている一員なのだ、という自覚をもつ人のことです。公民＝公共人＝社会人（主体性・公共性をもつ個人）のことであり、国籍や民族という概念が主題となるのではありません。その地域に住む人が、人間としての対等性と自由を互いに認め合い、意思とお金を出し合ってつくるのが民主主義の国です。主権者は市民ですので、市民精神（シチズンシップ）に基づいて国をつくれば、共和制の国（民主制のほんらいの姿）となります。ベートーヴェンの第九交響曲は、全人類が共和制の下でそれぞれの歓喜を謳うというイデーの表現ですので、世界的な普遍性をもつわけです。

王や絶対者のいない社会＝共和制の社会をつくるためには、幼いころからの教育がキーになります。順番を踏んで一歩一歩、自分たちのことは自分たちで決める実践の積み上げが必要で、「考え、対話し、決定する」という普段の行為が求められます。いま、欧米の小中学校で行われている広義の哲学教育（互いの考えを聞き合い、言い合い、それを繰り返すことで段々と自他共に納得できる考えに鍛えていく実践教育）がそのための柱で、国連でも勧めていますが、日本にはそうした教育はなく、各教科の受験勉強（東大病・東大教）です。自分の頭で考えるのではなく、丸覚えと解法のパターンを身に付けるというレベルに留まっています。教育の本質的前進がありません。どんどん退化していきます。

欧州には王室が残っている国もありますが、それらは歴史の名残であり、特別な人間として扱われるのではなく、特定の宗教や儀式をもつ存在でもなく、ふつうの市民社会に溶け込んで、一般の人とあまり変わらない生活をしています。英国を除けば特別待遇はされていません。英国は、民主政治の伝統が一七世紀のジョン・ロックによるピューリタン（キリスト教原理主義）思想に基づくものですので、古代アテネに範をとるフランスのルソー（生まれはジュネーブ）の思想とは異なるからです。ただし、英国でも王であれ議会の決定に背くと裁判にかけられ、処刑されたこともありました。

皇室の人たちも不幸になる「天皇」システム。

先に書きましたように、律令政治がはじまって三〇〇年もしないうちに、天皇は実権を失い、京都周辺のローカル王となりましたので、天皇とは呼ばれなくなりました。平安時代前期から江戸時代後期まで八〇〇年間以上は天皇と呼ばれる存在はなく、江戸後期の光格天皇から「天皇」という称号が復活したのです。今上とか御門《みかど》などと呼ばれた「〇〇院」は、時々の支配者たちの権力を聖化するアイテムとして用いられ、存続してきました。天皇が政治的な力をもったのは、明治維新の尊王攘夷（後、尊王開国）思想により七〇数年間ほどですが、明治政府の驚くほど徹底した「天皇史観＝日本史の改ざんと天皇教の洗脳教育」は、いまも残り、大臣たちが加盟しているウヨク団体「日本会議」の思想となっています。笑い話のようですが、国会売店で売られている湯呑には、「歴代天皇一覧」として、神武から平成まで一二五代の天皇名（大多数は天皇ではなかったにも関わらず）が記されています。政治に関わる人は、まじめに実証的に日本史に取り組んでほしいものです。

平成の天皇、明仁《あきひと》さんが、学友たちに「世襲の職業はいやなものだね。」と語っていましたが、その気持ちは、誰もがよく分かると思います。まして、明仁さんの父は、敗戦まで現人神＝生きている神とされ、その教育の中で、皇太子の明仁さんも「わたしは軍国少年だった」と言う通り、臣民とされた国民と同じ思想に染められていて、その反省から種々の象徴としての行為を行ってきたのです。二〇一九年に、明治に郷愁をもつ安倍政府の反対をはねのけてようやく「退位」が出来るわけです。

考えてもみてください。日本国憲法一条は、「天皇は、日本国の象徴であり日本国民統合の象徴であつて、この地位は、主権の存する日本国民の総意に基く」です。

日本国の象徴（シンボル）で日本国民みなを統合する象徴になる、それが出来る人などいるのでしょうか。あなたがそれをしてください、と言われたらどうでしょうか。

そういう「職業」（明仁さんの言葉）を世襲で行う一家がいて、その人たちには選挙権をはじめ離婚する権利もなく、国籍もないために住民票もありませんし、パスポートも発行されません。雅子さんは愛子さんが生まれる時、母子手帳がもらえないので、千代田区役所に請求しましたが、一人の人間としての基本的人権がないのです。へんな話で済みませんが、もし罪を犯したとしても裁く法がありません。発言の自由もありませんが、そのかわり年に数億円（以前は6億円程度でしたが今は三億円台）の生活費が保障されはします（それとは別に宮内庁の予算は一八〇億円前後です）。

基本的人権が奪われている人間を「象徴」という職業につかせ、天皇や皇室にしか用いられない特殊な言葉で遇し、最大級の敬語を用い、呼び名も陛下とか殿下とします。わたしは子どもたちに聞かれていつも返答に窮します。皇室の人やそこに生まれた子は「特別（高貴）」な存在なので敬語でよびますが、あなたやあなたのお母さん・お父さんは平民なので、ふつうの呼び名なのですよ！？　う〜〜ん、納得できる子はいません。

一方で、人間に生まれによる上下はない、差別はいけないと教え、他方では、天皇家は偉い人の集まりなので敬語を使いなさい、というのは酷すぎる話です。差別は、する側もされる側も人間の善美への憧れ心や正直さを失わせてしまいます。皇室に生まれた人もそうでない人（ほぼ全員）も被害者となります。

水の国・日本にふさわしい「民主共和党」

わたしは、小学生の時に、ふつうに「正しい」ことが言われない自分の国はなんか変だな、と思い、先生に頼んで「政治クラブ」をつくってもらいましたが、それから五〇数年が経った一昨年に、ついに政党を立ち上げました（笑）。二〇一七年の秋にフェイス・ブックで（バーチャル政党・水の国＝日本にふさわしい「民主共和党」）をつくったのです。一円の費用もかからず、労力も時間もかからないので、できました。一年数ヵ月たち党員？は三〇〇名を超えましたが、超ミニです。参加者は、自由にいろいろ投稿しています。出入り自由ですし、利害損得がないので、活発に議論が行われますし、党首？であるわたしへの異論・反論も出て、活気ある楽しい場です。

以下は、そのコピーです。

昨日の「恋知の会」（二〇一七年九月一三）

バーチャル政党＝「民主共和党」（民主政を前に進める共和主義、瑞々しい「水の国＝日本」にふさわしい人間に優しく平等な国へ〜〜〜〜〜〜みなで立ち上げました！！

賛同者はご登録ください。

まず、首相のほかに「大統領」（日本の顔＝元首で政治権力は持たない・ただし、首相の国会解散を拒否する権利をもつ）を選ぶ。

ふさわしいのは学問・芸術に通じた品格の高い人―例えば石橋湛山（哲学者・経済学者・ジャー

ナリストで五五代総理大臣）。美濃部亮吉（豊かな学識をもち東京都知事を務めた品格のある人）。高野岩三郎※（戦前に東大教授を辞して社会問題研究所所長・戦後に改組されたＮＨＫの初代会長。庶民派にして高潔）。大原孫三郎（中国電力やクラレの創始者で白樺派の同伴者ー心優しい博識の実業家）のような人。

国旗は「日の丸」が候補。国歌は「さくら」（日本古謡）が候補。国花もさくらなので、ピッタリと思う。共に国民の自由な議論で決まります。

元号は個人で自由に。役所と公共機関では、世界歴（西暦）を使用する（今の元号の義務付けは不合理で間違いが生じやすいので。例えば、パブロ・ピカソ一八八一年〜一九七三年、棟方志功 明治三六年〜昭和五〇年ではとても困ります）。

天皇家は、ほんとうの住まいである京都御所に。江戸城は、江戸公園として国民みなに開放。天皇は、国事行為は行わず、文化的行為と国際交流を行い、基本的人権が保障される（いま天皇がしている国事行為は大統領が行う）。

簡単ですが、骨子です。この線で市民憲法案も出さねば、です。

なにはともあれ、オープンに共和制の意味や意義について語られる状況を生みだすことは、とてもよいこと、大事なことです。

大きなタブーがあることは、ひどく不健康ですからね。

細かな話はともかく、みなが、明治維新政府によってつくらた水戸学に基づく「明治天皇制＝

国体思想＝靖国思想＝国家神道」の国家カルト的な精神風土から解放されて自由になることは、何より大切な「はじめの一歩」と思っています。集団同調でもなければドライな強権でもなく、水の国＝日本にふさわしいしなやかで自由な共和主義って、いいでしょ〜〜〜

※　高野岩三郎は、民間人による憲法草案（憲法研究会による）の作成者の一人ですが、それは、高野が鈴木安蔵に「鈴木君、憲法の問題は政府にまかせては駄目だから、我々の手で運動を起こさねばならぬ、すぐに着手するように」と言ったことによります。憲法研究会のこの草案は、ＧＨＱが「日本国憲法」草案をつくるときに参照にしました。ただし、高野自身は天皇制を残すことには強く反対して共和制への移行を主張し、草案とは別に「日本共和国憲法私案要綱」を出しています。海外に開かれた港町の長崎に生まれ、自由な下町の神田で育った高野は、家父長制とは全く無縁で、根っからの共和主義者でした。理と情を併せ持ち、誰からも愛された人です。

ここには記載しませんでしたが、日本の初代大統領としては、優しさと強さを併せ持つ人、明晰で品位の高い人、国際感覚に優れた人が適していますので、わたしは、官邸の圧力で降板させられるまではＮＨＫの顔だった国谷裕子《くにやひろこ》さんを推します。

大切なのは、古代と近代では「国の形」が根本的に異なることの自覚です。民主政治の国では、主権者はわたしでありあなたです。市民精神をもつ国民によって現実政治はつくられるのであり、古代のような「祭政一致」ではありません。宗教や儀式と現実政治は次元を異にするものであり、混同させれば、大元から民主制（政）は崩れて神聖政治になってしまいます。天皇家の私事である宗教儀礼を税金で行い、政治と絡めてはいけません。次期天皇となる浩宮《ひろのみや》さんの弟、礼宮《あやのみや》さんの言う通りです。それでは、明仁さんも忌み嫌う明治維新がつくった国体思想（戦前の思想）に戻ってしまいます。

4　未来を開くのは、温故知新の実存思想

天皇は一番偉い人で、一番尊い家族は天皇家、一番偉い大学は東京大学、一番偉い職業は高級官僚？……一番という思想で生きる社会は、幸せでしょうか。どうもそうは思えません。納得ではなく、比較と競争が原理では、一人ひとりの人間存在への愛と尊敬は薄まり、生きるよろこびは広がりません。心豊かな人生にならず、楽しい公共社会もつくれません。まして、皇室とか天皇となると、世襲ですから誰も手の届かない「超越」になってしまいます。

ブッダ（釈迦）の中心思想は、誰でも皆、比較を超えた最高の存在として生まれてきたという「天上天下唯我独尊《てんじょうてんげゆいがどくそん》」です。ＳＭＡＰ最大の人気曲だった「世界に一つだけの花」（二〇〇万枚超）は、その分かりやすい現代バージョンです。

ほぼ同時代（紀元前五世紀）に活躍したソクラテスも、名前や生まれではなく、エロース（恋愛）を動力源として一人ひとりの考える力と善美に憧れる心に依拠して生きること、それが人間の最高の生とします。

女性原理（フェミニズム）につく中国の老子（紀元前四～三世紀）も、水のようなしなやかさを理想とし、無為自然を尊び、君子道徳の孔子（儒学）を厳しく批判します。

古代のエーゲ海とインド（ネパール）と中国に現れた三つの思想は、みな権力や権威とは無縁で、一人ひとりの人間存在に立脚した実存思想でした。国家主義とも、その後に現れた「世界は唯一人の神がつくった」という一神教とも、元から異なります。

一人ひとりの人間への愛と信頼にもとづく実存思想は、人間の平等や個々人の自由による民主的な統治＝自治政治を支える公共思想につながり、人権思想の土台ですが、それを知らないのは、明治になって欧米から直輸入した学問（キリスト教思想に基づく）のみを基準とする日本の「知識人」たちで、例えば、今なお大学教授や評論家などに影響をもつ小室直樹（一九三二年～二〇一〇年）は、キリスト教という一神教がなければ、人権も民主主義も憲法も成立しないと教説し、疑似的な一神教である「天皇教」を否定した戦後を批判します。三島由紀夫の「天皇陛下万歳」と市ヶ谷自衛隊駐屯地での割腹自殺を高く評価します。

小室のように、強い宗教である一神教を人類文明の礎とする思想は、サルトルやポンティーの訳者・解説者である哲学者で、私の師でもあった竹内芳郎（一九二四年～二〇一六年）までも同じです。キリスト教のもつ超越性原理は、世俗のすべての価値を相対化するとして評価し、親近感を持っていました。ただし小室とは異なり、世俗の集団同調主義の別名でしかない「天皇教」については厳しく批判していました。

わたしは、日本の知識人たちの論理が的外れになるのは、彼らの知が、読書と情報知に依拠していて、なまの体験に乏しく、赤裸々な人間存在のありようを知らないからと見ています。戦前も二大哲学者といわれた西田幾多郎、田辺元をはじめ大多数の大学人は、天皇教を支持して戦争協力をしました。

人間存在の真実を知るには、書物によるのではなく、体験が必要です。何よりもまず幼子と関わることです。幼子と共に見、聞き、感じ、知ること。幼子や子どもと遊び、共によろこび、かなしみ、怖がり、怒ること。それがあって初めて、人間と社会についての思想は意味と価値を持つようになります。何事であれ、体験学習・体験思考をしないと、思想は単なる言語ゲームに陥ってしまいます。権威主義になり、特定観念に呪縛されて自由を失うのです。「学者とは学問をすることで馬鹿になった人種のことだ」では哀れです。

※ 人権思想の淵源は一神教ではなく、幼子の存在であり、宗教とは無関係ですが、それについては『白樺教育館ホームページ』174〔人権思想の淵源は、宗教（一神教）や哲学（理論体系の哲学及び人生哲学）ではなく、幼子の存在です〕をご覧ください。なお、一七七には英語版もあります。

※ また、人類思想の俯瞰は、『白樺教育館ホームページ』188〔人類思想の三分類「儒教・儒学」、「ソクラテス・ブッダ・老子の実存思想」、「キリスト教・イスラム教などの一神教」と「恋知」〕をご欄ください。いま、英訳を米国在住の言語学者・三枝恭子さんがしてくれています。

一神教は、すべてを超越した「神」という概念をつくり、私は「神」と向きあい対話することで、世俗の価値意識を超えて思考できるとします。それにより自己省察も可能となり、真理を得るというわけですが、確かに自己を相対化することは、極めて重要です。

伊藤博文は、藩金を横領して英国に渡りましたが、英国の強さ＝卓越性に仰天し、それは、キリスト教という強い一神教があるゆえと知ります。帰国すると、比喩的な意味の天皇現御神《あきつきかみ》という思想を変形させて、天皇を文字通りの生きている神＝現人神《あらひとがみ》とする疑似一神教をつくりました。師の吉田松陰に深く影響された「禁じ手」の国家宗教です。

天皇教は、現実政治の中で凄い力をもちました。人間も世界も超越した神という概念ではなく、日本国の主権者であり、軍隊の統帥権をもつ一人の男性が絶対的な存在＝「神」となるのですから、人々は神である天皇と向きあい対話することになりますが、それでは、世俗の価値を超えて思考するどころか、世俗の価値（天皇の意思＝政府が要請する考え方）をそのまま絶対のものとし、従うことになります。自分と国家は一つになり、忠の精神（上下倫理）こそ最高の道徳であると信じる精神がつくられたのです。忠臣蔵、忠犬ハチ公など「忠」は日本独自の優れた倫理とされました。


話を戻しますが、世俗の価値意識を超えた思考は、超越神への信仰がないとできないかと言えば、それは真っ赤なウソです。そもそも、紀元前の実存思想は、超越神を持ちません。

私たちの意識は誰であれ二重化していて、私の言動をもう一人の私が見ています。私という自我を吟味する私の意識がありますから、そこで自問自答ができるのです。そのためには、意識を自由に羽ばたかせることが条件ですから、空を見るなど視線を遠くにする習慣が必要です。ソクラテスを生んだエーゲ海文明も、ブッダを生んだネパール・インド文明も共にアーリア人と現地人の混血ですが、アーリア人たちは青空を神にしたと言われます。青空、白雲、星空を眺める習慣をもつと、自分で自分に聞いてみる、という作用がよく働くようになります。自己相対化は、一神教を信じる事とは関係がありません。

二一世紀に求められるのは、唯一神への信仰という一神教やその亜流の西欧思想ではなく、古代の実存思想に学ぶことです（中世日本の親鸞や二〇世紀フランスのサルトルの思想とも重なります）。それを現代に活かす「恋知」という発想や態度が未来を開くキーになるはずです。人間みなの対等性と自由に基づく寛容で楽しい社会をつくるには、共和制へのスムースな移行が必要、わたしはそう確信しています。集団同調主義ではなくドライな強権でもない、水の国＝日本にふさわしいのは、柔らかくしなやかで開放的、芯の強い共和政治です。

※「恋知」（れんち）とはフィロソフィーの直訳語ですが、詳しくはネットでご覧下さい。

（二〇一九年二月二一日）

8
天皇代替わりの時代にかかわる覚書
――キリスト教の異性愛主義を問う観点から

堀江有里

ほりえ・ゆり

一九六八年京都生まれ。日本基督教団京都教区巡回教師、信仰とセクシュアリティを考えるキリスト者の会・代表、清泉女子大学ほか非常勤講師。専門分野は、社会学、ジェンダー論、クィア神学。

同志社大学神学部、同大学院神学研究科博士課程（前期）歴史神学専攻修了。大阪大学大学院人間科学研究科博士後期課程修了。一九九四年より性的マイノリティの相談業務に従事。

主著に『「レズビアン」という生き方――キリスト教の異性愛主義を問う』（新教出版社、二〇〇六年）、『レズビアン・アイデンティティーズ』（洛北出版、二〇一五年）など。共編著に『クィア・スタディーズをひらく』全三巻（晃洋書房、二〇一八年〜）など。

1　問題の所在——天皇代替わりをむかえて

首都圏で生活していた二〇一九年、天皇代替わりの時期を迎えて、ふと、三〇年前の代替わりのときに亡き妹から聞いたエピソードを思い出していた。こんな話だ。

八王子市内のアパートに生活していたかのじょのもとに、突然、警官がやってきて、「明日、家から出ないでください。窓からも顔を出さないでください」と伝えられたという。理由は「テンノウヘイカのお葬式なので」とのこと。裕仁の死後、いわゆる「大喪の礼」の前日（一九八九年二月二三日）あたりである。葬列が近くを通過するとのことだった。いまではあまり珍しくもないが、当時、かのじょの髪はピンク色。つまりは、鮮やかなピンク色のモヒカン・スタイルが「テンノウヘイカのお葬式にふさわしくない」と言われたというのだ。ある日、かのじょは「お姉ちゃん、天皇制っていうのはダメだね」と言いつつ、この出来事を知らせてくれた。さして問題意識をもっていなかったかのじょが、行動を制限される——喪を強要される——ことによって天皇制の「問題」に気づいたきっかけでもあったのだと思う。

このエピソードは、特殊なケースではなかったのかもしれない。一九八八年から一九八九年にかけて、裕仁の病状悪化と死の出来事は、社会全体を〈自粛〉から〈喪〉へと覆いつくした。テレビも新聞も、毎日、裕仁について語りつづける。まるでほかの出来事などなかったかのように、〈自粛〉と〈喪〉で覆いつくされる時代の雰囲気は、やはり、異様だった。

しかし、あの異様さをくりかえしたくなかったのだろう。天皇制の「問題」がよくわかってしまうからだ。あのときに皇位継承した明仁は、結局、「生前退位」することとなった。安倍政権の〝忖度〟によって、特例でわざわざ法律をつくってまで。

今回の代替わりには、あの〈喪〉に至るまでの〈自粛〉もなければ、代替わりのあとの〈祝祭〉とのコントラストも不在。だからこそ、三〇年前の日本社会を覆いつくしていたあの異様な雰囲気が、天皇制の「問題」をあぶりだしていたのだと気づかされる。妹のエピソードもそのひとつである。

さらには、徳仁が皇位継承した途端にパンデミックの到来である。「外出自粛」の要請がつづくなか、あたらしく天皇となった徳仁もなかなかプレゼンスを示すことができない…ようにみえる。だからこそ、二〇二一年の東京オリンピック・パラリンピックの強行実施は天皇にとっても大事な機会となった。開会式での新天皇の国際的な〝お披露目〟という意味においても。それにしても、大きな犠牲を強いた〝お披露目〟であった。迷惑千万である。

代替わりの〈自粛〉から〈喪〉へ、そして〈祝祭〉へというコントラストもなく、「外出自粛」というパンデミックの状況下にあるなか、天皇制がもっている問題の所在は、日本社会のなかで、より不可視化されているように思う。実際、天皇への好感度は、いくつかの世論調査では上がってもいる。

このような状況のなか、天皇制がはらむ「問題」については表面的な無関心が醸成されていく。もちろん、その無関心はあくまでも表面的なものであり、問題意識をもって動こうとすると弾圧だってある。そこまで直面することはなくとも、日常生活のなかで大きな「タブー」の圧力にさらされることだってある。この「タブー」は、たとえば、反天皇制の立場を表明すると「過激だ」というレッテルをはられるだとか、皇室の誰かの名を呼び捨てにすると眉をひそめられるだとか、日常茶飯事の出来事のなかで感じられるものである。すなわち、暗黙のうちに触れないほうがいいと論される圧力である。

三〇年前の代替わりの際に、宗教学者の安丸良夫は、日本社会を覆いつくす〈自粛〉と〈喪〉の雰囲気のなかで、その異様な状態を記録しておく使命感を表明し、文章をつづっている。

> 天皇制は、現代日本においても国民国家の編成原理として存在しており、そのもっとも権威的・タブー的な次元を集約し代表しているということになろう。敗戦を境として、現人神天皇観や世界支配の使命などという、国体の特殊な優越性についての狂信的妄想的側面は、あっさり脱ぎ捨てられ、物質文明と消費主義のなかで生きる人びとの常識に、天皇制は適応してきた。［安丸、二〇〇七、三〇八頁］（強調、引用者）

安丸の指摘するように、裕仁は大きな転換を遂げた。「現人神」であったはずの役割は、太平洋戦争後にはあっさりと脱ぎ捨てられていった。大日本帝国軍の最高責任者としての戦争責任は、忘却されていった。〈自粛〉や〈喪〉が覆いつくす社会の雰囲気は、歴史の忘却のなかで演出された「適応」にすぎないというのに。

そして、安丸は、こうつづける。

しかし、こうした社会にもほとんど目に見えないような形で秩序の網が張りめぐらされており、天皇制は、政治とは一定の距離をとった儀礼的な様式のもとで、誰もが否定してはならない権威と中心とを演出して、それを拒否する者は「良民」ではない、少なくとも疑わしい存在と判定されるのだという選別＝差別の原理をつくりだしている。〔安丸、二〇〇七、三〇八頁〕

一方で裕仁の戦争責任を追求する声はあげられつづけ、他方で「平和」の象徴としての天皇イメージが演出されていった「昭和」後半。明仁への代替わり以降、その「平和」イメージの演出がよりいっそう拍車をかけて進められてきた。だからこそ、「物質文明と消費主義のなかで生きる人びとの常識に、天皇制は適応してきた」という現実も、さらにいっそう拍車がかかっているのかもしれない。日本政府の愚民化政策は、結構、うまくいっている。そのなかで、天皇制を「問題」だと感じた人びとが、「疑わしい存在」として、弾圧の対象となったり、圧力にさらされたりしているのだ。民衆を味方につけた「選別＝差別の原理」は、いまも駆動しつづけている。

おかしいと声をあげていくこと。天皇制はいらないと叫びつづけること。――微力ではあるかもしれないけれど、わたしはそこに身を置いてきたし、これからも声をあげつづけてきた人びとの群れのなかに身を置いていきたいと思う。なぜ、天皇制は「問題」なのか、そしてその問題意識はどのように誰かと共有していくことができるのか。これまで出会ってきた光景や考えてきた事柄を、キリスト教のなかにいる立場から、そしてジェンダー／セクシュアリティにかかわる運動や研究にかかわってきた立場から述べてみたい。

2　天皇制という「問題」との出会い――「昭和」の終焉

（1）裕仁の死

冒頭で亡き妹のエピソードに触れた。そんなわたしが天皇制をひとつの「問題」として意識し、その制度に抵抗する人びとの群れにかかわりはじめたのは、裕仁の体調悪化のなか、死を迎える日――「Xデー」――についてあれやこれやの危惧がなされていた時期であった。裕仁は半年以上ものあいだ、下血と輸血を繰り返し、「吸血鬼のように人民の血を吸って延命をはかっていた」［加納、二〇〇二、二四頁］。

あのころ、わたしはキャンパスが京都御所に隣接している同志社大学の学生だった。〈自粛〉のムードが蔓延するなか、大学の近くではしょっちゅう警官が道行く人びとをつかまえては職務質問。「カバンの中身まで検査された」という同級生たちもいた。やはり、異様な雰囲気だった。

そして、一九八九年一月七日に死去し、「崩御」などという、ふだん使われることのない言葉がマスメディアをにぎわすこととなったのだ。その日、大学では自主授業が緊急に設定されたように記憶している。当時、祖母とふたり暮らし。「おばあちゃん、ちょっと出かけて来るわ」と声をかけたら、テレビの前でずっと正座したまま涙を流しつづけていた祖母から「どこに行くの？」とたずねられた。「学校に行く」と言ったら、「なんで？」との問い返し。当時、天皇制を「問題」として認識はじめたわたしは、あたまでっかちに尖っていたので、「天皇が死んだって自粛している場合じゃないから」とこたえたのを覚えている。ずっと小学校の教員をしていた祖母は、涙を浮かべて、ただ一言、つぶやいた。「非国民」、と。

このエピソードをある教会の学習会で紹介したところ、意外なことに会場から笑いが起こった。この「非国民」という祖母のつぶやきは教会という組織のなかでは笑って済ますことのできる出来事であったのだろうか。会場にいた多くは三〇年前の代替わりを鮮明に覚えている世代である。そして、会場には、戦中時代の記憶をたずさえている人びとも何人か参加していた。自分の身にかかわらないことについては、笑いで対応できるのかもしれない。[※1]他方で、ほかの教会ではつぎのような言葉を差し向けられたことがある。「戦争をとおってきた世代としては、やっぱり価値観は変えられない。戦争が終わって、急に世の中がひっくりかえり、戸惑ったのだから。でも、結局、天皇は大事なんだと染みついているのだから、とにかく急に価値観は変えられない」というお叱りの言葉である。あとでみていくが、やはり、キリスト教――個々の教会という共同体――のなかでの天皇制批判は、まだまだ忌避されているのだと痛感した出来事でもあった。

さて、祖母のはなしに戻る。祖母は、あのとき、裕仁の死去という事態に接し、〈自粛〉ムードのなか、さまざまに自分の人生を、生きた時代を、一緒にいた人びとを回想しながら、テレビと向き合っていたのだと思う。「明治」期に生まれ、太平洋戦争を経て、戦後民主主義の価値観のなかに放り込まれるという激動の人生。とりわけ、小学校教員として働くなか、天皇制をめぐる価値転換を経験しているはずだ。わたしの知るかぎり、常日頃は天皇を信奉していたわけではない祖母がわたしに差し向けた一言――「非国民」――は、あまりに重く、その後、わたしの心のなかにずっと引っかかりつづけてもいる。結局、わたしはそのときの祖母の気持ちを聞けずに終わってしまったのだから。

※1　講演内容が掲載された教会の機関誌にはつぎのように記されていた。「私たちは現在の東アジアにおける様々な問題が日本の戦後処理のあいまいさに遠因があることを忘れてはならない。天皇制は、過去において様々に政治的に利用されてきた。特に、戦争のために「錦の御旗」として利用されやすいことを忘れてはならないだろう」（強調、引用者）。校正段階で「遠因」ではなく「直接的な原因」ではないかと指摘したところ、読者――つまりその教会に連なる人たち――の心情を考慮して、あえて距離を置いたとの回答があった。極めて典型的な「教会的配慮」であると思う。天皇制や日本の戦後責任はこうやって自分に関係することとして語ることと自体が忌避されることとなる。

(2) 知ることから感得する「問題」

「昭和」の終焉から「平成」へと時代が変わっていく時期、わたしはさらにキリスト教のさまざまな運動と出会っていくこととなった。所属する日本基督教団京都教区（京都府と滋賀県の諸教会の共同体）では、一九九〇年、即位の礼・大嘗祭に抗議するために、ハンガーストライキを実施した。繁華街である京都・四条河原町で、路上に座り、四八時間の抗議行動をするという企画。そこで初めて、反天皇制の運動に直接かかわることとなった。

ふりかえってみれば、その行動の背景にはいくつかの要素があり、それが結び合わさったところに、天皇制は「問題」である、という認識が生まれてきたのだと思う。

たとえば、天皇制を支える象徴としての「日の丸」「君が代」。わたしがそれらに違和感を抱いたのは、中学入学のときであった。一九八一年当時、入学した横浜共立学園中学・高校には式典の際にかならず壇上に大きな「日の丸」が掲げられ、「国歌斉唱」という項目がプログラムに埋め込まれていた。もちろん、なんらかの知識がないと、そこに違和感を抱くことはなかっただろう。中学の入学式に同行した母が示した違和感が、わたしがその後に考えるきっかけとなったのだと思う。母曰く、「なんで、キリスト教の学校やのに、あんな旗があって、『君が代』うたうんやろうなあ。不思議やなあ」。かつて、同志社女子中学・高校で過ごした母の〝素朴な疑問〟。同じキリスト教主義の学校であるはずなのに、という思いがあったのだろう。母もさして天皇制の問題を意識してすごしていたわけではないが、違和感を抱くに足る経験は重ねていたのだろうと思う。

わたしが六年間をすごし、卒業した横浜共立学園は、米国婦人一致外国伝道協会（ＷＵＭＳ）によって、一八七一年に設立された女学校である。つまり、ミッション・スクール（宣教師によって設立された学校）であり、キリスト教教育を柱とする教育を継続している。にもかかわらず、「国歌国旗法」（一九九九年）が成立する以前から「日の丸」を「国旗」と呼び、「君が代」を「国歌」と呼んでいた。後にみるように、国家体制に迎合する選択をみずからしていったキリスト教では、しばしばみかけることだ。そして同時に、戦前の反省をすることなく、戦後教育がなされていたことを示す興味深い例でもある。その後、一九八九年より「国歌斉唱・国旗掲揚」の習慣はなくなったと卒業生より聞いた。でも、きちんと検証されたうえでなくなったわけではなさそうだ。

そのような出来事も含め、いくつかのきっかけや学びを経て、天皇制を「問題」として認識する状況が生み出されていったのが、わたし自身の経験である。


さて、わたし自身が出会ってきたエピソードを長々と描いてきた。それらは断片でしかない。では、キリスト者として天皇制に向き合うとは、いったい、どんなことなのだろう。つぎにその点について考えてみたい。

3　キリスト教に内在する天皇制——天皇制に迎合してきた歴史

キリスト教では「唯一神」を信じる、ということになっている。なのに、なぜ、わたしが通っていた中学高校では、「現人神」としての天皇をたたえるような「君が代」をうたっていたのか。「日の丸」「君が代」や宮城遥拝などが強要された戦時下での時を終えて、それでもなお、なぜ、みずからの姿勢を振り返ることなく、その習慣は継続されていったのか。これは「時代の限界」として片づけてしまうことはできない。その姿勢は、日本のプロテスタント教会がたどってきた道筋の延長線上にあると考えられるからだ。

では、実際に、日本のプロテスタント教会はどのような歴史をたどってきたのだろうか。

一九世紀後半に日本に入ってきたプロテスタント・キリスト教会では、当初、天皇制に対峙する姿勢をもち、「神以外のものは拝まない」、「世の価値観には屈従しない」という規則をつくろうとしていた。歴史神学者の土肥昭夫によると、たとえば、一八七二年、横浜に設立された日本基督公会（現在の日本基督教会横浜海岸教会）は、「教会規則」を制定する際、天皇制とキリスト教は相容れないと明文化しようとした。具体的な聖書テクストを明示し、つぎのような文言を含もうとしていたという。

「皇祖土神の廟前に拝跪すべからざる事（出エジプト二〇・三―五）」
「王命と雖も道の為には屈従すべからざる事（使徒行伝四・一九、五・二九）」
「父母血肉の恩に愛着すべからざる事（マタイ一二・四八、ヨハネ二・四）」

天皇崇拝とキリスト教信仰は相容れない。であれば、天皇崇拝は拒絶すべきである。「君に忠誠」と同時にセットで教育のなかで徹底されてきた「親に孝行」だって拒絶すべきだ。――それらを聖書を根拠として提示しようとしたのである。

しかし、これらは結局、削除されることとなった。日本政府は受け入れないであろうとの予測を立てての判断であった。自主規制である。土肥は、明文化されなかった事実をみつめ、つぎのように述べる。この出来事は「天皇制がよって立つ宗教的性格に挑戦し、これを切り崩そうとするものであった」が、しかし、その後、「キリスト教の歴史の示すところによれば、その大勢は天皇制のイデオロギー攻撃に自己の立場を弁解しつづけるうちに、その異質的性格は磨滅し、むしろ天皇制に忠実なキリスト教となっていった」［土肥、二〇一二、三五頁］。

太平洋戦争時には大政翼賛体制のなか、「宗教団体法」が成立し（一九三九年）、国策として、プロテスタント教会の一致がはかられていった。[※2] 一九四〇年には「皇紀二六〇〇奉祝全国基督教信徒大会」が、じつに二万人の参加をもって開催された（一〇月一七日、於・青山学院）。一九四一年には、組織のあり方や運営方法も異なる三五教派が合同し、日本基督教団が成立した。そして成立後、日本基督教団は、植民地へのキリスト教伝道、とりわけ朝鮮半島への伝道を積極的に担っていくこととなった。キリスト教信仰の布教とともにおこなわれたのは、皇民化教育の徹底である。同時に、戦闘機献上、宮城遥拝など、まさに「天皇陛下の名のもとに」戦争協力がなされていった。[※3] 沖縄からは戦禍がひろがるに従って、「本土」の牧師は撤退していった。「切り捨て」である。

日本基督教団は、戦後もそのようなあゆみを転換することなく進んできた経緯がある。土肥昭夫があきらかにしているように、戦時中に日本基督教団の統理者であった富田満は、敗戦後、初めての常議員会（教団役員会）において「余ハ特ニ戦争責任者ナリトハ思ハズ」と答弁している（一九四五年一二月）［土肥、二〇〇四、一二一頁］。また、一九四一年の合同時には議論の決着がつかずに制定されることのなかった「日本基督教団信仰告白」も、一九五四年になり、沖縄諸教会が不在のままに制定されることとなった。この際、採用された内容は設立認可を受けるために大日本帝国政府に提出された「教義ノ大要」（一九四一年）を部分的に採用したものである。その制定過程を詳細に検証しながら、土肥は「驚きというほかない」とし、「戦時下においてこの『教義ノ大要』に基づき『皇運ヲ扶翼シ奉ルベシ』と唱えたことに対する自責の想いはなかったのだろうか」と疑問を投じている［土肥、二〇〇四、一七三頁］[※4]。

なぜ、歴史は忘却されていくのだろうか。聖書学者の荒井献は、天皇が公的には「わたし」と主語をもって語れない点に注目し、そこには「無責任体制としての天皇制」があると述べる。荒井は、天皇制のみならず、キリスト教のなかにも「無責任性」が横たわっているととらえ、つぎのように指摘する。

自分の立場を、神の名や聖書の言葉によって正当化してはならない（…）。それをしたら、自分の立場に対する責任を、神や聖書に転嫁することになる。自分の責任は自分でとること、これが無責任性としての天皇制の縄目から脱出できる、ほかならぬイエスがその振舞いを通して示唆した、唯一の方法であるように、私には思える［荒井、二〇〇五、一八八頁］。

荒井によると、キリスト教の指針となるべき人物であるイエスという人物[※5]は、体制批判をするときに一度も神の名や聖書の言葉によって自らの言行を正当化せず、むしろ、そうすることを拒否さえしている［荒井、二〇〇五、一八九頁］。しかし、そのイエスのあゆみに倣おうとするはずのキリスト者は、大政翼賛体制のなかでのあゆみを「神の名や聖書の言葉によって正当化」することにより、みずからの立場を守り、戦争協力を遂行したのである。

歴史が示す事実は、キリスト教が、国家神道と簡単にむすびつき、みずから積極的に排除行為をおこなう集団であり、簡単に大きなものに巻き込まれていく道筋をたどったということである。[※6] 歴史がそれを如実に示していると同時に、そのような「教会の体質」はいまも残存しているといえるだろう。国家神道と共存しうるキリスト教の信仰をもつ多くの日本の教会のなかで、先に述べたように、天皇制について語ること自体がいまだに忌避されることが少なくはないからである。

※2　このような国家による直接の宗教団体統制に関する法案はこれが初めてではない。日本キリスト改革派教会の牧師として、二〇一〇年代、「秘密保護法案」に国家統制の再臨をみる安田直人は、太平洋戦争以前からくりかえし提出された同様の法律を、「真宗やキリスト教会の強い反対の声」が「次々と廃案に追い込み」つづけたことを指摘する。安田は「宗教団体法」が成立した一九三九年について、「最初の宗教法案から40年、最後から10年」という期間のなか、その間に起こったのが「各分野を個別に統括する法の整備から、戦時体制を維持するための全体を統括する法の整備への、『法制化の過程そのものの抜本的な変化』」であるとみている［安田、二〇一四、七三頁］。

※3　ただし、このような動きに対し、抵抗していったグループがあったことも忘れてはならない。一九四二年にはホーリネス系の教会に対し、弾圧が起こった。治安維持法違反によって牧師九六人が検挙され、その後、二〇名が追検挙されている。獄死者も出したケースである。ホーリネス系の教会は、二〇一教会、六三伝道所が解散処分を受けることとなったが、日本基督教団執行部はそれらの教会関係者に自発的辞任の勧告をおこない、「切り捨て」をおこなった［cf. 上中、二〇一五］。

※4　昨今の日本の国会では「教育勅語」に歴史を捨象したあらたな解釈が施され、その重要性が特定の議員たちによって強調されるなどの由々しき事態を迎えているが、日本基督教団も「信仰告白」については同様である。二〇一四年一一月に開催された常議員会（第三九総会期第一回）にて、議事第二八号「准允式及び接手礼

式に於いて、『日本基督教団信仰告白』が唱和告白されることを確認する件」が可決され、地域共同体である各教区宛に「日本基督教団総会議長・石橋秀雄」の名前で「御教区にて執行される『准允式』および『接手礼式』において、『日本基督教団信仰告白』を唱和告白されますよう、その実行を通達いたします」との文書が届けられた。准允式と接手礼式とは、それぞれ、教師を立てる儀式である。ここにも歴史を捨象し、特定のイデオロギーを遂行しようとする態度が横たわっている。

※5　一応確認しておくと、イエスは古代ユダヤ教の世界に生きた人物で、キリスト教の創始者ではない。イエスの死後、しばらく時間が経過したなか、生前のイエスの言動を伝えていく群れが生じ、それが初代教会となっていった。

※6　その後、一九六七年には、戦争協力に邁進してきたことを反省的に振り返り、「第二次大戦下における日本基督教団の責任についての告白」が当時の総会議長・鈴木正久の名前で発表された。この「告白」文には、教会が戦争に同調すべきではなかったこと、「まさに国を愛する故にこそ、キリスト者の良心的判断によって、祖国の歩みに対し正しい判断をなすべき」であったことなどが述べられ、「祖国が罪を犯したとき」、「『見張り』の使命をないがしろに」したことなどが述べられている。またその罪を懺悔したうえで「世界の、ことにアジアの諸国」に対しての謝罪の言葉も含まれている。しかしながら、沖縄の諸教会については言及されてはいないし、日本軍「慰安婦」制度など性差別の問題についても言及されてはいない。これらの点についても、その後、批判的検討が加えられている。

4. キリスト者と「信教の自由」——その陥穽

(1) 天皇代替わりへの抗議とメディアのまなざし

三〇年前の代替わりの際、わたしは所属する日本基督教団京都教区での天皇代替わりへの抗議行動に参加したと先に述べた。〈自粛〉から〈喪〉へ、そして〈祝祭〉へという、日本社会に蔓延する異様な雰囲気のなか、キリスト教会では、教派を超えて、全国的な抵抗の波が生み出されることとなった。日本基督教団では、裕仁の死がそう遠い将来の出来事ではないであろうという時期を迎えていた一九八八年三月、「天皇の代替りに関する情報センター」が教団総会議長を責任者として設置決定され、月二回の通信発行が開始された。[※7] また、プロテスタントの諸教派が加盟する日本キリスト教協議会（NCC）では、「大嘗祭問題署名活動センター」が設置された［NCC編、一九九一］。これらの動きは、戦時下での戦争責任を振り返る作業でもあった。

「日本国憲法」制定後のはじめての代替わりであり、憲法に明確に規定されている「政教分離の原則」に違反する皇室祭祀が国家行事としておこなわれることへの抗議。しかし、「靖国神社法案」への抗議行動の広がりと比較して、共闘することが困難であったという［NCC編、一九九一、五～六頁］。一九六六年に「建国記念の日」が制定されたこと（紀元節の復活）に対して、日本のキリスト教諸教会は「信教の自由を守る日」を設定してきたが、あくまでも天皇制の国家体制は存続したまま、自分たちの信仰を守るという〈防衛的〉な信仰のあり方を模索してきた傾向にあるのではないかとも思う。

他方で、そのようなキリスト教会への社会のまなざしはいかなるものであったのか。今回の天皇代替わりにあたり、「即位の礼・大嘗祭等違憲差止請求」訴訟が開始された（二〇一八年一二月一〇日、東京地裁に提訴された国賠訴訟）。一般メディアは、この訴訟に対して、興味深い報道をおこなった。

たとえば、つぎのような記事があった。「市民ら二四一人が一〇日、支出差し止めと一人当たり一万円の損害訴訟を求め、東京地裁に提訴した」。この市民というのは、「原告は北海道から沖縄までの市民やキリスト教や仏教などの宗教者ら」であると『東京新聞』は記している（二〇一九年一二月一一日）。また『日本経済新聞』（同日）は「大嘗祭に公費差し止めを提訴――宗教関係者ら」と記す。共同通信配信記事がもとになった報道が少なくはなかったようだが、そこにみえる特徴はわざわざ「宗教者」を明記していることである。報道の意図として、〝キリスト教や仏教の人たちは、これは神道の儀式だから自分たちの信仰とは相容れなくて反対しているのだ〟という図式が浮かび上がってくるのではないだろうか。たとえば、仏教には仏教の、キリスト教にはキリスト教の、それぞれの信仰生活をおくる権利が個々人にはある。であるからこそ、国事として、神道という特定の宗教――〝わたしたち〟の宗教とは異なる宗教――の儀式を執行し、そこに多額の国費（税金！）を投入し、かつ、天皇代替わりが祝意を強要される出来事として実施されるのは、あきらかな損害として認識される、という図式である。

もちろん、宗教者のなかには、自分が信じる宗教以外の特定の他宗教に国費が投入されるのを問題とする人たちもいるだろう。しかし他方で、このように読み解くこともできるのではないだろうか。すなわち、メディアには、神道以外の宗教者からの異議申し立てを、一種の宗教対立のようなかたちでみせたいという〈欲望〉があるのではないか。このような図式を提示されると、宗教の異なる人びとが問題化しているにすぎないと認識される可能性がある。つまり、ここではメディアの

〈欲望〉によって、ことがらの矮小化が起こっているのではないだろうか。

(2)〈キリスト者＝善〉という思想への問い

天皇代替わりに際して、いくつもの神道行事がおこなわれる。詳細には踏み込まないが、「古事記」や「日本書紀」という神話を再確認し、神話と歴史は断絶せず同一のものであると再確認しながら神道儀式がおこなわれること、天皇はたんなる日本という国の「象徴」ではなく、「神」の名によって権威づけがなされていくこと自体、非常に大きな問題である。同時に、特定の宗教行事に祝意を強要され、そこに国費がつぎ込まれていくことも大きな問題である。政府公表によると、経費に一六六億円もの予算が計上されたのだ(二〇一八年一二月二一日発表)。先に述べたメディアの〈欲望〉のみならず、実際には神道以外の宗教者たちが「政教分離」や「信教の自由」という観点から反対しているのも事実である。経費の国費が「政教分離」原則に違反するのみならず、祝意を強要されるという点からも「信教の自由」が妨げられるからである。

しかし、くりかえすが、歴史をふりかえるとき、天皇制を支持し、積極的に迎合してきた歴史が、日本のキリスト教にも存在することを忘れてはならない。この歴史を抜きにして、「政教分離」や「信教の自由」だけを掲げて、宗教にかかわる人びとがみずからの信仰を守ろうとする態度には、疑問をもたざるをえない。

この点に踏み込む前に、象徴的なエピソードをとりあげておこう。先の「即位の礼・大嘗祭等違憲差止請求」の第一回口頭弁論(二〇一九年二月二五日)の終了後、報告会において以下のようなやりとりがあった。もとはといえば、わたしの「失言」に端を発したものである。この日は意見陳述をしたのだが、わたしはキリスト教信仰を「守る」という立場からの発言はいっさい盛り込まなかった。その経緯を紹介し、「暗闇でキリスト教の人に刺されることがないように気をつけたいと思います」などという言葉で笑いをとってしまったのが、わたし自身の「失言」である。この発言に対し、参加者のひとりから、「言葉には気をつけるべきだ」という忠告を受けた。当然のことであろうと「失言」については謝罪した。しかし、気になったのは、発言者のその後の説明である。そのときのメモを参照しつつまとめると、大意はつぎのようなものであった。

「信教の自由」を求めるさまざまな動きに自分は参加してきた。デモや集会などで罵声をあびせられたり、攻撃を受けたりすることもあった。そのなかで恐怖を感じたのも事実。しかし、攻撃をしかけてくる人びとはキリスト教の人ではなく、「外」の人たちである。キリスト教の人たちは、攻撃にさらされて恐怖を感じながらも自分たちの信仰を守るために行動している。そのような誠実なキリスト教の人びとのなかに、誰かを「刺す」ような暴力的な人はひとりもいない。

もちろん、そのときのテンションや雰囲気もある。それらを抜きにして判断することはできないかもしれない。しかし、わたしがここで考えさせられたのは、この発言の背景に〈キリスト教＝善〉の思想が横たわっているのではないか、ということであった。〝良心的〟なキリスト教の人たちは、みずからの信仰を最優先すべきだという立場にある。もちろん、他宗教あるいは無宗教に対しても寛容であるケースも存在する。しかし、優先されるべき宗教としてのキリスト教がある。そして、〈キリスト教＝善〉の思想は、本来的にはキリスト者は平和を愛する存在だと認識する枠組のなかにある。そのため、負の歴史を振り返ることが困難となる。実際にキリスト教はこれまで多くの人びとの命を奪ってきたのだ。ヨーロッパの歴史をふりかえれば、十字軍や魔女狩りなどの事例もある。また二〇世紀の時代にもジョージ・ブッシュJr米国大統領は、聖書を引用しつつ、「大量破壊兵器」など結果的には存在しなかったイラクへの戦争を開始した事例もある。しかし、〈キリスト教＝善〉の思想をもつ人びとは、そのようなキリスト教信仰が牽引した殺戮の歴史を、キリスト者の本来的なものではないものとしてみる。それゆえに宗教のもつ危険性を低く見積もってしまう傾向があるのではないだろうか。

※7　その後、「靖国・天皇制問題情報センター」に名称変更され、活動は継続されたが、二〇〇二年、教団執行部の右傾化と対話拒否路線の徹底のなか、教団の組織としては廃止されることとなった。現在は、有志団体として月一回の通信発行をはじめ、全国のネットワークをつなぐ役割を継続している。同センターが発行する機関紙のほか、活動の中心を担った小田原紀雄の文章も没後にまとめられている［小田原、二〇一八］。

5 天皇制がはらむジェンダー役割――性差別・異性愛主義

(1)「女性天皇」論がはらむ問題

いくつかのエピソードをとりあげて、天皇制とキリスト教のかかわりを批判的にみてきた。それらは断片にすぎないのだが、多くの場面で落とされてきたテーマがある。それは天皇制がはらむジェンダー／セクシュアリティにかかわる視点である。

天皇制の存続は世襲制によって支えられている。世襲によって駆動するシステムが存続するためには、かならず、子どもが生まれなければならない。皇位を血縁関係という形式で子孫をつないでいかなければならないのが天皇制の特徴のひとつでもある。というのも、皇室典範には「天皇及び皇族は、養子をすることができない」(第九条)と明記されているからだ。戦後、「日本国憲法」が制定され、そのもとに民法では廃止されたはずの家制度が、皇室には残存しているのだ。

子どもが生まれなければならないというのは、子どもを産む人が必要とされるということである。端的にいえば、皇位継承には、女性の身体が必要不可欠とされる。この制度は、女性に男子を産ませることを必須とする。世襲によって存続する「万世一系」の思想は、日本の近代化のプロセスに形成されたフィクションであるが、皇族男子は結婚したくなくとも、女性と結婚し、その妻に男子を出産させることを伴う思想でもある。この女性の身体を使って皇位継承のための男子を産ませる制度こそが性差別であると、これまでにも多くのフェミニストたちは指摘してきた。

しかし、近年、フェミニズムのなかでも、そのような流れとは異なる主張も出始めている。このままでは皇室が途絶えてしまう、という危機感と同時に、である。

たとえば、皇室典範にある性差別を是正すべきとする立場がある。二〇一六年に国連女性差別撤廃委員会は日本政府の最終見解案に記載された「皇位継承権に男系男子の皇族だけがある」ことへの問題を指摘しようとした。その際、日本政府は強く抗議し、勧告から外させるという事態となった。結局、当初、女性差別撤廃委員会が入れていた「母方の系統に天皇を持つ女系の女性にも皇位継承が可能となるよう皇室典範を改正すべきだ」という文言は消されたものの、女系・女性天皇が男女共同参画時代の日本にふさわしいものであるとするフェミニストたちも存在する。

女性排除の規定として制定されたプロセスを考えると、容認しがたいものの「女帝論」を議論としては継続すべきだとの見解を、長年、天皇制とジェンダーの問題を分析してきた加納実紀代は、かつて示していた［加納、二〇〇二：二〇一八］。また、インタビュー記事ではあるものの、社会学者の牟田和恵も皇位継承を女性にも開放すべきだとの主張をおこなっている。[※8] この記事では、二〇一九年の代替わり時期にマスコミ各社がおこなった世論調査では女性天皇に八割前後の賛成意見があったことをふまえ、現天皇の長子である愛子が「次の天皇になられるのが当然」という言葉が紹介されている。というのも、男系男子のみを皇位継承者として規定する皇室典範は「日本社会の女性差別を反映している」ものであり、このような「皇室の女性差別が見直されなければ、日本社会における女性の生きづらさも本質的には変わらない」ということらしい。そして、記事は以下のように結ばれる。

愛子内親王は天皇皇后両陛下のもとですこやかに成長されているようです。将来、即位されれば、天皇として立派に務めを果たされることでしょう。

「女性だからできないこと」は、社会からなくしていくべきです。皇位継承についても、同じだと思います。

もちろん、記事は編集者の手によるものであるので、当人がどのように語ったのか、正確にはわからない。ただ、このような方向性がフェミニズムにもひろがっていくことで、天皇制の存続がはかられることをわたしは大変危惧する。というのも、そもそも女性排除という性差別からはじまった近代天皇制の出発点が忘却されていくからだ。同時に、女性天皇論の問題は、皇室神道の祭祀に女人禁制が含まれていることを視野に入れていないことも気になる点である。皇室祭祀の長としての天皇の役割がある。もちろん、女性天皇を認めることになれば、皇室神道も変化していくのかもしれないが、この点については、女性天皇を容認するフェミニズムのなかでも議論は進んでいない。ともかく、わたしは天皇制存続のために「男女同権」みたいな主張が起こって、そこに巻き込まれていくのはごめんだ。あくまでも天皇制は解体すべきなのだ。いや、現状の皇室典範をそのまま維持するのであれば、天皇制は潰えるはずだ。そこに日本社会の「未来」を志向することこそ、必要なのではないだろうか。

加えるならば、皇位継承者を生み出す生殖を伴う男女一対の関係性を「正しい」ものとする思想は、異性愛主義を強化するものでもある。英文学者であり、フェミニズム理論の研究者である竹村和子は、異性愛主義（ヘテロセクシズム）と性差別（セクシズム）は同じ根をもつとして、「［ヘテロ］セクシズム」という概念を用いる。竹村によると、「同性愛差別は、近代市民社会の性差別（セクシズム）を前提にして、さらに言えば性差別を促進する装置として、編成されたもの」である。そこで「規範として近代社会が再生産しつづけているのは、異性愛一般というよりも、ただ一つの『正しいセクシュアリティ』の規範」である。竹村のいう「正しいセクシュアリティ」とは、「終身的な単婚（モノガミー）を前提として、社会でヘゲモニーを得ている階級を再生産する家庭内のセクシュアリティ」である［竹村、二〇〇二、三七〜三八頁］。そこには、次世代再生産と終身的な単婚というふたつの特徴がみられる。[※9]

女性の身体利用によって継承される皇位とは、まさにこのような「正しいセクシュアリティ」の規範を強化し、維持しつづける装置である。そのため、規範からはずれた性を生きる人びとのあり方が阻害され、負のレッテルがはられていく社会を、直接的・間接的に強化するシステムでもあることを強調しておきたい。

子産みを強要される女性身体が、いかほど、過酷な状況に置かれるのか。徳仁の妻である雅子が置かれた状況は、いまだ多くの人びとにとって記憶にあたらしいのではないだろうか。雅子は結婚後、しばらくのあいだ、妊娠することはなかった。女性不妊か男性不妊か、どちらかではないか。おそらく生殖補助技術が使われたのではないか。そのような話題も女性週刊誌などには掲載されたが、真相はわからない。機密の保持とタブー視とが徹底されているからである。プライベートな領域に属するはずの妊娠・出産という出来事が、国家システムのなかでおおごととして取り沙汰されること自体、異常な光景である。

子産みを徹底的に期待されること。いや、強要されること。そして、皇位継承のために男子を産まなければならないという制度。皇室の今後を考えると、女性天皇や女系天皇の話題や議論が何度も消えては登場するかとは思うが、誰かが産まなければならないことを強要するような制度は、性差別と異性愛主義の産物以外のなにものでもない。

(2) 皇室のジェンダー規範

皇室典範が「日本社会の女性差別を反映している」のは、そのとおりであるが、皇室が生み出してきたジェンダー規範については、その表象に変化がある。

明仁は「民間人」との結婚をし、天皇であった時代には、夫婦での各地の訪問をつづけた。メディアでは「夫婦」というユニットが示されつづけてきた。皇室関連の報道はつねにこのスタイルであるが、「家族」なるものが前面に押し出され、好意的なイメージづくりが戦略的になされることによって、天皇を中心とする家族主義は再生産されてきたといえる。

また、明仁の意思をも継承するものとして、徳仁の活動は今後もおこなわれていくと思われる。天皇・徳仁と皇后・雅子がセットで行動する機会が代替わり前より進められてきた。たとえば、結婚後、二〇〇四年には「適応障害」として報道された雅子の体調については「産後うつ」であったのではないかとの「識者」の見解も発表された。[※10]「適応障害」というのは、皇室にいること自体、その環境が問題なのである。しかし、「産後うつ」という名づけは、ただ、妊娠・出産という一時期だけを切り取った環境を問題化し、解釈しなおすことを意味する。つまりは、状況を解釈しなおすことによって、皇后としての公務準備がなされてきたのだ。言うまでもなく、マスコミが貢献することによって。

「母のひざの上で育った」徳仁と、キャリア・ウーマン出身の雅子という「民主的イメージ」あるいは「あたらしい家族のかたち」はすでに利用されてきている。キャリアを捨てて、家庭に入り、夫に仕える雅子。体調の決してよろしくない妻を思いやり、支える徳仁。まさに男女共同参画社会という時代イメージに合致した天皇制である。男女共同参画社会とは、男性も女性も国家に協力して社会をかたちづくっていこうという政策にすぎない。日本政府が描いてきたのは「性差別禁止」でも「ジェンダー平等」でもない。だから結局、性差別は温存されたまま、解消されることはないのが現状だ。このような社会のなかで、天皇・皇后は夫婦一対で行動することにより、「良い人たち」、「平和」というイメージをふりまくと同時に、またもや、異性愛主義の規範が再生産されていくこととなるのだ。

もうたくさんだ、と思う。性差別や異性愛主義を温存する天皇制を解体するのは、どうしたら良いのか。わたしたちは、いったい、このような天皇制にどのように抵抗していくことができるのか。なによりも、日本に暮らす人びとの圧倒的多数は無関心であり、「平和」イメージが功を奏して天皇に対する好感度すらあがっている、この時代に。

※8 「皇室の女性差別」撤廃を！ジェンダー研究者の女性天皇論（『女性自身』二〇二〇年二月一一日号）［https://jisin.jp/domestic/1828234/ ＝最終閲覧：二〇二一年一一月三〇日］

※9 竹村和子は、異性愛主義を「異性愛を唯一の合法的な愛の形態として、それを強制する異性愛中心的な考え方」として定義する［竹村、二〇〇二、三〇九頁（註2）］。ここでは「異性愛」（ヘテロセクシュアリティ）との区別も明示されている。異性愛主義は排外的な社会規範のひとつであり、また異性愛は多様なライフスタイルのひとつであることに注意しておきたい。

※10 『女性セブン』二〇一八年一〇月一八日号、など。

6 おわりに──ポスト・コロナ時代に向けて

断片的なエピソードをまじえながら、ひとりのキリスト者として出会ってきた光景や考えてきたことを述べてきた。それぞれのテーマは、もっと深く掘り下げていくべきである。とくにキリスト教の状況をみれば、組織としての教会の権力構造は、天皇制のあり方と類似している点もこれまでにも指摘されてきたが、ここでは踏み込むことができなかった。近代天皇制は、天皇を「父」とし、そのもとにまつろう者たち（臣民）を「赤子」として位置づける家族国家観をもとに浸透する方法をとってきた。教会もそこに連なる人びとをイエス・キリストの「子」と表現し、共同体を統率する牧師の役割を男性に権威を付与するかたちで推移してきている。わたしはかつてその構造を「家族教会観」と名づけた［堀江、二〇一七］。戦争協力に邁進した様相や、それを反省的にとらえきれていない教会は、いまもそのような家族主義を軸として維持されている。であるからこそ、キリスト教が、天皇制への抵抗の砦となることは、おそらく困難なのであろう。

コロナ禍のなか、そのような教会の状況が大きく揺さぶられたといえる。今後、どういう方向性へと向かっていくのか、判断するのは難しいのかもしれない。二〇二〇年春以降、「不要不急」の外出自粛が政府から要請され、人びとが多く集まることを避けることを余儀なくされた。教会は集まって儀式をおこなうことを避け、資源や技術のあるところではオンラインでの礼拝がおこなわれてきた。オンラインでアクセスできない人びとは取り残されたし、高齢者や教会を居場所としていた習慣をもつ人びとの苦難も生み出されてきた。ひとが集まることの「共同性」の重要性が確認されたともいえる。他方で、対面形式でしかおこなえない儀式——パンとぶどう汁をわかちあう聖餐式など——をみなおす機会にもなったのではないかと思う。まさに、詳細な内容が公表されないままに実施された大嘗祭のように「神秘性」だけが重要視されていく儀式に意味があるのかどうか。権威づけされ、人びとを隔てていく儀式。それらが執行できないことで、あらためて、意味を問う機会にはなったはずだ。

まだまだ課題は多くある。このようなキリスト教のなかで、それでもなお、問題意識を持つ人びととつながっていくこと。あきらめずに天皇制を「解体」する必要があると主張しつづけていくこと。遅々たるあゆみでしかないけれど、それぞれの現場で思考し、行動しつづけていくしかないのだと思う。わたしは宗教批判の観点から、その作業をつづけることとしたい。

〔参考文献〕

荒井献［二〇〇五］『「強さ」の時代に抗して』岩波書店。

NCC大嘗祭問題署名運動センター編［一九九二］『キリスト教と天皇制――一九九〇年教会の闘いの記録』ヨルダン社。

小田原紀雄［二〇一八］『磔刑の彼方へ――小田原紀雄社会活動全記録（上・下）』インパクト出版会。

加納実紀代［一九七九］『女性と天皇制』思想の科学社。

――［二〇〇二］『天皇制とジェンダー』インパクト出版会。

――［二〇一八］『「銃後史」をあるく』インパクト出版会。

上中栄［二〇一五］「ホーリネス」キリスト教史学会編『戦時下のキリスト教――宗教団体法をめぐって』教文館。

竹村和子［二〇〇二］『愛について――アイデンティティと欲望の政治学』岩波書店。

土肥昭夫［二〇〇四］『歴史の証言――日本プロテスタント・キリスト教史より』教文館。

――［二〇一二］『天皇とキリスト――近現代天皇制とキリスト教の教会史的考察』新教出版社。

堀江有里［二〇〇六］『「レズビアン」という生き方――キリスト教の異性愛主義を問う』新教出版社。

――［二〇一五］『レズビアン・アイデンティティーズ』洛北出版。

――［二〇一七］「『家族教会観』批判にむけての試論――天皇制・家族主義・教会」『福音と世界』二〇一七年八月号、新教出版社。

――［二〇二〇ａ］「『国家と教会』論・再考――天皇代替わり時代におけるキリスト教会の責任」『人権教育研究』第二八号。

――［二〇二〇ｂ］「天皇制とキリスト教への一考察――身分制度・性差別・異性愛主義」『キリスト教文化』第一五号。

――［二〇二二ａ］（近刊）、「天皇制とジェンダー／セクシュアリティ――国家のイデオロギー装置とクィアな読解可能性」菊地夏野・堀江有里・飯野由里子編『クィア・スタディーズをひらく2――結婚、家族、労働』晃洋書房。

――［二〇二二ｂ］（近刊）、「『オリンピックはどこにもいらない！』――ダイバーシティ戦略批判と反五輪運動からの考察」『人権教育研究』第三〇号。

安田直人［二〇一四］「戦時下における教会の抵抗と挫折を超えて」特定秘密保護法に反対する牧師の会編『なぜ「秘密法」に反対か――開かれた平和な国のために祈りつつ』新教出版社。

安丸良夫［二〇〇七］『近代天皇像の形成』岩波学術文庫。

9 明仁天皇の言説をめぐる言説と徳仁

北野 誉

きたの・ほまれ

一九五九年生まれ。一九八七年、天皇沖縄訪問反対闘争を契機に反天皇制運動連絡会に参加。「日の丸・君が代」反対、靖国問題、反弾圧救援運動などにも参加してきた。論文「島薗進批判：『神聖』か『象徴』か、いかなる『国家神道』か」(『季刊ピープルズ・プラン』八一号)、「明仁─徳仁『天皇代替わり』との闘争経験について」(同八八号)、「『平成天皇制』の人権弾圧」(『人権と教育』六〇号)など。

2・24在位三〇年式典の「おことば」から

皇太子徳仁への「代替わり」を控えた二〇一九年二月二四日、明仁天皇は、国立劇場で開かれた在位三〇年記念式典の「おことば」において次のように述べた。

「平成の30年間、日本は国民の平和を希求する強い意志に支えられ、近現代において初めて戦争を経験せぬ時代を持ちましたが、それはまた、決して平坦な時代ではなく、多くの予想せぬ困難に直面した時代でもありました」。

「天皇として即位して以来今日まで、日々国の安寧と人々の幸せを祈り、象徴としていかにあるべきかを考えつつ過ごしてきました。／しかし憲法で定められた象徴としての天皇像を模索する道は果てしなく遠く、これから先、私を継いでいく人たちが、次の時代、更に次の時代と象徴のあるべき姿を求め、先立つこの時代の象徴像を補い続けていってくれることを願っています。」

「これまでの私の全ての仕事は、国の組織の同意と支持のもと、初めて行い得たものであり、私がこれまで果たすべき務めを果たしてこられたのは、その統合の象徴であることに、誇りと喜びを持つことのできるこの国の人々の存在と、過去から今に至る長い年月に、日本人がつくり上げてきた、この国の持つ民度のお陰でした。」

「平成は昭和天皇の崩御と共に、深い悲しみに沈む諒闇の中に歩みを始めました。……全国各地より寄せられた『私たちも皇室と共に平和な日本をつくっていく』という静かな中にも決意に満ちた言葉を、私どもは今も大切に心にとどめています。」

在位三〇年にあたってのこの「おことば」は、いわば明仁天皇による三〇年間の総括である。天皇は憲法の規定に従って、自由に自分の意見を述べることが禁じられており、どのような「おことば」も、最終的には政府関係機関との調整（内閣の助言と承認）の上に発せられるものであるかぎり、それが一字一句にいたるまで、天皇の「ことば」であるということはできない。だが、それはまぎれもなく明仁天皇自身の「真情」を語ったものととらえられることによって、現実の天皇自身のことばとしてはっきりと機能してきた。何よりも、この間私たちが目にしてきたように、そうした明仁天皇の「ことば」が、明仁天皇自身の象徴天皇制像を説明し、それを「安定的に継承」するための「生前退位」状況を主導的に作りだしてきた以上、私たちはまず、これを天皇自身の「ことば」としてまずとらえる必要があるのだ。

それにしても、この明仁の発言は、いずれも、問題含みの発言であったと言わなければならない。たとえば、「戦争のなかった平成の時代」というこの時代認識は、二〇一八年一二月二三日の「最後の」天皇誕生日の記者会見においても述べられていた。「平成が戦争のない時代として終わろうとしていることに、心から安堵しています」と。確かに日本国内における戦闘行為はなかったかもしれないが、世界各地で戦争は続いていた。さらには、安保法制をはじめとする戦争体制構築は着々と進み、日米同盟体制の中で、日本は戦争に加担してきたし、いまなお加担している。明仁の言葉は戦争国家の実態を覆い隠すデマゴギーである。だが私たちは、そのように指摘してすませることができない言論空間をすでに生きている。

何よりも明仁の「ことば」は、ひとたび発せられるや否や、決して否定することのできない真実として流通するのだ。仮に明仁の発言が真実でなくても、明仁が平和というものを価値的に語ったというそのことだけで、明仁にとっては平和こそが大切な真実なのだということの証としてとらえられた。いまや、護憲・平和の担い手として、右翼ナショナリストの安倍政権と対抗関係にあると、少なからぬリベラル層において評価されてきたのが明仁天皇である。在位三〇年記念式典での「おことば」は、いわば公定の「平成解釈」の基本的なトーンをかたちづくってきた。

後述するが、その天皇の地位を受け継いだ徳仁にとっても、それは基本的に自らが担う象徴天皇制の機能の内容を確定するものとなった。したがって、さしあたり、明仁天皇において生み出されてきた象徴天皇制をめぐる言説状況を、再確認しておくことから始めたい。

反天連の問題意識として

私自身は、一九八七年から反天皇制運動連絡会（反天連）というグループに属して活動してきた。反天連は、予想される昭和天皇の死を前後する「Xデー過程」との対決を目指して八四年に結成された。八七年という年は、前年の昭和天皇在位六〇年式典を経て、昭和天皇が戦後足を踏み入れることのなかった沖縄に、国体出席のために訪問することになっており、その反対闘争が開始されていた時期だった。周知の通り、この国体出席直前に昭和天皇が倒れ、一気に「Xデー過程」に突入することになる。

その頃のことを思えば、天皇の死を挟む八九年前後（あるいはもっと以前から）と現在の、運動・言論状況の決定的な落差を痛感せざるを得ない。もちろん、社会運動の大きな後退、右派言論が全社会の主流を覆い尽くすような現実というものがある。だが先に述べたように、主流メディアにおいて天皇制に関する批判的言説が影を潜めているどころか、天皇賛美の声が「リベラル」や運動圏の中からさえも大量に生み出されるような状況は想定し得ないものだった。もちろんそこには、明仁自身が演じてきたような、昭和天皇イメージとの一定の「断絶」、明仁天皇制自身によるそのための「努力」というものが、功を奏してきてしまったということがある。天皇をめぐっての「総転向」があったのではない、「転向」したのは天皇制の方だ、といった声も聞こえてきそうだ。「良識的」な明仁評価は、そういうものだろう。だが、結局そうして成立している事態は、紛れもない天皇制への翼賛状況にほかならない。こういう中で、天皇制反対を言うものは、きわめて「特異」な思考（思想ですらない）の持ち主ということになる。

多く語られてきた明仁と安倍との対立という構図だが、それはおそらく八九年一月七日の「即位後朝見の儀」において「皆さんとともに日本国憲法を守り……」と発言して以降流布され続けてきた「護憲天皇」像を前提とし、明確な改憲勢力である安倍と天皇を対置させるという図式が先にあって、そこから演繹され導かれた主張であっただろう。

私たちは結論的には、天皇制があくまで国家の一機関として果たし続けている役割に具体的に注目すべきであり、それは、戦争国家の現実においては、行政権力と役割分担・補完関係をなしてそれを強化しているものでしかない、という判断に立つ。そのことは何度でも繰り返し主張しなければばならないが、先に述べたように現実の言論状況においては、決定的に追い込まれてしまっている議論だてであることは自覚している。そのうえで、何をどのように運動的に言っていくのかが常に問われている課題であったことは間違いない。

アプリオリな象徴天皇制美化

片山杜秀・島薗進『近代天皇論：「神聖」か、「象徴」か』（集英社新書、二〇一七年）という本がある。宗教学者である島薗と、政治学者・音楽評論家の片山の対談本である。この本の特徴は、近代の天皇制論をそれなりに実証的に追っているのだが、最後の章になると突然のように明仁天皇とその行為を美化することばが続くところにある。それはまったくの、論証を欠いた断言と言っていい。たとえば、明治天皇制の「慈恵主義」に対して批判的な見解をのべ、現在、「リベラル派もふくめて、天皇の『慈恵』に頼る世界に帰りつつある」ことに注意を促してさえいるのに、それは後ろの方では消えてしまっている。論述としてもバランスが悪く、最初にこの本を読んだとき、この二人が、どうしてここまで天皇の「意図」を説明し、意義づけてみせなければならないのか理解に苦しんだ。ここで島薗はまだしも慎重な物言いをしているが、片山の方は、天皇の「おことば」の方向を追求するのが戦後民主主義の大義である、本来民主主義と天皇制は究極的相性はよくないが、「極端に傾かず、王室と民主主義的政体を両立させてきたイギリスが、近代民主主義国家としてもっとも長続きしてきた」、だから「象徴天皇制の虚妄に賭けたい」とまで言う。

島薗進は、別の講演記録で、このようなことを述べている。

「いま喫緊の課題は、神権的国体論の復古の潮流を批判することであり、『神聖か、象徴か』は問題ではない、つまり、神聖天皇制も象徴天皇制も天皇制であることに変わりはなく、どちらも打倒対象であるという点では等価だ、という発想を取るべきではない。神権的国体論に依拠した権力の出現に反対の勢力は結束すべきだ、ということです」(「安倍政権と日本会議：その思想基盤と戦後」『変革のアソシエ』No.29、二〇一七年六月)。

「神聖」を拒否するために、はっきりと「象徴」の立場に立て、という。安倍と明仁の闘いにおいて、明仁に加担することこそ、戦後民主主義を護ることになるというわけだ。島薗はこの文章に続いて、「象徴天皇制」それ自体が、神聖天皇制の回路たりうる可能性についても言及している。にもかかわらずこのように断言するのは、つまりそれだけ、現局面における戦略的判断が強調された言い方となっているということである。

安倍個人の思想的立場はともかく、右派政権の立場を単なる「神権主義」という「復古」に置いてとらえる前提が、そもそもおかしいと言わざるをえない。

同じような言い方は、Twitterなどのsns空間においては、有力な意見にさえなっている。繰り返しになるが、そうした政治判断を可能にするのは明仁が平和主義者であり、また人格的にも無私の存在であるという天皇に対する像が、あらかじめ存在しているからにほかならない。そこでは、明仁が体現する「象徴天皇制」は平和や立憲主義に親和的な存在であり、「神権天皇制」や戦争国家というものは、現実の天皇も批判してやまない安倍政権や日本会議の方に一方的に負わされることになる。結局、彼らにとっては天皇に加担する「反安倍統一戦線」のために象徴天皇制を賛美し続けるという戦術が正しいものとなるわけだが、しかしそれはアプリオリな天皇賛美以外の表現を取りえない。かくして、それはせっせと再生産され続ける天皇翼賛以外のものではないことになる。

なぜ天皇制になびくのか

『季刊ピープルズ・プラン』八一号（ピープルズ・プラン研究所、二〇一八年）は〈象徴「天皇陛下」万歳の《反安倍（リベラル）》でいいのか？」〉という特集を組み、この「代替わり」状況において、天皇制翼賛に雪崩を打つ「反安倍（リベラル）」派の知識人の言説に批判を加えた。その中で白井聡を取り上げた松井隆志は、白井のみならず、現天皇を賛美する言論が最近目立っているが、それはなぜなのかと問い、「仮説」として以下の三点を挙げる（「『天皇による天皇制批判』という妄想」）。

①「お守り言葉」説。右翼の攻撃を最小限に防ぎ、自らの主張を天皇の真意を代弁として位置づけるもの。②「天皇夫妻オルグ説」。実際に天皇に会うことで、いかれてしまった人たち。③「政治利用」説。いわば天皇の左翼的「政治利用」。「①から③のどの立場に立とうとも、天皇の権威に依拠して民主主義を擁護しようとするのは、哀しい倒錯でしかない」というのが松井の結論だ。松井は、『近代天皇論：「神聖」か、「象徴」か』の立場を②ではないかと推測しているが、さきに紹介した島薗の講演での立場は、明らかに③に属するものとして理解できよう。

私としては、①から③を心理的に支えるものとして、④「大衆から遊離したくない意識説」というものが立てられるのではないかと考えている。象徴天皇制を支持している「国民」が九割を超えているといわれる現在、天皇制に対して敢えて言挙げする行為は避けたいという心理だ。近年の日本共産党の天皇制評価（とりわけその揺らぎ）にもそれはあるだろう。そして「国民」の圧倒的多数においても、その事情は変わらないはずだ。

二〇一六年八月八日の、明仁天皇のビデオメッセージが放映された直後の街角のインタビューの模様をテレビで見たが、新宿や渋谷駅前の巨大ヴィジョンから流れる天皇の放送に見入る若者たちは、マイクを向けられるや「天皇陛下はこれまでご苦労なさったので、おやすみいただきたい」といったことを、「適切」な敬語を使って語っていた。それはすでに、その場で求められる自らのふるまいを、忠実に演じてみせる姿でしかなかった。

それはまずは、自分が周りからどう見えるのかということについての意識だろう。しかしそれは、そのような冷めた意識によるふるまいというよりも、むしろ無意識に埋め込まれた身体的な構えとなっているようにさえ感じられる。さらにその若者は、インタビューを受けることで、あらためて天皇と自分に関わる公的な関係性を、受け入れたのかもしれない。「受肉された天皇制」。これはかなり恐ろしい事態である。

内田樹の「天皇主義者宣言」

この④というものについて考えてみたのは、内田樹の『街場の天皇論』（東洋経済新報社、二〇一七年）を読んだからである。一部で話題になった「私が天皇主義者になったわけ」というインタビューを巻頭においたこの本のあとがきで、内田は、東大全共闘と三島由紀夫の対話についてふれ、全共闘戦闘部隊の「鉄パイプ」を見たときに戦争末期の竹槍訓練を思い出したという養老孟司の「先祖返り」発言を紹介したあと、吉本隆明の「転向論」を引用しながら、このように書いている。「学生たちがそれと知らずに、『過去の亡霊たち』に取り憑かれたのは、まさに『侮りつくし、離脱したとしんじた日本的な小情況から、ふたたび足をすくわれたということに外ならなかったのではないか』」。そして内田は、「私は他のことはともかく、『日本的情況を見くびらない』ということについては一度も気を緩めたことがない」と続ける。

先の『季刊ピープルズ・プラン』の特集でこの本を検討した中嶋啓明の論文のタイトルは「『日本的情況』に足すくわれた〝知の巨人〟」である。私もこの評価に同意するものだが、この「日本的情況」なるものが、そもそも天皇制や家族制度、そして生活者としての「大衆」という「日本の社会状況の総体」であり、それとの本格的な対決が一度もなされなかったことによって「上昇型インテリ」を転向に導いたものであってみれば、「見くびらない」ことは、それとの根底からの対決を措いて他にないはずである。

だが内田は本書で、「（二〇一六年八月の天皇の）『おことば』は憲法の範囲内で天皇の霊的使命を明文化しようとした画期的な発言であり、これを奇貨として古代に淵源を持つ天皇制と近代主義的な立憲デモクラシーの『共生』のかたちについて熟考するのは国民の義務であり権利でもあるというふうに考えた」と述べる。

「天皇の霊的使命」というのは、死者の鎮魂のことであり、それこそが天皇の第一の「国事行為」だと内田は言うのだが、卑弥呼の時代以来、日本列島においては、そうした祭祀に関わる天皇と軍事に関わる世俗権力者という「二つの焦点」を持つ楕円形の統治システムが続いてきた、という。そしてそれは、象徴天皇制においても受け継がれており、立憲民主制と天皇制という、「両立しがたい二つの原理が併存している国の方が政体として安定しており、暮らしやすいのだ」と。「中心が二つある『楕円的』な仕組みの方が生命力も復元力も強い。日本の場合は、その一つの焦点として天皇制がある。これはひとつの政治的発明だ」と評価してみせる。文化天皇制論のバリエーションに過ぎないといえようが、立憲主義と天皇制との「共存」を、積極的に肯定した点に、彼が自ら「天皇主義者」となることを選んだ、とする理由があった。しかし、これでは対決は回避されてしまったと言うほかない。「大衆からの孤立（感）が最大の条件であったとするのが、わたしの転向論のアクシスである」と吉本は言ったが、「孤立」を避けるための論理立てとして「見くびらない」ことが持ち出されているだけだと言うほかはない。

オーウェル『1984年』

再び③に戻ると、この立場は、内心では天皇制を相対化しつつも、リアルな政治的選択として、あえて天皇に加担するという主体的決断の結果であると、自らを納得させていることになる。けれども、およそ発話行為というものが、他者に対して行為遂行的になされるものである限り、言ってしまったことが真実となり、自己を規制してしまうことになるのは道理である。

ここで連想されるのが、ジョージ・オーウェルの『1984年』である。安倍がそのスローガンのひとつとして「積極的平和主義」を言ったとき、多くの人がそれは欺瞞であると直感した。そして少なからぬ人が、『1984年』を想起し、それに言及した。

『1984年』は、三つの超大国に分割された世界を描いたディストピア小説であるが、小説の舞台である超大国「オセアニア」は、「偉大な兄弟（ビッグ・ブラザー）があなたを見守っている」社会、すなわち指導者・党＝国家体制であって、言うまでもなくスターリン主義国家のそれをモデルにしている。そこでの「党」のスローガンが「戦争は平和である　自由は屈従である　無知は力である」というものであった。小説の後の方に出てくる「過去を支配する者は未来まで支配する。現在を支配する者は過去まで支配する」（新庄哲夫訳　ハヤカワ文庫、一九七二年）と並べれば、これはもう、安倍政権を貫く志向性そのものではないか。

この小説において語られているのは、そのようなスローガンを人びとに内面化させるものとしての「二重思考」（ダブルシンク）であり、また、そのために開発された「ことば」としての「新語法」（ニュースピーク）である。新語法というのは、思考の範囲を拡大するためではなく、むしろ縮小するために考案された言語で、その役割は言語の二次的なあらゆる意味をなるべく剥奪すること、いわば差異の体系としての言語から意味的差異を消去していくことによって、現実の差異を消去していくようにはたらくことばである。

この本の主人公が読んだ、ゴールドスタイン（一見、トロツキーを思わせる）の「禁書」には、「黒白」というキーワードについて、このように書かれていた。

「多くの新語法と同じく、この言葉は二つの矛盾し合う意味を持つ。敵に対して使用する時は、明々白々の事実に反して黒は白と厚かましくも言いくるめる習慣となる。党員に対して使用する時は、党の規律が要求すれば黒は白と心から言える事を意味する。然しそれは又、黒は白と信じ込む能力であり、更に黒は白だと認識する能力であり、そして其の反対をかつて信じていた事も忘れてしまう能力を意味する。これは過去を絶え間なく改変する事を求めることになり、それは自余の事を全て実際に取り込む思考方式により可能となるのだ。これが新語法で二重思考（ダブルシンク）と呼ばれるものである」。

いわば、内容を受け入れ、語るだけにとどまっていてはならず、自らその内容を生きなければならないというのだ。

こういったことは、何もオーウェルを持ち出さなくても、先にふれた「転向」問題という実例がある。治安維持法が適用され、「転向」を迫られたとき、かつては、実践運動から離れさえすればよかったが、のちには明確に「国体論」の立場に立つことを迫られた。さらには、その過程を通じて、表面的にそれを認めるだけでなく、心からそれを受け入れ、皇道の実践に邁進する者が登場した。いわゆる「二段階転向論」である。

二重思考は新語法を通じて実現されるのだ。いま、「リベラル派」の多数が象徴天皇制と明仁賛美へと流れていく状況は、この、オーウェルの作品が描いたような言説世界と、似ているのではないかと思えてならない。この日本社会においては、天皇制に関する言説こそがこの「二重思考」を強いる装置として、今なお強力に働いているのではないかと。

ふたたび、2・24の「おことば」から

ここであらためて、在位三〇年式典の「おことば」の内容を見てみよう。

まず「平和」について。国内において戦闘行為がなかったことのみを指して、明仁が「平和」について語っていると言うことについては述べた。だが、それだけではない。

二〇〇一年の9・11「同時多発テロ」の直後、小泉政権はアメリカの「反テロ」戦争への支援策を打ち出したが、同時に明仁は、ブッシュ大統領への弔意伝達を行なっている。自然災害以外で、天皇の弔意が示されたのは初めてのことだった。また、〇四年四月に来日したチェイニー副大統領に対して、天皇は「自衛隊はイラクの平和のために活動している」と述べた。折しも、イラクの武装勢力が、自衛隊のイラクからの撤退を求めて日本人ボランティア三名を拘束した最中のことである。一三年一二月には、インド洋やイラクに派遣された自衛隊員など一八〇人を皇居に招いて慰労した。それ以前にもPKO要員を招いたりしている。

たしかに明仁は、さまざまな儀式や海外も含む「慰霊巡幸」において、死者を悼み、平和の尊さをしばしば口にする。しかし他方で軍事と天皇との結びつきは強まっているのである。これはもちろん、明仁天皇の三〇年が、現実には自衛隊の海外派兵、参戦国家化の時代であることに対応した

ものだろう。そしてそれは、現実の戦争を戦争ではないと言い張る政府の姿勢と平仄が合っている。

こうした「平和像」は、すでに朝鮮戦争やベトナム戦争に対して日本がアメリカに加担していることが明確であるのに、それと無関係に「平和と繁栄の戦後日本」を謳歌する「戦後民主主義体制」の言説でもあった。「戦後民主主義体制」が「戦後象徴天皇制体制」と同義であってみれば、天皇の「おことば」にある一般的な「平和」の語りは、この枠組にそのままおさまる。そこでは、戦争の悲惨さは言うが、それ以上のものではない。原理的にも反戦を含みえないのであるから、「平和のための戦争」であればそれは肯定されるべきものとなる。ただ、それを戦争と言わないで処理しているだけだ。すなわち、天皇にとっても「戦争は平和である」。

次に、内田や島薗、さらには白井聡も、価値化しているところの、天皇が「霊的存在」であることの証である、天皇の「祈り」の問題。

明仁・美智子の「祈り」とは、まず一般的には、国内外の一連の「慰霊・追悼」であろう。それは戦争被害者だけでなく、自然災害の死者も含まれる。世論調査などで、天皇の行為として、もっとも評価が高い部分だ。

死者を媒介にして成立する「国民的共同性」の空間が、きわめて強い統合力を持つことは、それがまず具体的な死者を前提しているがゆえに明らかなことであろう。たとえば明仁天皇は毎年、八月一五日に九段でおこなわれる全国戦没者追悼式において、「全国戦没者之霊」と書かれた標柱の前で黙祷し、「おことば」を述べてきた。しかしこの「おことば」は、それらの死者の「犠牲」のうえに「今日の日本」が築かれているとする論理に立つ。国家によって強いられた死を、国家にとって意味のある死として意義づけることで、死者は被害者ではなく国家によって顕彰される存在となるのだ。つまり国家による死の価値化であり、典型的な「お国のための死」賛美のロジックにすりかわる。

さらに三・一一「東日本大震災」の政府式典もまた、地震と津波で命を失った人たちを追悼すると言いつつ、結果的に原発事故に至らしめた戦後国家の責任を問わなくさせ、ゼネコン主導の「復興」と原発推進に向かう政治を覆い隠す「祈りの共同体」を作り出す点において、同質のものがあったといえる。天皇・皇族は、二〇二一年までこの儀式に参加して「おことば」を述べた。

『祈る』天皇という像は、当然ながら、目新しく出てきたものではない。ひたすら国民の安寧と幸福を祈り続ける天皇。それは神権天皇制の時代においても、「仁慈」の天皇像、すなわち「大御心」によって臣民を包み込んでくれる絶対的存在としてある、天皇の一面の姿だった。本来「祈り」とはすぐれて宗教的な意味合いを含むはずであるが、実際にはむしろ世俗的な「仁慈」のほうに引きつけられて解釈されている。私個人はむしろ、これらの国家儀礼において天皇が果たす役割を批判する上では、それが文字通りの儀礼空間であることで必然的に要請されざるを得ない、「国家宗教」的な意味合いをあばきだし、国家が人びとの内面に関わることを原則的に禁止した規定としてある「政教分離原則」との関連で問うべきだと考えているものだが、そのこととは別個に、そもそも天皇が「私的行為」として行い続けている「皇室祭祀」それ自体も問題とされなければならない。

天皇「代替わり」における諸儀式（「退位礼正殿の儀」「剣璽等承継の儀」「即位礼正殿の儀」「祝賀御列の儀」「饗宴の儀」を国事行為で、天皇が「神になる儀式」とも言われる「大嘗祭」を含むそれ以外の四

○ほどの儀式は「公的行為」としておこなわれた）が、公費を使って挙行されることに対する（退位に関する儀式のほとんどは天皇家の「私費」とされる内廷費でまかなうと発表されたが、いうまでもなく内廷費の出どころも税金である）違憲訴訟も提起された。こういった皇室神道儀式が目白押しでなされることによって、天皇の「私的行為」として生き延びた皇室祭祀と、これまで積み重ねられてきたさまざまな「慰霊・追悼」の行為とが、「祈り」をキーワードとして溶けあい、国家宗教的な空間が作りだされたのである。

続いて「象徴としての天皇像」について。

天皇の生前退位の意向表明それ自体が、そもそもこのことと深く関わっている。二〇一九年の「代替わり」が、天皇自身による「生前退位」の意向表明として始まったことに注目しなくてはならない。それは、明仁天皇自身が、「次代」の新しい天皇制を演出する、その主導的な担い手の一人として立つという明確な意思を表明したということを意味した。

メッセージにおいて明仁は、天皇の努めは「国民統合の象徴としての役割を果すこと」であることだが、高齢のために「これまでのように全身全霊をもって」果していくことが難しくなったと述べた。そこで、「天皇が象徴であると共に、国民統合の象徴としての役割を果すためには……」という言い方がされたことに注意すべきだ。憲法の条文にある「国民統合の象徴」であるというだけでなく、国民統合の象徴としての役割を果すというのである。つまり、いまある「国民統合」を受動的に象徴するだけではなくて、象徴の行為によって、あるべき「国民統合」を能動的に作り出すということだ。

「おことば」においては、「憲法で定められた象徴としての天皇像を模索する道は果てしなく遠く」とも言っている。本来、「憲法で定められた象徴としての天皇」というのは、憲法第七条に列挙された国事行為のみである。天皇に模索などしてもらう筋合いのものではないのだ。憲法解釈学において編み出されてきた「象徴的行為」などというのは、現実の天皇が、国事行為以外にすでに行い続けている行為（国会開会式の「おことば」など）を追認するためのものであったし、いわば天皇条項の「解釈改憲」の産物だったといえる。

最後に、「象徴と国民（日本人）」との関係について。

「統合の象徴であることに、誇りと喜びを持つことのできるこの国の人々の存在と、過去から今に至る長い年月に、日本人がつくり上げてきた、この国の持つ民度」。まさしく象徴天皇制版・君民一体論に他ならない。日本人が作り上げてきた、この国の歴史と伝統、その「民度」の高さが、それを象徴する私にとって誇りと喜びである、という。「民度」などという、それ自体があいまいでなんら基準たり得ない人をばかにしたことばが、ただ現状の天皇と「国民」との良好な関係を表すものとして使用されている。「古来より持続してきた国民共同体」とそれを構成する「国民」のすばらしさ、その国民と天皇という「国柄」を、このような形で表現して見せたのである。国民よ、天皇制を支えてくれてありがとうというのが本意であり、そうやって自分たちは共に歩んできたよね、ということの確認であり、その自負であろう。そして、安倍ではけっしてなしえなかったこの情の世界における国民一体化、「日本人意識」の形成、天皇を象徴として掲げる融和の共同性を幻想的に打ち立てることこそ、天皇がもっとも意を注いできたところであっただろう。グローバル化と新自由主義の下で、決定的な亀裂を生み出している社会の現実に対し、それを慰撫し糊塗する役割を天皇は精力的に果たし続けてきたのだ。行政権力との役割分担というのは、そういった意味においてである。

天皇タブーを拡大する「代替わり」の時間

しかしこの国においては、天皇の「おことば」をこのように解釈することは、きわめて限定された場所しか与えられていないことも確かである。民主主義と天皇制の両立を説く論者たちは、その議論に都合の悪い部分に関しては、見ないことにするか、あるいは、それは安倍の政治によって強いられていることなのだ、と解釈する。そして、憲法の「矩《のり》」を踏み越えてしまう行為に関しては、それが違憲の疑いがあることを承知で、「敢えて」そうすることで問題提起をしているのだ、国民がこのことを真剣に考えてこなかったが故に、などと言うのである。こういう思考方法は、天皇は決して誤った行動を行わないと理解することと同じだ。そのことは、この社会における天皇タブーをいっそう強化することにしかならない。

いうまでもなく、天皇制も君主制の一種である。君主制は、その地位を血統に基づく神聖化された世襲家族に属する人間が担うことによって、バジョットの言う「国の尊厳的部分」を担う存在である。これは絶対君主であろうと、立憲君主であろうと同じことだ。

天皇制が尊厳的部分を担う存在であるためには、天皇制自体が価値あるものでなければならない。

それを保障するものは、ひとつは歴史と伝統の体現者であること、もうひとつが個人としての天皇の人格の「高潔さ」ということになるだろう。こういうロジックはすでにおなじみのものである。

安田浩の、象徴天皇制は立憲君主制ではなく、「儀礼的君主制」ととらえる規定が正確だろうと私も考えるが、安田は、九〇年代の「国民主義的ナショナリズム」が、憲法的価値に基づく「市民による祖国防衛」といった道をとらず、「現憲法体制以前の国家の存在を措定せざるを得ない」ために、依然として天皇を手放すことができないのだと論じている。象徴天皇制は、現行憲法によって創出されたにもかかわらず、「伝統」としての国家性を表象させられることになるため、結果として象徴天皇制は二重性をもたせられた枠組みとなるのだ、と（安田浩「近代天皇制研究の現代的意義をめぐって」『近代天皇制国家の歴史的位置：普遍性と特殊性を読みとく視座』大月書店、二〇一一年）。

さきの天皇自身のことばにあったような「国民と天皇」の誇るべき伝統があるという見方は、まさにこのような象徴天皇制の一側面を支える信仰である。それが、明仁天皇の人格賛美と結合することによって、政治を超越し、平和や立憲主義などの普遍的価値を象徴する天皇制として、決して批判されることのない（批判してはならない）特別な存在になる。そして繰り返しになるが、そのような天皇像を日々再生産しているのが、マスコミであり、そこで日々書きたてられている主流言説であった。そして、天皇「代替わり」という時間は、そのような天皇像が洪水のごとく垂れ流されていく時間となった。そこで「国民」は、新しい天皇との間で改めて「国民統合の象徴としての天皇」＝「天皇によって象徴される国民」という天皇と自己の関係についての「再確認」を迫られることになったのだ。

で、きわめて強力なものであるといえようが、同時にまた、きわめて脆弱でもあると言わなければならない。

徳仁にとっての困難

「国民的信仰」に依拠した天皇制は、世俗的な政治から超越した部分に価値の源泉を負っているので、きわめて強力なものであるといえようが、同時にまた、きわめて脆弱でもあると言わなければならない。

それはひとつは、天皇制もまぎれのない君主制であることによってそうならざるをえないということである。民主主義をどのようなものと考えても、近代的な人権思想を認める限り、最低限、人間は平等であって、社会的出自による一切の特権や差別、身分制度を認めないという建前を、くずすことは難しいだろう。もちろん、いまや、君主制と民主主義は両立するという議論は盛んになされていて、それどころか、民主主義の欠点を君主制が補完するとか、誰もが君主になれないということによって、市民は平等になるのだ、などという議論さえ見られる。だが、それは残存する王制が結果として折り合ってきた歴史を、そのように整理づけているだけだ。そして何より、近代天皇制の歴史は、天皇制という存在が、いかに民主主義と敵対的であったかを示す事実に事欠かない。仮に君主制が民主主義と両立したとしても、個人の人格に依存するシステムは、その個人の政治的指向性や人格などによって、まったく逆方向に作用することがあり得るということも、つとに指摘されていることである。事実、天皇制はひとつの身分差別のシステムであって、それはさまざまな差別を生み出す。マスコミは絶対敬語でしか天皇について報じないし、天皇が動くところ、常に過剰警備や人権侵害が引きおこされる。天皇が君主である限り、こうした特権身分制度の存在に疑問を持ったり、現実に差別や排除の対象となる少数者を生み出し続けざるを得ない。そしてそのこと自体が、「日本国および日本国民の統合の象徴」とは擬制のもとでしかないこと、つまり天皇制による「国民統合」は、究極的には不可能であることを証し立てる。

そしてもうひとつは、君主制の宿命だが、それが個人に担わされているシステムであることによる。はじめに述べたように、明仁によって指し示された象徴天皇という地位を受け継いだ徳仁は、明仁の行動をなぞることしか、当面はなしえない。八九年に「代替わり」した明仁新天皇にとっての「世間」の期待は、「皇室外交」であり、「開かれた皇室」であった。アジア諸国に対する侵略責任・植民地支配責任という「負の歴史」の「清算」は、いわゆる「国際化時代」のなかの日本にとって必至の課題であった。この点において、戦時中はまだ子どもで、父親のように戦争の記憶と不可分な存在ではなく、むしろ「戦後民主主義」の教育を受けて、海外にも頻繁に出かけていった明仁という存在は、「昭和」の終焉とともに過去の歴史を切断し、「未来志向」という「清新」さをアピールする上でうってつけだった。明仁の隣には常に美智子が寄り添い、被災地を訪問して膝をついて、水平な目線で話し込む姿が、「平成流」として喧伝された。

この点において、徳仁には歴史的に与えられた「武器」がない。そして、新皇后となった雅子は、重大な病を抱えたままである。天皇の「公的行為」の拡大が、象徴天皇制を持続していくカギであるという明仁自身の自己認識はおそらく間違っていない。絶えず天皇制の効果をプレゼンテーションし続けていかなければ、天皇制の存続は危うい。彼らにとって、天皇制に対する危機意識は、私たちより強いのである。彼らのそのための努力は、私たちにとっては天皇制の政治的権能の強化をしか意味しないが、それは明仁が地ならしした道である。徳仁にはさしあたり、明仁のひいた道を忠実にたどっていくしか道がない。それは、天皇「代替わり」の「メリット」であるはずの「清新さ」や「期待」とは次元を異にするものだ。当分の間つねに父親との比較によって、徳仁は評価されざるを得ないだろう。そこで独自性を示し、新天皇への支持を調達していくためには、あるいは時代の要請に合わせて「社会的弱者」への慈愛のまなざしを、明仁に比べても一層強化するか、あるいは天皇としてのパフォーマンスの不備を、別の権威（自民党憲法草案にあった「天皇元首化」とか）によって埋め合わせるという方向（あるいはその両者）しかないのかもしれない。（言うまでもなく、秋篠宮が「皇嗣」となり、その息子の悠仁がいずれ即位することになっても、現時点ではその先を嗣ぐ天皇家の人間がいないということも、天皇制にとってはきわめて深刻な事態だ）。

しかし、天皇制それ自体は、日本国家の「歴史」や「伝統」、国家の神聖性を担保する存在であるが故に、きわめて強力な権力のイデオロギー装置であり続けている。天皇制に異を唱えることそれ自体は、なんら難しいことではない。だが、そういう声を公共空間でふつうに上げ続けていくことは、簡単と言えない部分もある。この社会における天皇タブーは、生やさしいものではないのだ。さらに、象徴天皇制が日本国家の制度として有効とされるものである限り、こういった現実の「弱点」さえも、天皇制の養分として、活かされる形で再編成されていくはずだ。

したがって、反天皇制運動において必要なことは、端的に、「私たちには（身分差別の象徴）天皇制はいらない」という旗を立て続けることを措いてない。つまりは、天皇制による国家統合の「異物」であり続けることだ。より「実行可能」で具体的な天皇制廃止の道筋など考えることはできない（私たちは天皇制廃止のための「改憲」を呼びかけるといった運動方針はもたない）。この追い込まれた状況の中においては、まずは「天皇制はいらない」という主張を可視化し、それと同時に、多様な回路から多様な反天皇の中身を具体的に表現していくこと。そういうさまざまな動きのひとつになる努力を続けていくことこそが、私たちの運動の具体的な課題であるというべきだろう。

［追記］

新型コロナ状況下の徳仁天皇制

明仁天皇の退位＝徳仁天皇の即位から一年以上がたった。

徳仁天皇制の「個性」は、思いの外スムーズに打ち出されたかのようだった。明仁のような権威性はまだ備わってはいないが、父親に比べればずっと若く、「気さくな人柄」といった「軽さ」も強調されることで、親密性をアピールする方向が模索されているようにもみえた。不安視されていた雅子の病も、五月二七日のトランプ米大統領との会見を、満面の笑みでそつなくこなしたとされることで吹き飛んでしまったかのようだった。トランプ夫妻との会話は英語で通した。やっぱり雅子の本業はこれだと。

ところが、現在、天皇制に関する諸行事や、明仁が追求し続けてきた「公的行為」が中止・延期されたり、オンライン化されたりという状況が続いている。いうまでもなく、新型コロナウイルスの感染拡大によってである。

二〇二〇年、まず、二月二三日の新天皇誕生日の一般参賀の中止が発表された。それに続いて、秋篠宮が出席する国の儀式である三月一一日の東日本大震災追悼式の中止も決まった。トランプに続く習近平来日・天皇会談も延期となった。さらには、四月一九日の「立皇嗣の礼」までもが延期となったのだ。

政府は、「立皇嗣の礼」までを終えることで「一連の代替わり儀式は終了する」としていた。「立皇嗣の礼」とは、秋篠宮が次の天皇＝皇嗣であることを、内外に宣言する儀式である「立皇嗣宣明《せんめい》の儀」、天皇にお礼を述べる「朝見の儀」、賓客を招いた祝宴「宮中饗宴《きょうえん》の儀」（二回を予定）からなる儀式で、それぞれ皇居宮殿・松の間で、国費を支出して「国の儀式」として行われることになっていた。この、「純粋」な皇室の儀式までもが延期されたことは意外ではあった。直前まで、政府は饗宴の儀は中止して、宣明の儀の参加者も三五〇人から五〇人に減らすなどして、なんとか儀式だけは強行しようという姿勢だったからである（その後、「立皇嗣の礼」は、同年一一月八日に実施された）。

八月一五日の「全国戦没者追悼式」に関しては、参列者の規模を大幅に縮小して実施する予定だが、園遊会の中止に続き、いわゆる天皇制の四大行事（明仁時代の三大行事から、徳仁になってひとつ増えた）である全国植樹祭、国民体育大会、豊かな海づくり大会、国民文化祭の全てが、延期されるに至った。これらの行事は天皇が地方を回って「国民とふれあう」機会をつくるものであり、天皇の「公的行為」の核をなすものであった。

これらが軒並み延期されたのは、もちろん、天皇一族の新型コロナウイルス感染を懸念してのことであることは明らかである。「玉体」に万一のことがあってはならない。現状においては、天皇のスペアはただでさえ少ないのだから。けれどもそれは、さしあたり「平成流」を受け継がざるを得ない徳仁にとってのジレンマである。このこともまた、人間の「血筋」が制度と不可分である天皇制の矛盾だ。

徳仁・雅子は、四月以降、専門家や医療関係者、施設関係者からの「ご進講」を受け、その際の感想が宮内庁のＨＰに掲載されている。けれども、より明確に、「天皇メッセージ」を期待する声がメディアにおいて多く出ていた。

二〇一一年三月一六日の明仁のビデオメッセージは、まさに未曾有の「国難」に対しては、「国民一同」心を一つにして対処していかなければならないとするものであった。大地震と原発事故をめぐって、社会的な不安が昂進し、「国論」が分裂する危機が生じたとき、それを「上から」弥縫し、観念的・心情的に一つにまとめることで矛盾の解消を図っていくことこそ天皇制の役割である。新天皇徳仁もまた、そのような役割を果たすことを、象徴天皇の「つとめ」として自覚しているに違いないのだ。

こうして、二〇二一年一月一日、徳仁・雅子は新年のビデオメッセージを公表することになる。これについては、イギリスのエリザベス女王などによる新型コロナの感染拡大に対するビデオメッセージと比べて物足りない、という評価もあった。だが、それが新型コロナ状況下における徳仁天皇制の、「つとめ」の模索であったことは確かだろう。

東京オリンピック・パラリンピック開催に関して、西村泰彦宮内庁長官は、天皇が開催を懸念しているようだと「拝察」していると発言した（天皇は東京オリンピック・パラリンピックの名誉総裁であった）。

二〇二一年八月一五日の全国戦没者追悼式における「おことば」にも、「私たち皆がなお一層心を一つにし、力を合わせてこの困難を乗り越え」と述べた。天皇を先頭に、全国民が「心を一つ」にすること、すなわち、新型コロナ状況において分断されつつある社会を、象徴として積極的に「統合」であることを、自らの意志として述べたのだ。もちろん、「オンラインによる統合」は、その統合力において充分であるとはおそらく考えられていない。そのなかで、独自の天皇像をどのように打ち出していくのかということは彼らにとっての検討課題であり続けており、そしてまた反天皇制運動においても、どのようなことばで、どのような闘いを構想していくべきかということが、大きな課題であり続けていることだけは間違いない。

10 座談会 二〇一九年五月三〇日・天皇代替わりを終えて

彦坂 諦／下平尾 直／堀江有里／金 靖郎／堀内 哲

ひこさか・たい

本書「11 徳仁がラストエンペラーになる日」の項執筆。

しもひらお・なおし

一九六八年生まれ。共和国代表。編著に『燃えるキリン 黒田喜夫詩文撰』『俗臭 織田作之助〔初出〕作品集』など。

こん・やすお

一九六八年生。反天皇制運動、戦後補償運動、難民支援運動などを経て、現在は労働組合運動に従事しつつ、成田空港反対の農民を支援。「社会主義理論研究会（池袋）」主宰。編著に『ロシア革命１００年を考える』（世界書院）など。

ほりえ・ゆり

本書「8 天皇代替わりの時代にかかわる覚書」の項執筆。

ほりうち・さとし

本書の編著者。

1　三〇年前と今との違い

堀内：天皇の代替わりから一ヵ月が経ちました。この座談会に参加された方は三〇年前の昭和天皇の死去による代替わりをリアルタイムで体験しています。まず、その比較について率直な感想をお聞かせください。

金：当時、わたしは中央大学で学生運動をしていました。昭和天皇の死期「Xデー」の前後には、中大も含めた無党派学生が「首都圏学生実」という大学間共闘組織をつくり、私もメンバーの一人として、いくつかのデモに行きました。

昭和天皇の戦争責任についてテレビではあまり取り上げられてはいませんでした。しかし書店に行けば、戦争責任について触れた書籍が多少はありました。今はそういう書籍が書店から消えてしまっています。

堀内：いまは書店そのものが街から消える時代です（笑）

金：三〇年前は、まだ「戦後社会の残りかす」がある時代でした。天皇制を相対化する空気はかろうじてありました。裕仁によって、痛い目に遭った人がまだ生きていたわけじゃないですか。

彦坂：天皇の命令で戦場に行って死んでしまったひとたちは、もう、なにも言えないけれど、九死に一生を得て帰ってきたひとたちや、東京・大阪大空襲に遭ったひとたち、原爆の被害者たち、そういったひとたちはまだ生きていたのですからね。

金：今は天皇制を実体験に基づいて批判することが非常に難しいです。
彦坂：そうですね。そういうひとたちは、ほとんど、老いるか、この世をさってしまってますからね。しかし、「実体験」がないからといって、批判ができないことはない。被害者意識からではない批判、それが本当の批判であるはずです。
金：前回は天皇が下血し、いつ死ぬか分からない状況を利用し、天皇制を民衆に強制しようと自粛騒ぎがあって、それに対する反発がありました。今回は生前退位で、代替わりという「お祝い」だけが強調されています。そのため天皇制を批判することが非常に困難な状況といえます。そして明仁が象徴天皇制を定着させるのに成功していると思いました。
堀江：わたしは八七年に大学に入学しました。本格的にキリスト教の教会に関わり始めたのが裕仁の体調が悪化した下血報道、そして自粛ムードの時期です。やはり当時は、異様な雰囲気がずっと継続していた。とくに大学に隣接している京都御所では、しょっちゅう警察が検問をやっていた。荷物検査までされた友人もいた。そのような状況のなかで、日本基督教団京都教区では、裕仁の死と明仁への代替わりの際に、反対行動として三日間のハンガーストライキをすることになり、参加しました。それが反天皇制の問題に主体的に関わるようになった最初のきっかけともなりました。
堀内：今回はどんなことに取り組まれたのでしょうか？
堀江：キリスト教のさまざまな教派や団体でも声明などは出されていますが、今回は動きが鈍い印象があります。わたし個人としては、即位の礼・大嘗祭の違憲訴訟に「原告」として加わり、第一回公判で意見陳述をおこないました（二〇一八年一二月）。キリスト教の中にも神道方式の儀式が国費を使って行なわれるのは問題だと感じている人も少なくありません。自分たちの信仰とは異なる宗教に国がお金を使うわけですから。ただ、前回のように「死」による代替わりではないため、インパクトが大きく異なる。わたしはキリスト教の人間として信仰的な理由で神道行事に反対する、という立場ではなく、キリスト教の権威主義も天皇制が維持される構造と非常に親和的なんじゃないかと考えて、キリスト教が持つ権威構造を問うという宗教批判の立場から反天皇制の問題を考えてきました。

彦坂：大切な指摘をしてくださいましたね。権威主義という点では両者は「親和的」でしょうね。問題は、ひとびとが、ほとんど無意識のうちに、自分から進んで権威を認めてしまっている、その意識のありようですね。そのようにして、じつは、権威を下から支えているのですから。

下平尾：わたしも大学入学は一九八七年です。二回生の時に東アジア反日武装戦線の存在を知り、大阪で救援活動をしているグループに手紙を出したところ「大道寺将司さんたち主要メンバーの死刑判決が確定して、休眠状態だから死刑廃止運動を手伝いませんか」という丁重なお返事をいただきました。そうこうしているうちに天皇代替わりの時期と重なった。東アジア反日武装戦線の場合は完全に「反天皇制」にたいする思想弾圧でもあったので、とにかくいろんな本を読んだり、ドイツ文学者の池田浩士さんやフランス文学者の杉村昌昭さんたちがやっていた「反天皇制関西うねりの会」に顔を出したりして、パンフレットを作ったり、デモに参加したり、自分が社会化されていくのが体感できた時期でした。

もうひとつ、学生時代に大手新聞社の編集局でアルバイトをしていたんです。そうすると、連日、天皇の体温が何度になったとか下血があったとか、いつ死ぬかわからないから「不敬」な予定稿がばんばん出るし、こちらも休みがとりにくい。その点では文字通り「被害」を蒙りました（笑）。ようやく死んだのも、一月七日という正月明けのタイミングで、学生には試験もあるから迷惑きわまりない。年内に死んでいたのに公表を先延ばしにしたんじゃないか、という説は当時からありましたけど、学生アルバイトとしては、とにかく天皇裕仁から直接迷惑を蒙ったという思いですね（笑）。

堀内：昭和天皇・裕仁は格好の悪役、ヒールですね。そういう意味では批判しやすかった。でも代が替わると、戦争責任の追及もしづらくなる。

下平尾：天皇が退位して新しい天皇に変ったということとは別にして、天皇制という「制度」が残存し、「象徴」としての機能が親から子へ引き継がれるのであれば、「責任」もまた引き継がれるべきだし、強制連行の事実や従軍慰安婦の「問題」のように、被害者からすれば「日本の天皇の責任」であることは解消されようがない。「象徴」かどうかなんて海外の第三者からすれば関係ないのではないですか。日本人だってそんなに理解できてないくらいだし。

ただ、天皇制というのは傀儡としての制度ですよね。報道をみていると、最近は完全に安倍政権が天皇制を利用しています。そうした現政権への批判は、天皇制批判とあわせて、はっきりしていく必要があると思っています。

彦坂：裕仁が死んだとき、わたしはもう五六歳でした。このおなじ年のおなじころに、弟が焼身自殺をやりそこなって苦しみながら死にました。父も、長患いの果てに死んでいます。しかし、わたしは服喪しなかった。年賀状も出しています。

この年、わたしは、「私たちに資格がないからこそ」というタイトルの文章を発表しています(『破防法研究』No.65、一九八九年五月)。サブタイトルは「なぜいま天皇の責任を追及するのか」です。つまり、こういう論旨なんですね。わたしたち民衆は、戦時中、大小さまざまな権力に強制されあるいは瞞着《まんちゃく》されて、心からであれ、心ならずであれ、「殺し殺される者」たらしめられた、その責任を、敗戦の時点で、みずからはっきりさせることができずにアイマイウヤムヤにしてしまった。だから、そのわたしたちには裕仁天皇の責任を追及する「資格」などない。だからこそ、しかし、裕仁天皇の責任を追及するその過程で、その資格を獲得すべきなのだ。

この時期、裕仁天皇の戦争責任を追及する動き、あるいは、天皇制という制度そのものへの根底的批判が、ようやく目につくようになってきています。その基盤には、下平尾さんや金さんが指摘したように、「日本人」が、一方的に戦争の被害者であるという意識からぬけだして、じつは自分たちも加害者であったのだと自覚してきたという状況があります。

そういった意識が、この三〇年前とくらべて、このいまは、いちじるしくうすれてしまっているようですね。ですから、いま、天皇の戦争責任を追及するという動きは、ごく一部のかぎられたひとたちの専門になってしまっていて、大多数のひとびとは、天皇皇后個人への親近感を、制度としての天皇制ととりちがえたままでいるようです。

堀内：一方で、憲法における第一章・天皇条項の特異性が、この間、九条の会でも話されるようになりました。象徴的なのは、宇都宮健児さんが「天皇制ってなんだろう?」という本を出し、そのシンポジウムが四月二五日に新宿区で行われまして、三〇〇人ぐらい来て盛況でした。宇都宮健児さんは「もう天皇制はやめたほうがいい」ということをはっきりと表明しました。今まで九条の会や護憲運動では「天皇制の話をすると運動が割れちゃう」と言って自粛されてきたんですが、最近は積極的に九条の会でも天皇制の論議をしています。三〇年前のような昭和天皇に対する激しいデモや抗議は少ないですけど、ようやく天皇制を自分たちの問題として考えるような雰囲気が醸成されてきたのかなというふうに、個人的に思っています。

2　ブルジョワ革命の意義を考える

堀内：先日、雅子がトランプ夫婦を晩餐会に招待して夫人のメラニアと英語で会話しました。でも、表立って国民に対してメッセージを送る言語能力は回復していないようです。なおかつ皇嗣・秋篠宮の人気がない。小室さんの件ですっかりミソを下げちゃった。後継者問題でも女帝（愛子）を認めるか認めないかで、天皇家も深刻な問題を孕んでいます。

かつて世界には色んな王朝がありましたが、お家騒動がきっかけで滅亡するパターンがほとんどです。その象徴がロシア革命のロマノフ王朝の滅亡です。皇后アレクサンドラと怪僧ラスプーチンのスキャンダルで帝室の内部がガタガタになる。それに一九一七年の敗戦が決定的になって、ロシア革命でツァーリが倒れるわけですが、この辺について彦坂さんに、ロシアそして中国・朝鮮とアジアの帝政廃止に至る経過の説明をお願いします。

彦坂：中国とロシアと朝鮮というふうに並べたら、時系列でいちばん早く帝政を廃止しているのは、中国の辛亥革命（一九一二年）なんですね。しかし、ここにいたるには、ながい苦闘と挫折の歴史を経なければならなかった。なにしろ秦の始皇帝以来四〇〇〇年におよぶ帝政をたおすのですからね。

すくなくとも辛亥革命に直接つながる発端はアヘン戦争（一八四〇年）です。この戦争に敗けたため、欧米列国の干渉が露骨になってきて、これに対抗しうる力が清朝にはもうないことも明確になっていきます。これに対する最初の反抗が、一八四三年の太平天国の乱でした。これは、いったんは成功して太平天国を建設するんですが、一三年のち、清朝によって滅ぼされてしまいます。一九〇〇年に義和団の反乱が始まります。このときは、イギリス・アメリカ・ロシア・フランス・ドイツ・オーストリア＝ハンガリー・イタリア・日本という八ヵ国による武力介入があった。清朝政府は義和団を支持してこの八カ国に宣戦するんですが大敗を喫します。

辛亥革命が成功するまでに、一八九五年の広州蜂起から一九一〇年の黄花崗蜂起まで一一回も中国各地での蜂起があいつぎましたが、いずれも、結局は鎮圧されてしまっています。

形勢が変わってくるのは一九一一年に入ってからです。一九一一年の三月に武昌の蜂起が始まりますね。このときは武昌全域が蹶起軍の支配下に入り、中華民国湖北軍政府の成立が宣言されました。

中国の国土は日本の三〇倍もあり、人口もあの当時すでに七億ぐらいはありました。その広大な国土のなかで、この湖北軍政府成立ののち、広州や錦州をはじめ一七の省や都市を、革命軍が、ひとつずつ、掌握しては、軍政府を樹立していきます。一二月二日には南京を攻略、この時点で、イギリスの仲介により清朝軍と停戦協定を結び、一九一二年の一月一日には南京で中華民国の成立を宣言し、孫文が初代臨時大総統に就任します。二月一二日には、清朝最後の皇帝宣統帝（愛新覚羅溥儀）が退位し、帝政は終息しました。

このとき中華民国政府は清朝と取引をするんですね。フランス革命のときのようにギロチンで首を切ったりはしないのですね。愛新覚羅溥儀は生きのびるのですよ。だから、のちに「大日本帝国」軍隊（関東軍）が、そこにつけこんで、彼を担ぎ出して傀儡「満州国」の皇帝に据えることができた。

堀内：最初は帝制打倒のブルジョワ革命だったと言うことですね。中華人民共和国の成立は一九四九年ですから共産党政権まで38年を要しています。いっぽうでロシア革命はきわめて短期間にブルジョワ革命から社会主義革命に移行しています。

彦坂：ロシアでは一九一七年の一〇月革命だけが知られていて、社会主義革命でソ連邦が成立したとおおかたのひとは思っているでしょうけど、実際に帝政を廃止したのは、一九一七年の二月の革命なのですね。この二月革命はブルジョワ革命です。

そこにいたるまでには、これまた、長い苦闘と挫折の歴史があるのです。まず一八二五年にデカブリストが反乱をおこしました。ナポレオン戦争の末期、退却するナポレオン軍を追ってフランスに侵攻したロシア軍の青年将校（青年貴族）たちが、そこで自由の空気に触れてしまう。その青年貴族たちが、皇帝専制政治の廃止と農奴解放を求めて一二月（ロシア語でデカーブリ）におこしたのがデカブリストの乱ですが、周到な準備もなしにおこした反乱だったので、あっけなく鎮圧されてしまいます。

一八六〇年代から一八七〇年代にかけて、「民衆の中へ（ヴ・ナロード）」をかかげたナロードニキの運動がおこります。当時のロシアで民衆とは農民のことです。農民は一八六一年の農奴解放令によって農奴身分から解放されはしたものの、大地主制のもとで小作農として貧困と苦役にあえいでいました。その民衆のなかへ入っていって、民衆を啓発し革命運動へ組織化するのが運動の狙いでした。しかし、民衆のなかへ入っていったインテリたちは、民衆から理解されず、運動が浸透することもないまま挫折し、多くの運動家が逮捕されていきます。

残された運動は過激化し、テロに走り、組織も分裂していきます。一八五九年、ネチャーエフがひきおこした内ゲバ事件はドストエフスキー『悪霊』のモデルとなったことで知られています。一八七八年にはプレハーノフらが「土地と自由」を結成しますが、政府高官や皇帝の暗殺を肯定するかしないかで分裂し、肯定派「人民の意志」は、組織的テロリズムの草分けとも言われる皇帝アレクサンドル二世の暗殺を実行しました。

一九〇一年には社会革命党（エスエル）が結成されますが、その一部である「社会革命党戦闘団」はテロ活動専門の組織で、セルゲイ大公など要人の暗殺を実行しています。この組織のサブリーダーだったサヴィンコフは、二月革命にかかわり、十月革命後は反ボリシェヴィキ運動を展開して逮捕され、自殺しています。この彼は、ロープシンという筆名で『蒼ざめた馬』『黒馬を見たり』などといった文学作品を書き、後世に名をのこしています（いずれも邦訳あり）。

ナロードニキ運動の流れとはべつに、マルクス主義政党として、一八九八年、「ロシア社会民主党」（のち「社会民主労働党」と改名）が結成されますが、一九〇三年の第二回党大会で、ボリシェヴィキとメンシェヴィキに分裂します。二月革命の主役はメンシェヴィキ、十月革命はボリシェヴィキがおこしています。

一九〇五年、「血の日曜日事件」がおこりました。これは、憲法制定、労働者の権利保障、日露戦争の中止などを求める平和的な請願行動だったのですが、治安当局が軍隊を出動させて流血の惨事にしてしまった。おなじころ、オデッサの近海で戦艦ポチョムキンの水兵による反乱がおきています。エイゼンシュテインの映画「戦艦ポチョムキン」で有名な事件です。

堀内：レーニンは日露戦争の敗戦を契機に革命を呼びかけましたが、一九〇五年の革命は失敗してスイスに亡命します。レーニン不在のロシアでは革命に向けて様々な動きが蠢き始めます。そして一九一四年から始まった第一次世界大戦で、東部戦線の敗色が濃厚となり、再び革命のチャンスが到来しました。

彦坂：一九一七年二月一七日、首都ペテルブルグでソビエト（ロシア語の読みでは「サヴェート」）が結成されます。労働者、農民と兵隊との評議会。非常に斬新な組織なのですね、しかも自然発生的に結成された。このソビエトが基本になって起こした革命だから、ロシア革命はソビエト革命と言うのですね。

さて、いよいよ、一九一七年の二月二三日（これは当時採用されていたユリウス歴による日付です。だから二月革命と言うのですが、グレゴリオ歴では三月八日です。国際婦人デーとしてはこちらのほうが知られていますから、以下グレゴリオ歴で記します）、首都ペテルブルクの女たちが食糧配給の改善を求めるデモを始めました。このデモが、たちまち数万人の規模に発展し、さらに拡大して市内の労働者の大半が参加するようになっていくと、治安当局も座視できなくなり、軍と警察による鎮圧にのりだします。

ところが、肝心の首都の連隊のなかから、鎮圧に反対する兵たちの反乱が発生し、この動きがたちまちひろがっていきました。二月二七日にはペテルブルク・ソビエト（労農兵協議会）が結成され、三月二日には皇帝ニコライ二世が退位、臨時政府が成立します。この革命はメンシェヴィキが中心になった革命だったのですね。そのあとの話なのですよ、レーニンの革命は。ですから、あれは帝政打倒の革命ではなくて、共和国になったのちの政体をどうするかっていう問題だったのですね。

堀内：帝制の復活を畏れたレーニンは廃帝一家を子供にいたるまで惨殺しています。この点、中華民国は人道的です。いったん溥儀を紫禁城に軟禁して、共和制が定着した段階で追放しています。

彦坂：朝鮮は、李氏朝鮮というふうに呼ぶことにします。というのは、李王朝が支配していた朝鮮だからです。李王朝というのは、最初から弱腰の政権でして、清国の従属国の地位に甘んじていた。朝鮮では、中国やロシアの場合とはちがって、民衆が武力行使＝革命によって直接帝政を打倒したとは言えません。李王朝は、「大日本帝国」が植民地として朝鮮を支配し併合した時点で滅亡するんですが、そのときも、「大日本帝国」政府は李王朝の皇族に日本の皇族に準ずる待遇を与えた。「大日本帝国」が崩壊したあと、朝鮮は一体となって独立するはずだったんですが、ソ連とアメリカが干渉し、北は朝鮮民主主義人民共和国、南は大韓民国と、二つの国家に分断されてしまいました。ただ、そのいずれにあっても、帝政を復活させることはなく、共和制を採用しています。

堀内：なぜでしょうか？

彦坂：「大日本帝国」に併合される以前に、民衆反乱の歴史があったのですね。有名なのは東学党の乱。甲午農民闘争とも言われるのですが、李王朝に対して大規模な反乱を起している。その後、「大日本帝国」に併合されたのちは「三一独立運動」を起します。この運動を描いた許南麒（ホ・ナムギ）の長編叙事詩『火縄銃の歌』では、日本帝国主義との戦いに出ていく孫が手にしているのは、彼の祖父が甲午農民闘争に参加したおり携えていた火縄銃だった、という設定になっています。つまり、反乱の伝統が続いていたのですね。李朝に対する反乱と「大日本帝国」への反乱とは、つながっていたのです。だから、「大日本帝国」の敗北後に王制を復活させる気などさらさらなかった。

堀内：なるほど。中国・ロシア・朝鮮で「ラストエンペラー」の歴史的な違いはありますが共通点はなんでしょう？

彦坂：第一に、民衆が自分の力で君主制を廃止していること。第二に、手段としては暴力革命であること。武力による反乱。武装蜂起。

堀内：朝鮮半島も北の民主主義共和国に関しては大日本帝国に対する金日成のパルチザン闘争がベースになっています。

彦坂：これに対して、日本ではどうだったか？　戦前戦中は、天皇制を批判するどころか天皇制に言及しただけで投獄されるか殺されています。

もうひとつ、民衆の不満に対するガス抜き装置がちゃんとあった。幼年学校と師範学校です。小学校で成績は抜群だが家が貧しいため進学できない少年少女には、この道が用意されていた。幼年学校（これは男子だけですが）も師範学校も学費は無料だったうえ全寮制でしたから、生活費の心配もいらなかった。そこを出さえすれば、あとは、努力しだいで出世していくことが可能でした。

しかし、いまあげた理由はともかくとして、中国ともロシアとも朝鮮とも、そのほかの世界中のどんな国々のばあいとも、決定的にちがっていたところがあります。日本の民衆は、ただの一度も、実力で天皇制をたおしたという経験をもっていない。それのみか、ごく少数のひとたちをのぞけば、あとの大部分は、明治憲法下の絶対専制時代の裕仁天皇には絶対服従であったし、戦後の象徴天皇制のもとでも、天皇や皇后・皇族に対してはなんとなく親近感をいだきこそすれ、天皇制の廃絶など想像することさえできなかった。これほどまで権力・権威に従順な民衆は、いなかったのではないでしょうか？

3　買弁天皇制

堀内：かつてアジアにはオスマントルコ・清朝・ムガール帝国など巨大な封建王朝が存在しました。一九世紀以降、これらアジアの封建王朝に欧米列強が接近し、民衆反乱で弱体化した王朝を支援することと引き替えに、土地を租借し、鉄道の敷設権や鉱山の採掘権を獲得して半植民地化していきます。後追いで日本も朝鮮や中国で同じことをやっている。このようにアジアの王朝の特徴に買弁性があります。やがてインドは滅ぼされて完全にイギリス領となり、二〇世紀まで延命していた清やオスマントルコも、最後は民衆が離反し、帝制は打倒され共和制に移行しました。天皇制も、これらのアジアの王朝と共通の買弁的性格を持っているのではないでしょうか?

金：買弁性というのはたぶん二つの意味があると思います。日本がアメリカに対して降伏する時に支配層の中で天皇制が存続できるのかどうかが深刻な問題として論議されていました。しかし敗戦後、アメリカは「象徴天皇制」という新しい形態に変わるなら天皇制を存続させる、という姿勢を表明しました。いわば天皇制はアメリカに救われたのです。当時の天皇制の最大の脅威は共産主義勢力でした。裕仁は共産主義勢力によって天皇制が廃止されるというのを非常に恐れていました。国際社会の中で「天皇制を廃止すべき」「裕仁を裁くべき」という世論が非常に強かったのですが、アメリカが天皇制を守る盾のような存在になったのです。それがある種の買弁的な性格を持つという一つ目の意味です。

もう一つは、天皇制自体が存続するというのは、支配階級にとっての買弁勢力としての天皇制という性格があるからでしょう。天皇が支配的地位についたのは明治維新がきっかけでしたが、明治維新を推進した薩長などの勢力を金銭面で支えていた商人たちは、明治維新後に資本家となり、財閥をつくっていきました。近代化以降支配者となった資本家たちは天皇制を支える基盤でもありました。天皇制が存続するために資本家と一体となったという側面です。実際、天皇自体は戦前でいうと大株主で、財閥系の企業とかの株を持っていた。天皇自体が資本家だったわけですね。

彦坂：戦前ほどではないけど、戦後もね。

金：戦後においても、大半の財産は没収されましたけど、一部、残されました。そういう意味では支配階級的な性格も持っています。当然ながら「国民」統合のあり方も、資本家の利害と対立するようなことはできない。二重の意味での買弁性を天皇制は持っているだろうと思います。

堀内：近年、辺野古の基地建設やオスプレイ、経済的には種子法の改悪や水道の民営化、カジノ法など、自民党政権の買弁的性格がいっそう露骨になってきています。例の白井聡の「菊と星条旗」で、白井は「天皇の代わりにアメリカがその地位についた」ということを言っています。でも実際に天皇自体がいなくなったわけではないよね。昭和天皇がアメリカによって助けられてから七四年間、孫の代になっても天皇とアメリカの蜜月は変わっていない。天皇制はアメリカによって延命し、戦前から続く日本の保守勢力＝買弁資本に支えられた二重構造になっている。天皇は、アメリカや買弁資本から独立した存在ではないんです。三位一体のモノなんです。アメリカとのつながりにおける天皇の買弁的性格と傀儡性を明らかにし、そこにクサビを打ち込むのが重要ではないでしょうか。

彦坂：そうですね。そこのところを明らかにしていくことが必要です。もともと、敗戦後の象徴天皇制は、裕仁天皇を中心とする旧「大日本帝国」の支配層とアメリカ政府との合作で誕生したものだと、わたしは指摘してきましたが、最近になって、いや、これはアメリカ製なのだ、つまりアメリカが主導権を握って、そこに旧「大日本帝国」支配層がとりいってつくりあげたものだと言うことにしています。

堀内：原武史さんが指摘しているんですが、上皇（明仁）が天皇時代に「慰霊の旅」と称して訪問した太平洋戦争の激戦地は、沖縄はじめ硫黄島・パラオ・サイパン・フィリピンで、いずれも太平洋戦争末期に日本がアメリカと戦闘した場所です。亡くなったアメリカ兵への「慰霊」と「謝罪」の意味も兼ねているのでしょう。いっぽうで大虐殺を行った南京はじめ柳条湖・盧溝橋・武漢・重慶そして南北朝鮮など東アジア諸国には「慰霊」も「謝罪」もしていません。わたしたちが考える以上に皇室はアメリカと結びつき、コントロールされている気がします。

彦坂：買弁という視角からすれば、日本列島に存在していた国家をアメリカに売り渡したのは、ほかならぬ天皇裕仁なのですね。具体的には、アメリカ政府に、日本国内のどこにでも、いつでも、自由に、軍隊を駐留させうる権利、沖縄を支配し続ける権利を、認めています。それも、象徴天皇のなしうる行為の範囲を定めた日本国憲法の規定など無視して、日本国政府の頭ごなしにアメリカ政府ととりひきして、ですよ。

いま、日本国は法的に（名目的に）独立国ってことになっていますけど、事実上、従属国、いや、植民地以下の地位しか持ちえていない。この状況をつくりだした元兇が裕仁天皇なのですね。この責任は、だれよりも大きいと思う。

じっさい、戦後の日本国の支配層は、戦前戦中の支配層であったひとたちであったし、現在はその二世・三世なのですね。戦争に敗北したのちもそれ以前の支配者がそのまま居座っているなどといった、そんな国家、世界中、どこにもありません。吉田茂や幣原喜重郎なども、たしかにアメリカ政府から見れば民主主義者であったのでしょう。軍部に同調せず憲兵の監視下にあったのですから。しかし、戦前から戦中にかけての支配階級の一員であったことはまぎれもない事実です。

つまり、日本では戦争に敗北した時点でも、支配階級の交代がありえなかった。しかも、旧「大日本帝国」の元首であった天皇裕仁と旧支配階級とが、一致団結してアメリカ占領軍と取引した結果、「国体」を護ることに成功した。その「国体」とは、ありていに言うと、天皇の肉体なのですね。天皇が殺されないで生きているってことが「国体」を護持したことになるのです。

GHQマッカーサーとの交渉における最大の問題点は、そこにあったのですね。アメリカ以外の各国（「対日理事会のメンバー国）が、一致して、裕仁を戦犯として訴追することに決めていたのに、なんとかこれを防いだのはアメリカ政府でした。

堀内：清朝末期の変法運動のように、王朝末期には皇帝を担いで列強からの侮りを防ぎ、宗主国からの自立を企てる「尊皇家」が必ず出現します。いわゆる「保皇派」と呼ばれる人達です。ベトナムの阮朝でもフランスの植民地化に対抗すべく勤王家が出現しています。しかし清王朝そのものがチベットやウイグルなど周辺の小数民族への植民地帝国であるのと同時に、列強による植民地主義を受容する矛盾を抱えていますから、密告者によって「保皇派」は処罰され百日維新は失敗しました。この間、いわゆる「リベラル派」「護憲派」の天皇擁護発言がありましたが、世界の王朝史から見れば、とりたてて日本特有の現象ではないと思います。

戦後の日本もアメリカによる日本の実質的な植民地支配を受け入れる一方で、アジアの経済的侵略を行っている。支配する側の経済的植民地主義と、支配される側の軍事的植民地主義の結節点が現在の天皇制の役割ではないでしょうか。

4　平和的手段は可能か？

堀内：買弁王朝とアメリカの関係を考える上で重要なのは、今から四〇年前の一九七九年にイラン革命です。あのときはアメリカの傀儡だったパーレビ王朝がイランの民衆の力によって追放された。そのときは石油の利権をめぐる資源ナショナリズムがイラン民衆の自己決定権の原動力となりました。

彦坂：イランの場合、イスラムの影響が大きいと思う。

堀内：資源ナショナリズムにプラスしてイランではイスラム教が革命の決定的なイデオロギーとなった。そして二〇〇八年のネパールの王制廃止と共和制移行の原動力となったのは毛沢東思想です。

ここで年代を整理すると、一九一一年の辛亥革命、一九一七年ロシア革命、一九一九年ドイツ革命、中国共産党革命が一九四九年、イラン革命一九七九年、ネパール革命二〇〇八年。世界では概ね三〇年周期で革命が起き、王制が倒れています。当時はロシアもドイツも中国も社会主義っていう強力なイデオロギーがあったんですが、今の日本にはないですよね。

彦坂：まったくないですね。マルクス主義的な思想は化石に近い存在になってしまっているし、それに替りうる思想は、まだ、力を持つにいたっていませんから。

堀内：悲しいかな社会主義革命の展望が見えない（笑）。毛沢東思想もイスラム原理主義も今の日本で革命勢力になるほど根付いていないし……。原発事故や基地問題を契機に生存権的な意味での自己決定権は芽生えているけど、それだけでは限界があります。一体、何を思想的な根拠に天皇制を廃止していくのかお聞きしたいんですが。

彦坂：根拠っていうのは、しかし、簡単じゃないの？　民主主義の徹底、つまり平等、これが一つ。それから、あらゆる差別の撤廃。差別と不平等との根源こそ天皇制なのだから。

堀内：それはフランス革命的なブルジョワ共和主義ですか？

彦坂：であるかないかはともかく、いまのところ、現実的に、天皇制に換えうる政体としては、共和制しかないでしょう。共和制ならなんでもいいというわけじゃないけどね、天皇制よりは、はるかにましってことですよ。

堀江：わたしも共和制といっても本当に多様だと思います。そこに問題がないわけではない。もちろん、君主制をやめて共和制にするほうが良いとは考えています。では、どのように天皇制を廃止していくのか。少し迂回するかもしれませんが、天皇制が近代の国家体制、国民統治の装置として構築されていくときに、同時に家制度が構築されていったことを忘れてはならないと考えています。つまり、天皇制と家制度は支え合う関係である、と。そのような意味では、戦後、天皇の主権も、戸主権も法的には廃止されていますが、具体的にどういう政治体制を作っていくかを身近に考えていくとき、慣習として残存している家制度を撤廃していくことも、ひとつの問題提起のあり方だとは思うわけです。

彦坂：いま、安倍政権がたくらんでいる現憲法廃絶・新憲法制定の柱のひとつが明治憲法的な家族制度の復活なのですね。そして、この家族制度こそが、天皇制の基礎なのですね。個人じゃなくて、家なのですよ。家という形の、つまりもっとはっきり言えば、家父長制的な家族を、制度的に確定することによって、すべてを解決しようと。

堀江：そこに必ず性別役割分担というのも付随してくる。この点については、反天皇制の運動や思想のなかでも、無自覚、無意識な場合が多いのではないでしょうか。

彦坂：そこがね、根幹的な問題だと思います。役割分担という名の差別ですね。

堀江：安倍政権は、法制度上は、すでに家族主義を進めています。自民党憲法改正草案（二〇一二年）の二四条の項目には「家族は、社会の自然かつ基礎的な単位として、尊重される。家族は、互いに助け合わなければならない」と明記され、家族の相互扶助義務が書き込まれています。これはあまり注目されていないことかもしれませんが、現行の憲法二四条は「夫婦」や「家族」としか言及していないところを、自民党改正案では「親族」に範囲が拡大されています。憲法改悪以前に、かれらが言うところの「伝統的家族」、つまり、父・母・子を標準ユニットとする家族規範も、すでにほかの法律で使われていることにも注目すべきです。例えば「女性活躍推進法」にしてもそうです。明確に男性が稼ぎ手で女性は子育てや家事をしながら補助的な賃金労働に従事するというモデル・ケースが想定されている。一九八五年の年金改革もサラリーマンの男性と主婦の女性のカップルを優遇する措置がなされている。今に始まったことではなくて、二〇世紀の時点で、家族主義を復権するための伏線を刻々と張り続けてきたとも言えます。

金：しかし今の日本の社会状況を見たときに、家族のあり方の多様化や単身世帯の増加という現実がある。昔ながらの大家族を復活させ、それが中心となる社会に逆戻りできるような基盤はないと思うんです。復権させようとしてはいるのだけれども、強制的に家族を作らせるかといえば、今の状況では、もはや無理じゃないですか。むりやり家族主義で歴史の流れを逆転させることは出来ないと思います。イデオロギー的には家族主義を押し付けてくるということになるでしょうけど、実態がもう伴っていないと思います。

彦坂：実態はつくりだせる、と思っているのでしょうね。そして、その意図に呼応しうるところを、日本「国民」は、まだ、棄てきってはいないのでしょうね。

堀内：ただ、議会制民主主義の範囲の中でできることと、できないことがあると思います。例えば仮に共産党が「百年の孤独」から解放されて連立政権に入ったとしても、共産党は天皇制廃止の提起はしないですよね。

金：今はそうですね。

堀内：スウェーデンの連立政権の社会民主労働党は王制廃止を綱領にうたっていますが、政権与党だからといって短兵急に王制廃止は発議できない。議会制民主主義における天皇制廃止の限界っていうのはあると思います。その辺どういうふうにやって変えていけばいいのか。暴力革命はダメみたいな話に今なってるんですけども、平和的手段でそれが果たして可能か。

彦坂：いまの段階ではほとんどだれも共感しないと思うのですが、わたしは、国家は廃絶すべきだと思っているのです。ひとびとが、みずから、国家にかわりうる制度をつくるべきだ、つくりうるはずだ、と思うのです。近代国家、つまり領域と人民（国民）と権力（主権）という三大原理によって定義される近代国家という形態は、もう、二〇世紀で終りにしたらいいと思っているのですが、しかし現実にはきわめて困難でしょうからね、国境を象徴するパスポートを廃止すべきだ、それがだめならせめてヴィザだけでも廃止してはどうか、と言っているのですね。

しかし、国家を廃止できない現状では、その国家の形をどうするかということは重要な問題です。そう考えたばあい、共和制とはなにか？　わたしに言わせれば、それは、わたしたちが、自分の頭で考えたことを自分で実践するってことなのですね。自分たちで決定したことを自分たちで実行するっていうこと、それが民主主義の基本でしょう？　その直接民主主義でやっていけるのは、しかし、一千万人くらいのものでしょう。一億となったら、もう、むつかしい。だから、代議制民主主義によるしかない。だけど、代議制民主主義のもとでは、「ルイ・ボナパルトとブリュメール一八日」でマルクスがすでに指摘しているように、民衆は、自分たちの利益を守ってくれると信じて、じつは自分たちの利益を阻害する者に投票するようになっていくのですね。

とはいえ、たしかに、堀内さんが提唱している直接民主主義っていうことしか打開の道はないと思うのですね。その直接民主主義を、どのようにして根付かせていくのか、それが問題なのだろうと思っています。

下平尾：天皇制を廃止しても、いまの安倍政権、自公その他の政権じゃだめですよね。天皇制も与党も両方を批判的につぶさないといけない。共和制にして大統領制になったとして、それで安倍晋三が大統領になって……なんて、現状よりさらに社会福祉を解体して、それどころか社会そのものを解体して、自分たち身内とその一族だけが生き延びればいいという独裁国家ですよ。世界にある国家の八割だか九割だかは共和制を名乗ってるわけですが、そうした独裁国家も否定しないといけないので、なかなか道は遠い。
直接民主制が唯一の手段としても、いま改憲論議を直接民主制で決定するようなことになったら、民意は自民党や維新その他極右の思うがままになってしまうと思いますが、どうなんでしょうね？　個人的には、レーテともソビエトともいいますが、小さい集団で意見を出し合って少しずつ大きい意志決定機関へ持っていくという歴史的な事例を再度実現できないものか、とイメージしています。白分のまわりの一緒に運動ができる人たちと、小さいコミューンを作ってやっていくところしか変わらないいんじゃないでしょうか。

彦坂：レーテと言おうが、ソビエトと言おうが、コミューンと言おうが、同じことなのですね。要するに、このいまの状況のなかで、わたしたち民衆が、自発的に、あらゆる政治的社会的問題について語りあい、可能な解決を求めていく、そういった場をつくりあげていくってことが、たいせつなのでしょうね。

下平尾：共和国という名前で出版社をやっていますが、国家なんていらないっていう意味では同感ですよ。ただ、そうはいっても今の日本で「天皇制をなくします」なんていっても、「国民」の感性にはまだまだ遠くないですか？　自分に近い天皇や天皇制支持者たちの意識や感性をどうやって揺るがし、ずらしていくのか。そのためにわたしは文学を勉強したり、出版社をつくったりしているわけですけれども。人間の感性を変えるしかないと思ってるんです。天皇制をなくすことはもちろん重要ですが、楽観的な気分にはなれませんね（笑）。

彦坂：少しずつ少しずつ下から変えていくほかないですね。ここでひとこと言っておきたいのですが、共和制と君主制との最大のちがいは、民衆が責任を持つか持たないかということなのですね。大統領制の場合には、たとえばトランプが当選してしまった場合、わたしはトランプに投票しはしなかったといっても言い訳にならない。そういうひとをも含めて、有権者が責任を負わなければならない。その責任をはたすには、その政権をたおすしかない。そのために、民主的な手続きで、できるだけのことはやる。世襲の君主に対しては、わたしたち民衆は、はじめから責任のもちようがない。わたしたちの意志とは無関係に決定されていくのですから。

その意識を変えるっていうのがもっとも難しい問題なのですね。そこで、とりあえず実行していったらいいと思うのは、直接民主主義的な手法を地道に地方に根付かせていく、いまで言えば住民投票ですけどね、できるだけいろんな案件を住民投票にかけていくってことですね。国会ではなく、地方自治体の議会であれば、かえってやりやすいでしょう。と言ってもそうそう簡単にいかないだろうことは、はじめからわかっているけど、現実性はある。そういうところで、とにかく議論になるようにもっていく。つまり話しあいができるようにもっていく。そういった感じなんじゃないかな。

堀内：今年二月の沖縄の辺野古基地の是非を問う県民投票が直接民主主義的な自己決定権の行使ですよね。ちなみにイタリアとギリシャの王制は国民投票で廃止されています。「直接民主主義」で王制を終焉させている数少ない実例です。

5　憲法の土俵に上がらない

金：護憲派の人たちに対して、どの程度、働きかけられるかを考えたいと思います。自分なりに反天皇制のデモに行くと、言い方が悪いけど「反天皇業界」みたいに小さくまとまる状況があると思うのです。護憲派の考え方に対しては「けしからん」というふうに、僕自身も思いますけど、だからといって、それを放っておくのではなくて、どうやってアプローチしていくか、という発想に立たないといけないと思います。菅（孝行）さんが本で書いていたのですが、反天皇制の運動が護憲派を敵に回しているという言い方をしていて。それも極論なのかもしれないけれど、（護憲派が）もうどうしようもないんだから放っておけ、というような対象として見るんじゃなくて、どう説得していくか？　を考えたいです。今の護憲派というのは「権力を縛るものが憲法だ」という憲法観があると思うのですが、その縛るべき対象に、天皇が入っていないと思います。

彦坂：そうですねえ。やっぱり、第一章に対する感度は低いですね。ただ、わたしは、「護憲」と「改憲」という言いかた、そういう見かたはしないことにしています。現憲法を一字一句変えるなと言うつもりはまったくない。第一章は全廃すべきだと考えているし、そのほかにも訂正すべき点を見いだしている。だから、「改憲派」です。

わたしが反対しているのは、安倍政権がいま現にたくらんでいるそのやりかた、つまり、現憲法を廃棄して、自分たちにとって都合のいい、本来憲法と言われているものとは縁もゆかりもないただの法律をつくろうという動きに対してなのです。

金：日本国憲法を見れば、天皇にも憲法尊重義務があるわけですよ。天皇が悪さをしないために。でも天皇だって悪さをする可能性があり、だからこそ天皇も縛るべきものだという憲法観を護憲派に対して投げかけて、それを根付かせていくべきだと思うんです。

僕自身は、一条から八条は廃止すべきだと思ってますし、はっきり言えば一条から八条があることによって、今の憲法は大いなる矛盾を抱えている。天皇制を認めたことによって日本国憲法は不完全な欠陥品、本当の意味での民主主義の憲法ではないと思います。主権在民っていうことを一条でストレートに言うのでなく、天皇が最初に出てくるわけです。天皇条項の中で主権在民を言うという歪んだ形になっています。

彦坂：主権在民と完全に矛盾する。第一章全体を削除しなければならないよね。

金：最終的には一条をなくすんですけど、そこまで到達するプロセスの中で天皇だって縛るべきと主張する。天皇は野放しにしたらだめだって、はっきり主張していく。日本国憲法の中で憲法尊重義務の対象に天皇が入ってるじゃないですか。だから、その条文からすれば、今回の退位特例法というのは違憲なんですよ。

堀内：金さんがおっしゃりたいことは、天皇の言動を憲法に参照して逐一監視、チェックしていくことが、天皇制の解体につながっていくことですね。

下平尾：ある種の右翼の人たちって、そういう感じじゃないですか？

堀内：本来は護憲派（左翼）が天皇に対して、きちっと憲法を守れといわなければおかしいんだけど、左翼がそれをやらないことで、逆に保守派のほうが突出している。だから結果的に彼らのやってることが天皇制の権威を貶めている状況にあります。
彦坂：八木秀次のような天皇教ゴリゴリの信者たちは、退位宣言なども、憲法違反だ、絶対にやっちゃいけない、けしからんって言ってるんですね。天皇の権限・行為を縛れっていう点では、むしろ、日本会議の天皇教の信者のほうが強い。
堀江：わたしも違憲だと思うんですね。例えば二〇一五年に明仁が「八・八メッセージ」を発していますが、それをきっかけに生前退位を認める特例法がつくられていった。ただ、ある会議で、そもそもあんなものは違憲だって言ってる時点で、天皇制を認めてることになるんじゃないか、という意見も出ていました。「違憲」と言ってしまった時点で、憲法の枠組みの中で天皇を捉えているという現実が立ち上がってくる。そもそも、天皇条項をもつ憲法を認めるべきではないのではないか、という根源的な問いも、存在しうるのだと、あらためて考えさせられました。〝天皇制ありき〟で物事を語っていくことの危険性を指摘された思いでした。
堀内：憲法から離れたところで、天皇制を否定していくということでしょうか？
堀江：ということだと思います。そもそも、天皇条項をもつ憲法を認めない、という立場もありうるのではないか、と。
彦坂：下平尾さんが言った、意識の問題なのですよ。政治家でもないし、右翼でも日本会議的天皇教信者でもないひとたちが、天皇制を存続させている、つまり天皇制をとにかく壊さないでいるのは、日本の民衆だと思うのです。そこのところに、なんとか切り込んでいかなきゃいけない。そのための政体論議、共和制というのはどうだろう？　それにまつわるいろんな問題を議論するのもいいし、それから天皇個人、皇后個人への親近感とかなんとかじゃなくて、制度の問題だってことね。明らかに、これは、人為的な制度、政治的な制度であるってことを、もっとはっきりと、みんなにわかってもらえるようにしないと。制度として、こんなものでいいのだろうかっていう。共和制を提言するというのは非常に有効だと思います。
堀内：民衆が天皇にきちっと憲法を守らせることで、民衆と天皇の力関係が替わってくる。それに加えて、憲法と距離を置いて共和制的な社会観を考えていく。一見、矛盾しますが、その二本立てで運動を組み立てていくしたたかさが今は求められているのではないでしょうか。

6　女帝ならいいのか？

堀内：先ほどレーテですとか、ソビエトというのは、議会制民主主義とはまったく別のものですよね。今の人には想像しにくい。
彦坂：本当の意味での民衆の協議会ね。しかも本当に自発的な協議会。だから、協同組合という形は一つの参考になると思います。みんなが寄ってたかって討議しうる規模で討議して、それが次の段階に行って、というふうなに、なんとか工夫していかないと、意識って変えられないと思うよ。
下平尾：堀内さんが夢みてるように、一気に変える方法は見つからないな（笑）。
彦坂：一気に変えるとしたら、クーデターと暴力革命以外ないんですよ。それ以外に人類が生み出しえた智慧はない。

下平尾：あるいは天皇一族が順番に死滅していくのを待つか。

堀江：皇位継承ができなくなったら、天皇制というシステムはつぶれていきますよね。もちろん、存続させるためになんらかの措置を講じるのが日本政府でしょうから、そういうことはありえないかもしれないけれど。

下平尾：それには女帝を認めさせるかもしれませんね。

堀江：とにかく女性天皇も女系天皇も認めないっていうことは徹底してやっていくべきだと、わたしは思っています。女性が天皇になって、〝天皇制も男女共同参画〟などという取り込まれ方をすることには絶対反対です。

彦坂：だったら、天皇制を自然消滅させることもできますよね。でも「平民」になった男子の元皇族を復活させるっていう案も出てきていますね。

堀江：それもなし。それもだめって言っていく。

下平尾：それが今の天皇制の存在を認めているということになりかねない、とは言えないですか。

堀江：先ほどの「憲法論議したら天皇制を認めていくことになる」というような問いかけを踏まえて、わたしは、やっぱりフェミニズムの立場からは、女性天皇も女系天皇も認めないとはっきりと主張していくことが大切だと思っています。そもそも、女性の身体を利用して「産む」ことが前提となっているシステムですし、リプロダクティヴ・ライツの権利から考えてもNGです。産む・産まないという選択肢もなければ、そもそも男女の結びつきを大前提とする異性愛主義のシステムでもありますから。
下平尾：何年か前にも話題になりましたよね。主に鈴木裕子さんと加納実紀代さんの論争が思い出されます。
堀江：加納さんは女性天皇を認めるべきではないかと主張されていました。それに対して多くの批判が出た。彼女は女性天皇について「天皇制は廃絶すべきではあるけれど、暫定的に「議論」としては必要ではないか」ということを『天皇制とジェンダー』（インパクト出版会、二〇〇二年）で展開しています。しかし「やはり天皇制を廃止すべきだ」という原則を、わたしは手放したくないです。

非常勤講師としていくつかの大学で授業をやっているなかで、昨年から今年にかけては、代替わりを機会に天皇制の問題についても触れました。教室にいる受講生たちは、結構、反応してきます。日常生活のなかでは天皇制について無意識、無自覚かもしれないけれど。天皇制が維持されるための皇位継承は、そもそも女が産まなきゃいけないんだよ、ということを伝えていく。女性の身体が利用されていくという点に立ち止まってみると「ああ、そうか、そこには人権などというものは存在していないのだ」と受講生たちも気づくわけです。

雅子さんを擁護するつもりはまったくないですけど、彼女はかなり長期間にわたってメディアストーキングされるような状態のなかで結婚していくわけですね。外交官としてのキャリアを断念して、徳仁と結婚していく。そして、皇室に入ることで待っているのは、子どもを産まなければならない、というプレッシャーです。そこに自由選択はない。子産みを課せられていく。これは尋常ではない出来事です。戦後、法制度上の家制度はなくなったのに、皇室典範には「家制度」がはっきりと残っている。あきらかに矛盾した法律を抱えているわけです。大学の教室という空間を一緒に共有する彼ら彼女らと、このような問題があるということを、地道に伝え続けていくしかないと思っています。

7　ラストエンペラーはひきこもり?

下平尾：掘内さんは天皇制をなくした場合、今の皇室の人たちはどうなったらいいと思ってるんですか。
堀内：普通の人になればいいいんじゃないですか。
下平尾：それしかないですよね。別に死刑にしろとか、そういうわけではないですよね。じゃあ天皇を解体したときに、皇族がどうなっていればいいのか、というイメージを提示してゆくことが結構大事なんじゃないですか。
彦坂：それはいろいろあるでしょうね。完全に野に放すとか、それとも市民として自立できるようになるまではある程度生計を保障しながら、次第に自立をうながしていくとか。
堀江：でも、野に放ってしまったら、たぶん彼らは働けないですよね。労働はできるのだろうかという疑問があります。食っていくことができないのではないか、と。
堀内：それは個人の自由。職安行って仕事探したり、手に職を持てばいいんだし。それこそ「ひきこもり」でいいと思う（笑）、人に迷惑かけなければ。実際、雅子は、この数年間、東宮御所の「ヒッキー」だっだわけでしょう。

フランス革命やロシア革命のイメージが強くて君主制廃止に処刑はツキモノと思われてるけど、いろんな国のラストエンペラーのことを調べると、亡命や追放されるケースの方が圧倒的に多いです。家族制度の問題に戻りますが、墳墓の地に帰るとか父祖の地で眠りたいというのは日本や東アジア特有の儒教思想によるものでしょうか。やめさせるかわりにとりあえず命だけは保障するというようなことで全然いいと思います。

金：でも、あの人たち、学者ですもんね。学者として学問の道で生きていけばいいんです。

堀江：いや、学者は食えないですね（笑）。わたしは、いわゆる「高学歴ワーキングプア」として身をもって実感しています。

金：天皇自体が直接暴力をふるわないにしても、それを後ろ盾として利用し右翼が暴力を振るうという構造があります。一九九〇年に、昭和天皇の戦争責任を述べた長崎市長が銃撃されるという事件もありました。政治家が天皇制の権威を利用し、民主主義を破壊し民衆に対して構造的な暴力を振るうということもあります。例えば、天皇の歌である「君が代」を教育現場で強制しようとして政治家が法律で「国歌」と規定し、それに抵抗した教師は、処分という形で暴力を振るわれました。天皇の個人的な人格が良いかどうかという点に囚われるのでなく、社会的な制度として天皇制を見ていくと、暴力装置であるということをもうちょっと可視化していく必要があると思います。

堀内：以前、杉村昌昭さんに「堀内君は『なんとなく共和制』って言っているだけじゃないか」と言われましたが、私は別の意味で「なんとなく共和制」でもいいかな? とも思っているんです。共和制という言葉が一人歩きすれば、もっと多様な関係性が作られるから。だからこそ、ひとりひとりが共和制論議を豊富化して具体的な共和制像を提示していくことが重要な力になってくる。

下平尾：重要なんじゃないですか。ただ、天皇個人や皇族を在野にしたところで、かえってそれを神格化して利用しようとする勢力というのはかならず現れると思いますよ。むしろそのほうが自由に天皇と天皇制を利用できるようになるんじゃないですか。天皇制は天皇個人が不在でも機能してしまうような気がします。そして、天皇なり天皇制なりと「国民意識」を長く結びつけてきた宗教的政治的な紐帯みたいなものは、なにが、どうやって補完するのか? それは単に制度的に共和制になればいい、という問題ではなく、それこそ有史以来はじめて日本在住民が「自立」する、という意味を持つでしょうね。それがそんな簡単に実現できるのか、現在の「日本」を見ているとまだわたしには懐疑的です。もちろん、わたしだって天皇制は一刻も早く廃絶されるべきだ、と強く思っている者ですが。

堀内：確かに下平尾さんが指摘されるような危惧はありますが、天皇制廃止後のイメージは自由でいいと思います。例えば、橋爪大三郎は自ら「尊皇共和主義」と名乗った上で天皇制廃止を主張しています。大塚英志も「天皇制は断念する」「天皇への情に流されてはいけない」「天皇制を廃止しないと日本は近代化しない」なんて熱く語っている。こんな風に全国津々浦々で各人各様が主張し始めれば、天皇の威厳や重みは一気に吹き飛んでしまうでしょう。そこに本書の〈ねらい〉があります。匿名や偽名やペンネームではなく、実名を出すことで「自己責任」を背負い、自身の共和制論を正面から展開していくことが、天皇制という無責任体制から「自立」する立脚点だと思います。

二〇一九年五月三〇日　於：林野会館

11

想像レポート

徳仁がラストエンペラーになる日

彦坂 諦

ひこさか・たい

一九三三年生まれ。戦中・戦後の一時期を中国で過ごす。帰国後は東北大学で日本史、早稲田大学大学院でロシア文学を専攻。木材検収員や技術通訳などをしながら「ある無能兵士の軌跡」（全9巻　柘植書房）を刊行。『男性神話』（径書房）では「軍隊慰安婦」問題を男性の側から提起した。『餓死の研究』（立風書房）、『女と男　のびやかに歩き出すために』『無能だって？それがどうした？！』（梨の木舎）、『九条の根っこ』『文学をとおして戦争と人間を考える』（れんが書房新社）、『亜人間を生きる』（「戦争と性」編集室）、『クオ・ヴァディス？　ある愛国少年の転生』（柘植書房新社）など多数。

「臨時ニュースをもうしあげます。本日正午、天皇が政府に退位を申し出ました。皇嗣文仁親王は御高齢のため即位を辞退、悠仁親王も即位を拒否されました」

編集部から依頼されたのは「仮に現天皇が退位した場合どんな生活を送っているのかを想像して書いてほしい」でした。「仮に退位した場合」を想像するには、しかし、その前提として、そのとき、「日本人」民衆の意識がどのような状況にあるのだろうかをおもいうかべなければならないでしょう。なぜなら、二〇二〇年のいま「象徴天皇制」という政治制度を支えているのは、安倍政権や日本会議の面々なのではなく、政治家でも学者でも官僚でもないわたしたちふつうの「日本人」民衆の意識なのですから。では、このいま、ふつうの「日本人」民衆は天皇に対してどのような意識をいだいているのか？　この意識をさぐるいい材料として、明仁天皇退位から徳仁天皇即位にいたるひとびとの意識のありように、まず、注目してみたいとおもいます。

二〇一六年八月八日の午後三時、先の天皇明仁はみずからテレビに出演して退位の意志を「国民」にじかにつたえるという手段に出ました。、憲法違反であることは本人承知のうえでの決断だったようです。安倍政権は、明仁のこの「決断」を政権にとってもっともつごうのいいかたちで利用し、「皇室典範」には一指もふれず、一回かぎりの時限立法によってきりぬけました。

ところで、この一連の事態を通して明らかになったのは、「象徴天皇制」という制度が明仁・美智子夫妻による具体的な言動のつみかさねによって、明仁の望むとおりに「国民」の大多数に認知されたという事実でした。裕仁時代にはまだいくらかのうろんくささを消しえなかった「象徴天皇制」が、はじめて、日本「国民」のなかに定着した、と言ってもいいでしょう。

それだけではなかった。明仁のこの「退位宣言」は、それまで「天皇制」を批判してきた「リベラル」な論客たちのあいだからさえ、おどろくほど好意的に受けとめられたようでした。そのひとたちの眼には、明仁の一連の言行が安部内閣批判とうつっていたのですね。明仁を日本国憲法の擁護者としてもちあげるむきすらあったのですからね。

むろん、このようなさまざまな欺瞞にまどわされることなく、「象徴天皇制」という政治制度そのものの欺瞞に充ちた政治的役割をあばき、「象徴天皇制」そのものの廃絶をうったえるひとたちは、けっして、いなくなってはいなかった。むしろ、うまず、たゆまず、あらゆる側面から、根底的な批判を世に訴える行動が、今回はこれまでの伝統を踏まえつつさらにいっそう深く鋭いかたちで示された、と言ってもいいでしょう。ただ、これも、「日本国民」全体からすれば、あきらかにごく一部少数者の運動にすぎなかった。

一般民衆の目には、明仁天皇・美智子皇后が、安部内閣の危険でおそろしいふるまいを適切に批判してくれる、自分の口からは言いたくても言えなかったもろもろのことを代弁してくれる、すてきなアイドルに見えていたのかもしれません。こういった役割をこそ、しかし、天皇をたくみに政治利用してきた政権政治家たちは望んでいたのですがね。

明仁天皇は、退位の意志を表明した「おことば」のなかで、「象徴天皇としての努め」を誠心誠意はたしてきたと自認しています。このひとが主観的に誠心誠意であったことを、わたしも認めます。しかし、「退位する明仁天皇への公開書簡」を書いた田中利幸さんとともに、「真摯な態度であれば何であれ正しいとは言えません」と言いたい。

「象徴天皇としての務め」とは、つねに、「国民によりそい」、「国民のよろこびやかなしみ」をともにすることであると、天皇みずからが定義しています。具体的には、それは、国中のいたるところに足を運び、「国民」の声に耳をかたむけ、先の大戦でいのちをおとしたひとたちを慰霊する旅をつづけることでした。この「慰霊の旅」に、明仁本人の真摯なおもいとはうらはらに、「大日本帝国」という国家がアジア太平洋地域のすべての住民に対して負っている戦争責任を隠蔽するという重大な政治的役割が潜んでいたことについては、田中さんも的確に指摘しています。

なによりも、明仁は、その父裕仁の戦争責任については絶対に認めることなく、逆に「平和を愛した天皇」というイメージをつくりあげることに積極的に荷担しさえしています。また、戦没者といっても、もっぱら、「日本人」の「犠牲者」を慰霊し、日本民族に属さない戦没者はおおむね無視しています。しかも、日本人の戦没者については「祖国を守るべく戦地に赴き帰らぬ身となった」ひとたちであり、戦後日本国の繁栄はこうした「尊い犠牲の上に築かれた」のである、といった戦後歴代保守政権が持ちだしていた美辞麗句をおうむがえしに唱えただけでおわっています。田中さんは、おだやかに、こういった批判に、明仁さん、あなたは、ひとりの人間として、どう応えるつもりですかと問いかけています。

このような「政治的危険性」がもっともするどく露呈されていたのは、明仁・美智子夫妻の被災地慰問においてでした。たとえば、あの福島第一の原発事故にみまわれた川合村の仮設住宅を訪れた明仁・美智子夫妻は、「目線を相手の高さに合わせ、一人一人に『お体の加減はいかがですか』

などと言葉をかけた。感激して涙を流す人もいた。両陛下の来訪後、村民の間で『自分たちのことは自分たちでやろう』という雰囲気が生まれた」。(田中利幸「退位する明仁天皇への公開書簡」からの引用、この部分は『東京新聞』二〇一七年一二月五日掲載記事からの抜粋)

この部分について、田中さんはつぎのようにコメントしています。

あなたたち(引用者註:明仁と美智子)、は、福島原発事故による放射能汚染で最も深刻な影響を受けた地域の一つである川内村を、放射線除染作業が行われている最中に訪れ、住民に放射線量について質問し、「それなら大丈夫ですね」と応えました。住民たちは、彼らの健康状態を心配するあなたたち二人のやさしい言葉と、彼らの高さに(あなたたちが雲上から落ちてきたかのごとくに!)合わせる目線に感激して涙を流しました。あなたたちが去ったあと、住民たちは、天皇・皇后にこれだけ「慈愛」を受けたのであるから、仮設住宅での苦しい生活に苦情を述べるのではなく、問題はできるだけ自分たちで解決するように努力していこうと発憤する。こうして原発事故の原因と事故を引き起こした東京電力の責任、さらには「日本の原発は絶対安全」という原発安全神話で国民を騙し、がむしゃらに原発を推進してきた原発関連企業と日本政府の責任、被害者はもっぱら農漁民や労働者であり加害者は経済的に裕福な電力会社の重役や政治家という貧富の差、階級制の問題などが、あなたたち二人が福島に出現したことだけでうやむやにされてしまう。それだけでなく、被害者の間に「自分たちのことは自分たちでやろう」という自己責任感だけが強まる。こうして加害者と被害者の峻別は忘れ去られ、「問題解決には全員が努力すべき」という「幻想の共同制」が創り上げられてしまうのです。このことに何の疑問も呈せず、五年たって再びあなたたちの福島訪問を記事にして賛美するメディア。もしもこの「おやさしい天皇・皇后陛下のお気持ち」を批判するような人間がいるならば、「とんでもない非国民」と非難されるでしょうから、天皇・皇后批判は他人の前ではしなくなる、という状況が創り出されているわけです。

（田中利幸「退位する明仁天皇への公開書簡」）

もののみごとに、天皇のこの種の「慰問」の政治的危険性を指摘しています。まさに、真の加害者はだれか被害者はだれかをアイマイウヤムヤにし、被害者であるはずの民衆に、すべては自分たちの責任であるかのように錯覚させるという役割。明仁天皇夫妻の主観的意図がどうあろうと、その行為そのものが「危険な政治的行為」と化してしまうこと、そのことそれ自体のうちに、じつは、天皇制という政治制度そのものの本質的役割が露呈していたのであるのだということを、ここで明言しておきたい。そのうえで、いま、わたしが注目したいのは、このような天皇・皇后夫妻のふるまいを、ふつうの「日本人」民衆はどのようにうけとっていたのか、です。

考えてみればヘンナことだらけです。そもそも、この「象徴天皇のつとめ」とは、いったいなになのか？　明仁は、退位の意志を表明した「おことば」のなかで、みずからそれを定義しました。しかし、そんな権限が明仁にあたえられているはずはない。日本国憲法によって厳密に定められている「国事行為」の枠をはみだしてでも「国民」としたしくまじわりたいと彼が個人的にねがったとしても、そういった行為が「象徴天皇としての努め」であるのかないのかを決めるのは、天皇自身ではなく、「国民」であるべきすじのことです。なぜなら、日本国憲法第一条に明記されているとおり、明仁天皇の地位は「主権者」である「国民」の「総意」にもとづくものだからです。

しかし、まっこと奇妙なことに、この間、日本「国民」が「象徴天皇の努め」とはなにか、どうあるべきかを議論した形跡はまったくなかった。どころか、すべては「菊のタブー」のままでした。いえ、タブーであるという意識すらなかったでしょう。

このころになると、もう、天皇とは、裕仁天皇がそうであったように「畏れ多い」存在ではなくなっています。大多数の「国民」にとって、「天皇」とは、生れたときにはすでにそこにあった空気や水のようなものだったと言ってもいいでしょう。それが「象徴天皇制」という政治制度の所産であるといった意識はなかったでしょう。明仁と美智子は「アイドル」だった。それも、「いい家庭」の「いい親」であり理想的な夫婦でした。

にもかかわらず「菊のタブー」は現実に存在していた。ここからもわかるように、ふつうの「日本人」民衆の意識のなかでは、あいかわらず、天皇は特別な存在でありつづけてもいたのです。よくよく考えればその奇妙さに気づいてもよさそうなものなのですが、しかし、そういうことについて「よくよく考える」ことなど民衆はしない。

現実の支配者＝政治家たちは汚泥にまみれていても、天皇だけはあいかわらず「汚れなき存在」でありつづけている。なにかというと、だから、その天皇にたよる。天皇を言いわけにして自分たちの責任回避を正当化しようとする。こういった心情は、すでに、あの「終戦」の時点で、みごとに形成されていたのではないか、と、わたしは考えています。

いま、わたしは「終戦」と言いましたが、歴史的事実としては、「大日本帝国」という名の国家が「連合国」との戦争に敗れたのですから、「敗戦」でなければならない。にもかかわらず、この事実を強引にねじまげて、この戦争がたんに「終った」ことにした。むろん、この詐術をもちいたのは、「大日本帝国」の為政者たちでしたが、ふつうの「日本人」民衆も、ただただ、あのひどい戦争が「終った」という安堵のおもいから、「終戦」と言いかえられたことなど気にする余裕はなかった。

まさに、このところに、わたしは、このいままでつづいてきた「日本人」の生の姿勢を見ないわけにはいかないのです。この姿勢を「象徴」していたのが「象徴天皇制」という制度の創出でした。この「ことばのすりかえ」は、まさに、旧「大日本帝国」の支配層の「生き残り戦略」によるものでしたが、ふつうの「日本人」の大部分は、その詐術を見ぬきえなかったどころか、そのインキのなかにどっぷりひたってしまっていたのです。

あの「大東亜戦争」のさなかに、わたしたち「日本人」民衆は、大小さまざまな権力に強制されあるいは誘導されて、心からであれ心ならずもであれ「殺し殺される」存在たらしめられた。にもかかわらず、その事実を、あの敗戦のさい、自力で明らかにすることができず、この肝心なところをアイマイウヤムヤにしたまま、したがって、みずからの責任をはっきりさせることなどしないまま、新たな支配者として君臨した米軍の権力と、この権力にすりよって生きのびた旧「大日本帝国」支配権力とに唯々諾々と従い、孜々として働き、戦後の復興を、ついで高度成長をになって経済大国をつくりあげたのでした。自分たちがそうしているという自覚などなく、ただなんとなく、みんなとおなじことを、みんなとおなじように、みんなといっしょにすることにのみ、気をくばり、気をつかいながら。

一九八九年、裕仁の死をめぐる「一億総自粛」といった異常な状況、すなわち、自粛ということばの本来の意味とは似ても似つかぬ強制が津々浦々に浸透しひとびとをくまなくまきこんでいった、その狂騒ぶりによって、天皇制という制度そのものが生みだしていく細菌が、ひとびとのこころの奥まで浸潤していって、いかに精神を荒廃させていくものであるのかが、白日のもとにてらしだされました。

このことに危機感をいだいたひとびとのあいだから、さまざまな天皇制批判の動きがうまれていきます。まず、アジア太平洋戦争の全体を通して「現人神」であった裕仁という名の天皇が、敗戦後に新たな国家になった「はず」の「日本国」にあって、同じ肉体をもつ同一人物であるまま、名だけは「象徴天皇」という存在になって生きのび「天寿をまっとうしえた」ことへの違和感が、すくなくとも基本的人権と平等に敏感なひとたちのあいだでは、それまでに見られなかった根底的な批判をひきおこしました。裕仁という名の天皇の「戦争責任」を、「日本人」自身の「戦争責任」追及を基盤として、具体的に追及する動きが、戦後史上はじめて、この時期に顕在化してきた、と言ってもいいでしょう。

象徴的だったのは、まさにこの時期に、「反天皇制運動連絡会（通称反天連）」が結成されたことでした。この運動は、ひとつの「中央」の傘下にそれぞれの組織が統合されていくといった、それまでの左翼運動の中央集権的な組織とはことなる新しい組織形態をとっています。つまり、各運動体が対等の資格でつながりあって「連絡会」をつくりだしている。むろん、そこには、六十年代反体制運動の経験、具体的には「べ平蓮」と「全共闘」の経験が活かされていたのですね。この「反天連」は、二〇一九年現在「第X期」に入っています。つまり、この時期からこのいままで持続しているのです。

とはいえ、こういう動きは「日本人」全体からすればごく少数の「専門家」たちのものでしかなく、圧倒的多数の「日本人」庶民は、裕仁という生身の人間の死によって、なにかホッとした気になったのでした。これで「日本人」の戦争責任は　消滅したとおもったからです。

ついついおもいだしてしまいます。一九四五年三月の東京大空襲の焼け跡を裕仁天皇が訪ねたときのことを描いた堀田義衛の文章を、です。天皇陛下が御来臨あそばすというので、焼け跡はきれいに片づけられ、「憲兵が四隅に立ち、高位のそれらしい警官のようなものも数を増し、背広に巻脚絆の文官のようなもの、国民服の役人らしいものもいました。そこへ焼け跡の光景とはまったくなじまない「生理的に不愉快なほどに不調和な」「高級外車の列があらわれ、そのなかのひとつ「小豆色の、ぴかぴかと、上天気な朝日の光を浴びて光る車のなかから、軍服に磨きたてられた長靴をはいた天皇が下りて来た。大きな勲章までつけていた」。

このときこの場でこの光景に立ち会った堀田に、瞬間、「身の凍るような思い」をひきおこしたのは、そのときそこで「焼け跡をほっくりかえしていた」民衆が、「しめった灰のなかに土下座」して、「涙を流しながら、陛下、私たちの努力が足りませんでしたので、むざむざ焼いてしまいました。まことに申訳ない次第でございます」と「口々に小声で呟いていた」ことでした（堀田義衛『方丈記私記』ちくま文庫、一九八八、五八〜六〇ページ）。この部分について、かつてわたしはつぎのように書いている。

（前略）戦争への責任は「原因を作った」側ではなく、焼かれ、身内を殺された者の方にあるという逆転した認識が、すでにその段階で作り上げられていた。

今回の事態（引用者注：福島原発事故）においても、こうした「すべての人に責任がある」というような奇妙に逆転した認識がおこっている。大地震も大津波もそれ自体は天災だが、これにともなって生じたもろもろのことは、明らかに人災である。そのことに対する責任は、究極的には国家にある、という認識も共有されているだろう。しかし、そのようななかでも、天皇は、こうした「責任」のプロセスからは異なった存在として認識されている。

こうした「奇怪な逆転」を民衆のうちにおこさせる原動力こそが、天皇という存在であり、そういった力を民衆の支配において有効に作用させるためにこそ、天皇制という制度があるのではないか。

逆に言うと、天皇制があり、天皇という存在がこのようなものとしてあるからこそ、民衆の心のうちで「奇怪な逆転」がおこりうる。

それはなぜか？　天皇は、ただひとり「汚れのない存在」とされ、「空虚な中心」として扱われているからだ。天皇をそのような存在としてしつらえ、その効力を利用しているのは支配層だ。

しかし、天皇をそういった存在たらしめているのは民衆でもある。

（「彦坂諦「三題噺『知情意』」反天連二〇一一、四・二九反「昭和の日」行動にさいしての講演記録）

してみると、天皇に対する「日本人」民衆の姿勢は、このときからちっとも変化していないとも言えよう。とはいえ、たしかに変化はある。あの戦争の末期に、民衆は、天皇裕仁を現人神であると信じていた。無条件にそのまえにぬかづいていた。天皇は皇后を同伴せず、おつきのものたちと高級軍人をともない、軍服に身を固めていたが、天皇の「臣」たる民衆は、スフの国民服かもんぺすがたであった。天皇は直立して、高級軍人の説明を聴いていた。他方、福島第一の事故の被災者を見舞った明仁は、皇后美智子を同伴しており、平服で、被災者のすぐそばまで行き、身をかがめて、被災者とおなじ目の高さで、被災者にことばをかけていた。天皇からしたしく「やさしいおことば」をかけられたふつうの「日本人」民衆はすなおに感動している。

このようなふつうの「日本人」民衆の意識が、では、このさき、はたして、なんらかの意味で、かわっていくのだろうか？　この問いに肯定的にこたえることは、すくなくともこのいまの状況からすれば、絶望的に不可能です。二十年たとうが三十年たとうが、まったくかわっていない、どころか、いまよりさらにどうしようもないていたらくにおちこんでいそうだと想像するほうが、はるかに現実性をおびているでしょう。

にもかかわらず、ふつうの「日本人」のこういった意識も、いくつかの条件がそろえば、かわっていくだろう、と、あえて想像してみたい。とすれば、どこで、どのようにして、でしょうか？その前提として、ふつうの「日本人」が未来にどのような社会状況のもとでくらしているだろうかを想像してみましょう。
白井愛に「神隠し」という短詩があります。みじかいので全部引用します。

収奪ということばが消えた
わたしたちの列島から

列島の農民が
田畑も
牛も
水も
魂も
まるごと
収奪されているときに
収奪ということばが消えた
わたしたちの列島から

列島の漁民が
海も
魚も
浜も
魂も
まるごと
収奪されているときに

（白井愛『悪魔のララバイ』（径書房、一九九一、一〇五～一〇六ページ）

書かれたのは一九九〇年です。そして、いま、この文章を書いている二〇一九年、すでに、この予言はまぎれもない現実と化しつつあります。「国民」の生活と安全をまもらなければいけない日本国政府自身が、「国民」の生活の基盤を解体して、アメリカやヨーロッパに基盤をもつ多国籍企業＝グローバル資本に売りわたそうとしているのです。

日本の農業は壊滅に瀕しています。種子法の廃止によって、自分たちがそだててきた作物の種で次世代の作物を育てるという農業本来のいとなみすらできなくなっている。

立木の乱伐によって森林の保水機能が失われ、大雨による土砂崩れがおこることなど常態化しています。森林がグローバル企業の所有物となってしまえば、ことの必然として、農業用水の水利権が農民からとりあげられる。農業用水にとどまらず、「国民」の生活に欠くことのできない水道事業さえ、グローバル企業に売りわたされようとしている。

浜も原発に占領されています。沿岸漁業も壊滅状態です。教育も福祉も医療も物流も、あらゆるモノやサービスを安定供給する責任を、日本国政府は、いまや放棄して、「市場を開放」し、新自由主義経済下の「多国籍企業」すなわちグローバル企業に「ビジネス」の対象=商品として差しだそうとしているのです。

このいまですら、このように深刻化しつつある諸問題が、将来、どのようなかたちをとって進んでいくのか、しょうじき、想像を絶するでしょう。

政治的・軍事的には、アメリカへの従属がいっそう進み、もはやあともどりできないほどに深刻化していくことでしょう。にもかかわらず、日本国政府は「日米地位協定」に対して一言の異議申立もおこなうことはないでしょう。

原発廃止・自然エネルギーへの転換にむかっている世界の大勢にさからって、原発主体のエネルギー政策を固持し、原発再稼動を推進した結果、フクシマの惨事におとらぬ炉心メルトダウンがおこり、「外敵」からの侵略を受けることなく日本国政府の政治的行為によって、日本国の領土・領空の四分の一は喪われていることになるのではないか？

グローバル企業のための即戦力のみを重視した政府の文教政策のつけがまわって、教育は荒廃し、科学研究はいちじるしく停滞して世界の趨勢におくれをとり、文化は頽廃し、スポーツも衰退していることでしょう。

このような全般的荒廃にも、民衆は、あいかわらず無感覚なままでしょうか？　だれもが、みんなとおなじようなことを、みんなとおなじように、みんなといっしょにすることにだけ気をくばっているので、その結果、みずからすすんで政府の意志を忖度し、これに迎合してまっしぐら、破滅にむかって走っているのでしょうか？

これまで執拗にのべてきた「日本人」民衆のこのような「忖度」の習性が一朝一夕にかわりうるとは、わたしも、けっして考えてはいません。とはいえ、しかし、絶対にかわりえないとも断言できないのではないか？

自分たちが、自分のあたまで考え自分の手足をつかって行動するという、人間としてもっとも基本的なことをなしえなくなっているのはなぜか？　いったいだれのせいで、どんなことのゆえに、そういった習性を身につけてしまっているのか？　このことを、ほんのすこしでも、真剣に、わが身をかえりみながら意識化する機会があたえられたなら、おそらく、「日本人」民衆の意識にも、ほんのすこしでも、変化があらわれないとはかぎらないのではなかろうか？

きっかけのひとつは、日本国の国際的地位の下落ではないでしょうか？　日本国はすでに一流先進国ではありえなくなっているでしょう。かわって東アジアでその地位につくのは中国でしょうね。いいえ、インドもマレーシアもインドネシアもフィリピンも、押しも押されもしない一流国のなかまいりをしているのではないか？

そういう国々のなかで、日本国は、もはや大きな顔はできなくなっているでしょう。政治的にはむろんのこと、経済的にも文化的にも、もはや、昔日のおもかげはなくなっているでしょう。それでもなお、「日本人」であるということにだけアイデンティティを持ちつづけていることができるのか？　そのむかしの見はてぬ夢を追っているひとたちがいなくはないでしょうが、他国を見くだすことによって自国の権威をたもとうとするようなレベルでは、もはや、ありえない、というのが実状でしょう。

だれよりも早くこのことに気づいたひとたちが、依然としておとなしく政府の言いなりになっているひとびとに働きかける。「前衛政党」のおはなしではありません。前衛党にかぎらず、既成政党すべての権威が、とうのむかしに凋落してしまっているでしょう。わたしがここで念頭においているのは、ふつうのひとびとのなかでくらし、ふつうのひとびととおなじ意識を持っていながら、自分たちのくらしを破壊する政治的状況の変化に、ほんのわずかでも、より敏感なひとびとの立ちあげる、さまざまな市民運動のことです。

たとえば、消費税増税反対の運動によって、税の徴収方法における不平等が意識されるだけでなく、莫大な軍事予算の支出、とりわけ、アメリカ政府の言いなりに高額な武器を買わされていることなどへの不満が、ガマンの限界をこえることもありうるしょう。

生産性のない、あるいは低い人間には、生きている価値がない、とするイデオロギーによって、障碍者蔑視・切り捨てが進んでいくにしたがって、人権擁護の市民団体の活動も活発化し、そんなはずはないと感じるひとびとへの影響力も、つよまっていくでしょう。

ひとびとの人権感覚にうったえる市民運動は、あらゆる分野でさかんになっていくことでしょう。なぜなら、二〇二〇年に安倍政権がゴリオシした「国民投票」によって、日本国憲法は見るも無惨なものに改竄されているからです。民衆が政府の行動を制約するという憲法本来の精神は蹂躙され、逆に、政府が民衆に対して遵守すべき行動を命令する法律が「日本国憲法」の名のもとに施行されていることを、いやでも意識せざるをえない状況になっているからです。

改竄されたのは平和主義だけではありません。カンジンカナメの基本的人権が蹂躙されています。国家組織の基本単位は個人から家族に変改されています。その家族たるや、まさに、明治憲法時代の家父長制家族そのものです。フェミニストたちがこれに抗議する運動にとりくんでいくのは当然ですが、それは、しだいに、ふつうの「日本人」民衆のなかにも浸透していき、民衆の意識を変えていったとしても、そうふしぎなことではないでしょう。

LGBTの市民的権利を公的に認めるという姿勢が、すでに二〇一九年のいま、いくつかの自治体では出てきているのですから、未来には、それが全国規模でごくあたりまえのこととなり、経済的政治的格差・思想信条・宗教・人種や民族・身体能力による差別はもとより、性別によるだけでなく性的志向・性自認のありようによる差別も、厳しく禁じる、という社会的風潮があらわれていてもおかしくはないでしょう。

二〇一九年のこのいま、すでに、共謀罪は労働組合運動弾圧に利用されています。将来、それが労働組合運動にかぎらず、ひろく市民運動全般に適用されていくであろうことも、容易に想像しえます。このことも、人権擁護の運動を展開している市民団体を通して、民衆の意識を高めることになるでしょう。

学校でのいじめが、いつまでたってもなくならないどころか、いっそうはげしくなっていくのを、子を持つ親たちは、いやでも感じないわけにはいかなくなるでしょう。それが、つまるところは、能力によってこどもたちを選別し、ひとにぎりの「優秀な」子たちだけを対象に教育をおこない、その他大勢の子たちには、上のひとから言われたことにすなおにしたがう習性だけをうえつけようとする教育のありようを推進する国家の方針であることにも、そういう子を持つ親たちは、イヤでも気づかないわけにはいかなくなっていきます。

一方、労働の現場からも新しい動きが出てくるのではないか？　中曽根内閣による「国鉄民営化」という名の「国労」「動労」つぶし以来ほぼ壊滅に追いこまれていて、残るは御用組合だけといった状況のもとで、組合とは企業別で正規に雇用されている者だけの組織であるといった意識が普遍的になる一方、このいますでに、あらゆる労働現場では大量の非正規雇用労働者がうみだされています。パート、アルバイト、「派遣社員」といった名称によって位置づけられる労働者の数が増大していくにつれ、労働組合の組織形態にも抜本的革新が生じていくでしょう。「ユニオン」という名の新しい組合の誕生がそのことを予見させています。

この労働組合は、このいま、すでに、現場で働く労働者を「正規」と「非正規」とに差別せず、正社員であれ派遣社員であれ、パートであれアルバイトであれ、いっさい差別せずに、それのみか、どの企業の現場で働いているかをも顧慮せずに、その労働者がじっさいに従事している仕事の種類だけを基盤として、横断的に組織するという、これまでになかった新しい組織形態をとったため、非正規労働者のあいだで爆発的な人気をよび、組合員数もふえていき、もはや無視できないものとなっていくにちがいありません。

これにともなって、現場で働く労働者の意識もすこしずつ変っていくのではないか？　自分たちこそ生産現場における主体なんだという意識が、すこしづつうまれ、そだっていくのではないか？

もともと、資本主義社会にあっては、生産手段は資本家＝企業主が独占しているので、労働者は、その企業主にみずからの労働力を商品として売る以外に道はない。けれども、生産現場における労働者の主体としての意識が高まっていくにつれ、労働者が、みずからの手ですべてを運営していこうと考えるようになってもおかしくはない。「労働者協働組合」＝「ワーカーズコレクティヴ」という考えかたがうまれていくことでしょう。

このいまの日本でも、生活協同組合（生協）運動はすでに広汎に普及しています。協同組合ですから、その運営は、加盟者が対等の立場で協力しあいながらおこなっている。この考えかたが、労働現場へも波及していくと見ていい。

モデルはすでにあるのです。スペイン・バスク地方の二〇〇以上の協同組合があつまってつくっている「モンドラゴン協同組合」です。この組織は、そこに働く労働者が一人一票で、平等にかつ民主的に、決定に参加する、というかたちで運営されています。株式会社のように、資本家（株主）、経営者がいて、その出資株式数に応じて決定権があるという方式とは根本的にちがっていま す（紅林進『民主制の下での社会主義的変革』ロゴス、二〇一七）。

こういった労働現場でのあたらしい動きと、地域住民の政治意識のゆるやかではあってももはやあともどりはしえない決定的な変化とがあいまって、未来の社会生活に新しい風が吹きこんでくるだろうと想像することだって、不可能ではないでしょう。

自然のいきおいとして、既成政党からの離反は進むでしょう。地方自治体議会の構成も市民運動出身の議員たちへと比重がうつっていくかもしれません。

国政をあづかっている既成保守政党の極端なショービニズムに、いくらなんでもこれはひどすぎると感じるひとたちが増えていくでしょう。人権意識がしだいに高まっていきます。とりわけ、女性蔑視に対する抗議の声が高まっていくでしょう。安倍政権時代に改竄されてしまっている「現行憲法」における家父長制家族重視の弊害がいたるところで認識されるようになっているのですから。

このように「日本人」民衆の意識が変化していけば、必然的に、自分のあたまで考え、自分の手足をつかって行動するという、民主主義の根幹である行動のしかたをこれまで阻害してきたのはだれか、なにか、と、ひとびとが考え、自覚的に知っていくようになるのではないか？　言いかえれば、天皇制という制度があったおかげで、自分たちは、自分の頭で考え、自分のからだで行動するという姿勢が阻害されてきたのであることを、自覚的に知るようになっていくでしょう。

こうした傾向にともない、天皇を元首と定めた改竄憲法が、そもそも、主権在民と民主主義の根本原則に矛盾抵触することは、ますますはっきりと意識されるようになり、改竄される前の日本国憲法にもどそうという動きが勢いを増し、日本国憲法は息をふきかえすでしょう。ただし、第一章は全面削除されるでしょう。必然的に、天皇制は廃止されることになるでしょう。

このことと符節をあわせるように、天皇とその一族のあいだにも、これまでの皇室のそれとはことなる自己イメージがうまれてくるのではないか？

なによりも、皇族は皇族であるというだけで、日本国憲法がひとびとに保証している基本的人権のすべてを奪われています。人間でありながら、人間として生きることがゆるされていない。いくらなんでもこれじゃひどいではないか、いくら生活を保証され特権を享受しているからといって、それとひきかえに人間であることさえ奪われるというのは、ひどすぎるのではないか？　そういった意識が、天皇・皇后をはじめ皇族のひとびとに広がっていってもおかしくはないでしょう。

冒頭で紹介した臨時ニュースが告げているように、天皇徳仁氏は、国会が天皇制廃止を議決し政府がこれを施行する以前に、自分からすすんで、退位の意志を表明するでしょう。皮肉にも、安倍政権が憲法を改竄して天皇を元首としたことが裏目に出た。元首なのだから、自分で自分の進退を決めることができる。そう考えた徳仁氏が、退位を決断したうえ、天皇とおなじく高齢である皇嗣文仁親王は即位を辞退し、その時点ではすでに成年に達しているであろう悠仁親王は、時代の青年らしく、みずからの意志で、即位を拒否するでしょう。その結果、廃止が決定される以前に、天皇制は、自然消滅してしまうでしょう。

たしかに、これは根底的な変革です。革命的と言える変革かもしれません。しかし、そのむかしのような暴力革命による君主制廃止とはことなり、ことはすべて平和裡におこなわれたのですから、政府としても、天皇皇后をはじめ皇族の地位にあったひとびとを処刑したり追放したりする必要はなく、彼らが一市民として自立しうるまでの一定期間、適切な住居と生計費を保証する、という政策をとることになるのではないか？

徳仁氏は、学習院大学卒業後大学院に進んで中世日本の交通史・流通史を専攻し、二年間オックスフォード大学マートン・カレッジに留学していたさいにはテムズ河の水運史を研究、帰国して学習院大学大学院人文学研究科で修士の学位を取得していますので、研究者としての業績もあるでしょうから、望むなら、なんらかの研究職についているかもしれません。あるいは、天皇家のひとびとが代々やってきたという祭祀のしごとにつきたいと望むなら、それにふさわしい文化機関で働けばいい。皇后のほうは、むかしとった杵柄で外交官に復帰することもできるでしょう。

もっとも、徳仁氏は、即位した時点ですでに五九歳とかなり高齢でしたから、退位の時期しだいではれっきとした後期高齢者になっていることでしょう。その彼に支給すべき年金額を査定するのに、政府としてはかなり苦慮するかもしれませんね。皇后に対してもおなじことが言えます。

いまさら言うまでもなく、皇籍を喪うと同時に、他の「ひとびと《ピープル》」と同等の人権を回復していますから、どの道を選択するかは、それぞれの自由にゆだねられるでしょう。

二〇二〇年八月一五日

※：文中で日本人に「」をつけたのは、わたしがこの語によって指示したいのは民族的に日本民族に属するひとだけであることを想起してもらいたいためです。「日本国民」＝「日本人」などと短絡するひとびとが、あとをたたないので。

編著者
堀内　哲（ほりうち・さとし）

執筆者（執筆順）
清水 雅彦（しみず・まさひこ）
久野 成章（くの・なるあき）
田中 利幸（たなか・としゆき）
鵜飼　哲（うかい・さとし）
島田 裕巳（しまだ・ひろみ）
前田　朗（まえだ・あきら）
武田 康弘（たけだ・やすひろ）
堀江 有里（ほりえ・ゆり）
北野　誉（きたの・ほまれ）
彦坂　諦（ひこさか・たい）
下平尾 直（しもひらお・なおし）
金　晴郎（こん・やすお）

令和から共和へ　天皇制不要論

2022年3月7日　初版第1刷発行

編　著　堀内　哲
装　幀　クリエイティブ・コンセプト
発行者　川上　隆
発行所　同時代社
〒101-0065　東京都千代田区西神田2-7-6
電話 03(3261)3149　FAX 03(3261)3237
組　版　有限会社閏月社
印　刷　中央精版印刷株式会社

ISBN978-4-88683-917-6